V&R

Theologische Bibliothek

Herausgegeben von
Christoph Auffarth, Judith Becker,
Christine Gerber, Martin Leuenberger,
Friederike Nüssel und Friedrich Schweitzer

Band VII
Michael Meyer-Blanck
Kirche

Michael Meyer-Blanck

Kirche

Vandenhoeck & Ruprecht

Bibliografische Information der Deutschen Nationalbibliothek:
Die Deutsche Nationalbibliothek verzeichnet diese Publikation in der Deutschen Nationalbibliografie; detaillierte bibliografische Daten sind im Internet über https://dnb.de abrufbar.

Satz: textformart, Göttingen | www.text-form-art.de
Druck und Bindung: ⊕ Hubert & Co KG BuchPartner, Göttingen
Printed in the EU

Vandenhoeck & Ruprecht Verlage | www.vandenhoeck-ruprecht-verlage.com

ISSN 2567-9473
ISBN 978-3-525-55309-1

Inhalt

II. Perspektiven

III. Situationen und Sachen

Vorwort

„Religion ja – Glaube ja, Kirche nein“: Auf diese plakative Kurzformel lässt sich die heute gängige Einstellung vieler Menschen bringen. Die Kirche hat ihre selbstverständliche Akzeptanz verloren. Zum Teil hat sie sich das durch Unglaubwürdigkeit und Machtmissbrauch selbst zuzuschreiben; zum Teil liegt das schwindende Institutionenvertrauen im Trend einer immer stärker pluralen und individualisierten Gesellschaft. Gewiss: Von der Kirche geht auch ein zivilgesellschaftlicher Wärmestrom aus, denkt man an das Eintreten für die Schwachen und Kranken, Geflüchteten und Gefangenen, Vergessenen und Sterbenden. Aber das allein begründet noch nicht das Recht der Kirche als einer Institution und Organisation von öffentlichem Einfluss, zumal auch andere gesellschaftliche Kräfte ihre Stimme für Menschen erheben, die sonst überhört werden.

Um in dieser Situation weiterzuhelfen, muss eine Theorie der Kirche vom Kern des Glaubens ausgehen und deutlich machen, warum das Evangelium die Öffentlichkeit sucht und dazu die Institutionalisierung braucht. Nach evangelischem Verständnis ist die Kirche die Gruppe von Menschen, in der die Lebensgeschichte des Jesus von Nazareth als Gottesgeschichte lebendig gehalten wird und wo die durch ihn begründeten Zeichen (Taufe und Abendmahl) die Lebensdeutung bestimmen. Die Berechtigung, als Kirche zu existieren, hängt an der Plausibilität, die die Worte und Zeichen Jesu aktuell finden. Dieses kurz gefasste Buch verfolgt das Ziel, eine verständliche Theorie der Kirche zu bieten, die die verschiedenen Erscheinungsweisen der Kirche immer wieder auf die Grund-Sätze des Glaubens zurückzuführen sucht – auf das Hören und Verstehen, Feiern und Handeln vom Evangelium Jesu her.

Die evangelische Kirche und Theologie bilden den Ausgangspunkt und Hintergrund des Buches. Dabei führen die Rahmenbedingungen in Deutschland zugleich zu einer ökumenischen Orientierung, so dass der Seitenblick auf die römisch-katholische Kirche selbstverständlich ist. Vielleicht ist mir die Darstellung ein wenig zu positiv und affirmativ geraten; das mag daran liegen, dass ich selbst von 1979 bis 1995 im kirchlichen Dienst beschäftigt gewesen bin und dass ich auch meine akademische Lehrtätigkeit immer als eine zwar nicht kirchliche, wohl aber als eine kirchenbezogene verstanden habe: Der Gegenstand der wissenschaftlichen Theologie ist der in der Kirche gelebte Glaube an Gott, und eine Theologie ohne Kirche ist leer, wie eine Kirche ohne Theologie blind ist.

Bonn-Bad Godesberg,
Weihnachten 2021 Michael Meyer-Blanck

Abkürzungsverzeichnis

CA	Confessio Augustana: Augsburgische Konfession von 1530
EG	Evangelisches Gesangbuch von 1993
EKD	Evangelische Kirche in Deutschland
GG	Grundgesetz für die Bundesrepublik Deutschland
GS	Gaudium et spes: Pastoralkonstitution über die Kirche in der Welt von heute des Zweiten Vatikanischen Konzils von 1965
LG	Lumen gentium: Dogmatische Konstitution über die Kirche in der Welt von heute des Zweiten Vatikanischen Konzils von 1964
NA	Nostra Aetate: Erklärung über das Verhältnis der Kirche zu den nichtchristlichen Religionen des Zweiten Vatikanischen Konzils von 1965
SC	Sacrosanctum Concilium: Konstitution über die heilige Liturgie des Zweiten Vatikanischen Konzils von 1963
UEK	Union Evangelischer Kirchen in der Evangelischen Kirche in Deutschland
VELKD	Vereinigte Evangelisch-Lutherische Kirche Deutschlands
WRV	Weimarer Reichsverfassung von 1919

I. Grundlagen

§ 1 Die Kirche des Glaubens und die Kirche der wissenschaftlichen Beobachtung

1. Leben, Glauben und Beobachten

1.1 Zu vielen Menschen und Dingen, die uns alltäglich umgeben und die uns lebenswichtig sind, haben wir ein unmittelbares, ein untheoretisches Verhältnis. Das gilt etwa für unsere Gesundheit und Ernährung, die Partnerin, die Kinder und Freunde, die Politik und die Kultur (z. B. Musik, Literatur oder Sport). Wir leben unser Leben in diesen Bezügen und haben unsere Einstellungen und Vorlieben. Auch wenn wir viel Zeit mit jemandem oder etwas verbringen, kann es sein, dass wir einfach froh dahinleben und genießen, ohne uns in entsprechende Theorien (z. B. Pädagogik oder Psychologie, Ernährungswissenschaft oder Musik- und Literaturtheorie) zu vertiefen. Bisweilen gewinnt man sogar den Eindruck, dass eine Lebenssphäre gerade *ohne* theoretische oder wissenschaftliche Beobachtungen besonders gut funktioniert. Bekannt ist außerdem die Tatsache, dass theoretische Kompetenzen im eigenen privaten Umfeld nur schwer anzuwenden sind – das gilt besonders für den pädagogischen und therapeutischen Zusammenhang.

Und doch haben wir immer wieder den Wunsch, uns mit dem Vertrauten und dem uns besonders Wichtigen auch theoretisch auseinanderzusetzen. Wir ändern dann vielleicht nicht unsere Lebenspraxis, aber die Außenperspektive macht unsere eigene Erlebnis- und Sichtweise zu einer bewussteren. Praxis ist niemals die „Anwendung" einer Theorie, aber die Theorie hilft bei der intensiveren Wahrnehmung dessen, was uns wichtig ist. Jede Leserin und jeder Leser dieses Buches hat ein spezifisches positives, skeptisches oder indifferentes Verhältnis zur Kirche, wie es sich im Laufe der eigenen Lebensgeschichte gebildet hat. Er oder sie hat bestimmte Grundannahmen, Schlüsselerfahrungen und Ansichten über die Kirche – also einen biographisch bedingten Glauben an die Kirche. Dieser Glaube besteht unabhängig von theoretischen Einsichten; aber wer dieses Buch in die Hand nimmt, möchte die eigene Einstellung anhand von Informationen und Einsichten klären; im Übrigen rechne ich auch mit Leser:innen, die sich bisher gar nicht für die Kirche interessiert haben.

1.2 Da die Spannung zwischen einem *Glauben* an die Kirche und ihrer nüchternen *Beobachtung* seit der Zeit der ersten Christen für die Kirche charakteristisch ist, bildet diese Spannung den Kern des vorliegenden Buches und markiert zugleich den Zugang zu einer sachlich angemessenen doppelten Wahrnehmung. Die Kirche geht auf ein konkretes historisches Ereignis zurück, auf die Lebensgeschichte des Jesus von Nazareth und den Osterglauben an den Auferstandenen (die älteste zugängliche Ostertradition sind die von Paulus tradierten Verse 1 Kor 15,3b–5). Jesus von Nazareth und die Kirche sind keine Ideen, Mythen oder Prinzipien, sondern mit Hilfe von Quellen zu beobachtende Gegebenheiten, mit denen sich die neutestamentliche und kirchengeschichtliche Wissenschaft anhand der zugänglichen Zeugnisse auseinandersetzen. Diese Zeugnisse sind jedoch nicht neutral, sondern zutiefst geprägt vom Christusglauben. Ohne diesen wären sie nie entstanden und überliefert worden. Der wissenschaftliche Beobachter wiederum nähert sich mit seiner eigenen Vorstellung den Quellen: Glaube begegnet Glauben. Das ist zwar bei allen historischen Gegenständen der

Fall, aber bei religiösen wie Jesus von Nazareth und der Kirche in besonderer Weise – geht es dabei doch um die Deutung des Lebens, ja um das wahre Leben und um das ewige Leben. Der Wahrheitsanspruch der neutestamentlichen Texte lässt in der Regel nicht unberührt: Er führt einen zur Auseinandersetzung, in die Zustimmung oder den Widerspruch. Denn wer seine Zeit mit religiösen Texten zubringt, wird etwas von ihnen erwarten und ihnen als Glaubender, Glauben Suchender oder als Glaubenskritiker begegnen. Der so oder so glaubende Beobachter wird, wenn er ein nachdenkender, verantwortlicher Mensch und Wissenschaftler ist, sich seine eigene Einstellung gegenüber der Sache so weit wie möglich bewusstmachen und sich selbst zu kontrollieren suchen. Aber der Spannung zwischen Beobachtung und Glauben wird er nicht entkommen. Es gilt also, damit selbstkritisch und fruchtbar umzugehen. Falsch ist die Ansicht, nur ein neutraler Beobachter könne sich den historischen Zeugnissen und Quellen nähern. Wer weiß, dass er glaubt und was er glaubt oder nicht glaubt und wer nicht gutgläubig gegenüber dem eigenen Glauben ist, wird auch angemessen quellenkritisch und selbstkritisch sein.

2. „Ich glaube an den Heiligen Geist, die heilige christliche Kirche“

2.1 Die Heiligkeit der Kirche ist kein Gegenstand der Beobachtung, sondern eine Bestimmung des Glaubens. Schon Paulus hat an der Gemeinde in Korinth sehr viel auszusetzen: Parteienhader und Rangstreitigkeiten, Abweichungen von der Norm in Eheangelegenheiten, Gezänk vor Gericht (1 Kor 1–6), hinzu kommt eine unsoziale Abendmahlspraxis (1 Kor 11) und anderes mehr.

Trotzdem richtet sich die Briefanrede „an die Gemeinde Gottes in Korinth, an die Geheiligten in Christus Jesus, die berufenen Heiligen" (1 Kor 1,2). „Heilig" sind die Korinther nicht durch ihr konstatiertes Verhalten, sondern weil sie im Glauben als „die Geheiligten in Christus Jesus" gesehen werden. Theoretisch gesagt: Heiligkeit ist keine *Eigenschaft*, sondern eine *Relation* (Verhältnisbestimmung). Wer durch die Taufe und den Glauben zu Christus gehört, ist heilig (und *nicht* umgekehrt: wer heilig ist, gehört zu Christus und wird getauft). Die Kirche ist nicht heilig wegen der Qualität ihrer Mitglieder, aber sie wird geheiligt, weil Christus durch den Heiligen Geist in ihr und an ihr tätig ist. Das wiederum ist eine Glaubensaussage, die so mancher nicht nachvollziehen kann (und stattdessen nur unheiliges Gehabe in der Kirche wahrnimmt).

2.2 Der Glaube an Christus und an seine Wirksamkeit unter den Menschen steht am Anfang der Kirche. Dem Glauben nach entsteht die Kirche nicht durch den Gründungsbeschluss von Menschen, sondern durch das Wirken Gottes unter den Menschen. Das Handeln Gottes steht sachlich an erster Stelle. Das ist der Sinn der Lehre vom Heiligen Geist: Er ist der Modus, in dem Menschen an der Gnade Jesu Christi Anteil haben. Der Geist ist das Medium, in dem Gott durch den Auferstandenen an den Menschen handelt. Das Neue Testament erzählt das in der Abfolge von Himmelfahrt (Apg 1,1–11) und Pfingsten (Apg 2,1–47): 40 Tage erscheint der Auferstandene unter den Glaubenden, danach enden seine Erscheinungen und ab dem fünfzigsten Tag (Pfingsten = griech. „Pentekoste" = fünfzig) ist er nicht mehr unter den Seinen, aber er ist ihnen „im Geiste nah" (vgl. EG 152,3). Der Heilige Geist ist die Art und Weise, in der das Handeln Jesu nach Ostern, Himmelfahrt und Pfingsten geschieht. Christusglaube ist von nun an Geistglaube und Kirchenglaube. Ohne Geist und Kirche hätte ich nichts von Christus erfahren.

2.3 Der sachliche Primat der Initiative Gottes schließt es gerade nicht aus, dass das Wirken des Heiligen Geistes als ein beobachtbares Phänomen beschrieben werden kann. Im Glauben kann auch festgestellt werden, dass Gott handelt, *indem* Menschen handeln, sich zusammenfinden und zu einer Gemeinschaft zusammenschließen. Das Wirken des auferstandenen Christus, das als „Heiliger Geist“ erfahren und benannt wird, muss nicht die Gestalt von überwältigenden Erscheinungen (Feuer, Brausen, Zungenreden, Aufhebung von Sprachgrenzen) haben. Der Geist kann auch darin identifiziert werden, dass Menschen Jesus erfahren und diese Erfahrung miteinander teilen. Die Berufung durch Gott vollzieht sich nach dieser Beschreibung auf dem Wege der Deutung des Alltäglichen als eines geistlichen Geschehens. Der Glaube sieht Gott am Werk, wo Menschen zusammenwirken. Diese Einsicht ist der Gewinn, den die Theologie nach der Zeit der Aufklärung erbracht hat.

So formuliert Friedrich Schleiermacher (1768–1834), der Berliner Theologe und Philosoph, der als der „Kirchenvater des 19. Jahrhunderts“ bezeichnet wird, in einem Leitsatz seiner „Glaubenslehre“: „Die christliche Kirche bildet sich durch das Zusammentreten der einzelnen Wiedergebornen zu einem geordneten Aufeinanderwirken und Miteinanderwirken.“ (§ 115)

2.4 Was den christlichen Glauben angeht, besteht ein kategorialer Unterschied zwischen der Situation vor und nach der Auferstehung Jesu. Die Umstände aus der Zeit vor Ostern können aus den Evangelientexten, die erst eine bis zwei Generationen nach den Ostererfahrungen zusammengestellt wurden, immer nur erschlossen werden. Die Menschen zurzeit Jesu glaubten an das von Jesus verkündigte Gottesreich, die Evangelisten und ihre Adressaten glaubten an Jesus und sein Wirken in der Gemeinde. Der katholische modernistische Theologe Alfred Loisy (1857–1940) hat diesen Zusammenhang auf eine vielzitierte Formel gebracht: „Jesus verkündigte das Gottesreich, gekommen ist die Kirche."[1] Man kann diesen Satz antithetisch verstehen (statt der alles neu machenden Gottesherrschaft kam lediglich eine neue Religionsgemeinschaft), aber auch einfach beschreibend: Das Handeln der Kirche ist auf das Leben und die Predigt Jesu bezogen, doch es geschieht unter grundlegend veränderten Umständen – eben nach Karfreitag, Ostern, Himmelfahrt und Pfingsten.

Die Predigt des Evangeliums als die Predigt vom Leben, Sterben und Auferstehen Jesu und die Strukturen der frühen Gemeinden und der Kirche insgesamt sind gleichursprünglich. Die *Kirche* entwickelte sich aus der Organisation der Verkündigungsaufgabe („Mission") und die *Predigt* konnte inhaltlich und organisatorisch nur leben durch die Kirche. Um diese fundamentale Gegebenheit zu illustrieren, werfen wir schon an dieser Stelle einen kurzen Blick auf die Entwicklung der frühesten Kirche.

3. Apostel, Propheten und Lehrer: Kirchliche Ämter seit dem Neuen Testament

3.1 Schon früh – also zwischen Ostern und der Abfassungszeit der Evangelien – bildeten sich Gemeinden mit Ämtern und Strukturen. Die Botschaft Jesu und

---

[1] „Jésus annonçait le royaume, et c'est l'Église qui est venue." (*Alfred Loisy*, L'Évangile et l'Église, Bellevue ³1904, 155 [1902])

die Botschaft vom auferstandenen Christus wurde in die jüdische und heidnische Welt hinausgetragen. Im Neuen Testament finden wir dazu den Auftrag Jesu selbst, wie er in seine Lebenszeit zurückdatiert wurde (in der matthäischen „Aussendungsrede", Mt 10). Jetzt sind es die Jünger Jesu, also Gemeindeglieder um die Jahre 70–90, die das Gottesreich verkündigen, Kranke heilen (Mt 10,7f.) und nach Formen suchen, wie man in der Gemeinde zusammenleben kann (Mt 18,15–20). Da das normale Leben weitergehen muss und nicht alle predigend durch die Lande ziehen können, bilden sich in der Frühzeit drei kirchliche Funktionen bzw. Ämter heraus, die in den ersten drei Jahrhunderten bestimmend bleiben werden: Apostel, Propheten und Lehrer (Harnack 332–379; Lietzmann 147–150). Neben den paulinischen Selbstbezeichnungen als „Apostel" (Röm 1,1; 1 Kor 1,1; 2 Kor 1,1; Gal 1,1) begegnet dieser Terminus auch in der matthäischen Aussendungsrede (Mt 10,2).

Erste Aufzählungen von Funktionen, die aber noch keine festen Ämter gewesen sein dürften, finden sich bereits bei Paulus in Röm 12,6–9: Hier ist die Rede vom „Charisma" der Prophetie, der Diakonie, der Lehre und der Ermahnung. In 1 Kor 12,28 heißt es explizit, Gott habe „in der Gemeinde eingesetzt erstens Apostel, zweitens Propheten, drittens Lehrer"; genannt sind in demselben Vers – von der vorangehenden Aufzählung deutlich abgesetzt – die Kräfte der Heilung, Zungenrede und Auslegung. Man kann darum die Apostel, Propheten und Lehrer als die „Urämter der christlichen Kirche" bezeichnen (Lietzmann 147). Die Apostel oder Evangelisten sind die herumreisenden Missionare wie Paulus selbst, während die Propheten meistens an einem Ort tätig sind. Anders als Apostel und Propheten wirken die Lehrer nicht ekstatisch und charismatisch, sondern intellektuell: Sie machen die prophetische Rede der Propheten verständlich (1 Kor 14,26–33). Auch in der Apostelgeschichte ist von der Gemeindeleitung in Antiochia durch „Propheten und Lehrer" die Rede (Apg 13,1). Man geht davon aus, dass Apostel, Propheten und Lehrer von den Gemeinden unterhalten wurden, so dass sie sich ihrer Aufgabe ohne Sorgen um den Lebensunterhalt widmen konnten. Sie sind die christlichen Missionare bzw. Prediger der ersten drei Jahrhunderte (Harnack 340). Sie wurden nicht von der einzelnen Gemeinde gewählt, sondern dienten der gesamten Kirche, wurden aber von den Gemeinden geprüft, ob es sich wirklich um Prediger des Evangeliums handelte. Auch Prophetinnen sind für die ersten Jahrhunderte belegt (Harnack 363). Leitungsämter über die einzelne Gemeinde hinaus hat es in der Frühzeit noch nicht gegeben, wenngleich der Jerusalemer Gemeinde eine besondere Würde und Stellung zukam (2 Kor 8–9). Auch von Frauen in kirchlichen Funktionen ist bei Paulus explizit die Rede (1 Kor 11,5).

3.2 In einer frühen Kirchenordnung, der sogenannten „Lehre der zwölf Apostel" („Didache"), die um das Jahr 100 (also 50 Jahre nach Paulus) anzusetzen ist, findet sich ebenfalls die paulinische Trias von Aposteln, Propheten und Lehrern (1 Kor 12,28). Die Didache, die erst 1873 in einer Pergament-Handschrift im Jerusalemkloster in Konstantinopel entdeckt wurde, enthält u. a. konkrete Hinweise zur Mahlfeier und ist damit eine erstrangige Quelle für die Rekonstruktion des frühchristlichen Gottesdienstes.[2] Besonders gewarnt wird in der Didache vor durchreisenden „Pseudopropheten", die sich in den Gemeinden festsetzen und Geld nehmen, während der wahre Apostel oder

[2] Michael Meyer-Blanck: Der evangelische Gottesdienst aus Quellentexten erklärt, Göttingen ²2009 [2001], 78–92.

Prophet nur ein bis zwei Tage in einer Gemeinde bleibt (Did 11–13). Außerdem sollen die Gemeinden aus ihrer Mitte Aufseher (Episkopen, „Bischöfe") und Diakone (vgl. Phil 1,1) wählen, die ebenfalls den Dienst der Propheten und Lehrer ausüben (Did 15,1 f.). In ähnlicher Weise ist dann im 1. Timotheusbrief, der ebenfalls ein bis zwei Generationen nach Paulus geschrieben worden sein dürfte, von Bischöfen und Diakonen die Rede; besonders den familiären Gegebenheiten dieser Amtsträger gilt die Aufmerksamkeit (1 Tim 3,1–13). Man wird auch in Rechnung stellen, dass die Bedrohung der Kirche durch die ersten Christenverfolgungen bewirkte, dass sich die junge Kirche in festeren Strukturen formierte.

3.3 Insgesamt ist klar zu erkennen, dass die Aufgaben und Funktionen innerhalb der Gemeinden in den ersten beiden Jahrhunderten noch fluide sind, so dass sie nur als Vorläufer der späteren „Ämter" aufgefasst werden können. Dennoch wird deutlich, dass sich langsam Ämter- und Leitungsstrukturen herausbilden. Der paulinische Grundsatz, dass *alle* Getauften (1 Kor 12,4–13) an der Leitung teilhaben und „Charismatiker" (1 Kor 12,4) sind, mündete allmählich in eine strukturbildende Eigendynamik ein, wie sie für soziale Gebilde charakteristisch ist. Das Evangelium inspiriert Menschen und diese benötigen eine soziale Gestalt, um ihre Gedanken zu verbreiten. Insofern ist die Ansicht verfehlt, es habe einmal eine Kirche gegeben, die nur vom Heiligen Geist regiert wurde, ohne eine soziale und rechtliche Gestalt zu benötigen. Man wird vielmehr sagen können: Der Geist manifestiert sich in sozialer Gestalt. Umso wichtiger ist es, diese Gestalt zu beurteilen und dabei Urteile des Glaubens und Urteile der sorgfältigen Tatsachenbeobachtung miteinander zu verbinden. Auf die Entwicklung der Kirche in der Geschichte und in der modernen Gesellschaft ist in den beiden folgenden Paragraphen zurückzukommen.

4. Kirchentheorie, Kirchenkritik und Kirchenreform

Die Kirche ist nicht nur ein Gegenstand des Glaubens, sondern auch eine gesellschaftliche und kulturelle, eine historisch und soziologisch zu reflektierende Realität. Die Kirche findet das Interesse auch von Menschen, die nicht an die von ihr repräsentierten und verbreiteten Inhalte glauben, weil sie einer anderen Religion angehören oder sich selbst als Nichtchristen, Atheisten oder als Agnostiker bezeichnen. Etwas weniger als 40 % der deutschen Bevölkerung sind ohne Religionszugehörigkeit, während knapp 55 % einer der christlichen Konfessionen angehören (Angaben von Ende 2019). Immerhin ist die Kirche auch einer der großen Arbeitgeber in Deutschland: 2017 gab es bei der Evangelischen Kirche über 700.000 Beschäftigte (davon knapp 465.000 in diakonischen Einrichtungen).

4.1 Für die Kirche interessiert man sich auch vonseiten der Politik und Wirtschaft, der Kultur und des Rechtes. In der deutschen Rechtstradition gibt es sogar den eigenständigen Bereich des „Staatskirchenrechtes“, das die Beziehungen zwischen Kirche und Staat (im Hinblick auf den Religionsunterricht, die Theologischen Fakultäten, die Anstalts- und Militärseelsorge sowie die Kirchensteuer) regelt. Inzwischen spricht man – besonders wegen der Muslime und der Juden und anderer Religionsgemeinschaften, auf die die Rechtstradition des deutschen Staat-Kirche-Verhältnis nicht anwendbar ist – zunehmend vom „Religionsverfassungsrecht“

(was aber im Hinblick auf das Staat-Kirche-Verhältnis de facto dasselbe ist). Wie dem auch sei: Das Recht ist ein essentieller Aspekt der Kirche. Darüber hinaus ist überhaupt die Außenperspektive wichtig, die nicht von Glaubensaussagen, sondern von gesellschaftlichen und kulturellen Notwendigkeiten und Interessen bestimmt wird. Sie ist für die Wahrnehmung der Kirche ebenso von grundlegender Bedeutung wie die Bestimmungen des Glaubensbekenntnisses und der Theologie.

4.2 Dabei kann man die (evangelische) Theologie abgekürzt als die Theorie des in der (evangelischen) Kirche gelebten Glaubens bezeichnen. Die Theologie ist keine *kirchliche* Wissenschaft, weil sie der wissenschaftlichen Ungebundenheit des Urteils verpflichtet ist; sie ist aber gleichwohl eine *kirchenbezogene* Wissenschaft, weil ihr bevorzugter Gegenstand der Glaube der evangelischen Kirche ist. Theologische Fakultäten und andere Hochschulen mit theologischen Lehrinhalten dienen vordringlich der wissenschaftlichen Ausbildung kirchlicher Mitarbeiter:innen sowie Religionslehrer:innen (→ § 10). Wäre der Kirchenbezug nach der Tradition des deutschen Staatskirchenrechtes nicht mehr gegeben, fiele auch der Grund für die staatliche Einrichtung theologischer Fakultäten bzw. Professuren weg. Der Staat hat aber ebenso wie die Kirche ein Interesse an der wissenschaftlichen Ausbildung des kirchlichen Personals. Er folgt der Einsicht, dass die Religion der Religionsgemeinschaften zwar inhaltlich von diesen selbst bestimmt werden muss (deswegen wird bei einer Lehrstuhlbesetzung im Fach Theologie an einer staatlichen Hochschule die Zustimmung der Kirche eingeholt), dass der Staat selbst aber gut beraten ist, wenn er die Integration der Religionsgemeinschaften in das staatliche Bildungswesen betreibt und unter seiner Aufsicht behält. Insofern sind die Religionsgemeinschaften Gegenstände staatlicher Gesetzgebung. So ist der Religionsunterricht das einzige Schulfach, das im Grundgesetz (in Artikel 7) geregelt ist – und zwar im basalen Teil über die Grundrechte (Artikel 1–19), in denen die Abwehrrechte des Individuums – nicht nur des Staatsbürgers! – gegen den staatlichen Zugriff verbürgt sind.

Die Kirche steht nicht zuletzt aufgrund der deutschen staatskirchenrechtlichen Tradition in mannigfaltigen Bezügen zu anderen gesellschaftlichen Sphären und den entsprechenden Theorien. Für die in der Kirche Verantwortlichen (Presbyterien und Synoden bzw. Kirchenvorstände, Mitarbeitende, Pfarrerinnen und Pfarrer) ist es wichtig, die Innen- und die Außenperspektive der Kirche einnehmen zu können und beide aufeinander zu beziehen. Es ist hingegen nicht hilfreich, wenn die theologische Perspektive isoliert wird, weil der kirchliche Glaube so nicht anschlussfähig an gesellschaftliche Realitäten ist. Es kommt darauf an, die soziologischen, rechtlichen, politischen und ökonomischen Perspektiven mit der theologischen Beschreibung zu verbinden.

4.3 Dieses Ziel verfolgt die praktisch-theologische Disziplin der *Kirchentheorie*, der wir uns im nächsten Paragraphen zuwenden wollen. Die *Praktische Theologie* ist dasjenige theologische Fach, das die Praxis der Mitteilung und Darstellung des Evangeliums (z.B. in Unterricht, Seelsorge, Gottesdienst und Öffentlichkeit) kritisch reflektiert und begleitet und daraus Impulse und Schlussfolgerungen für die Theologie insgesamt (z.B. in der Dogmatik und Ethik) herleitet. Auf eine knappe Formel gebracht: Die Praktische Theologie ist eine theologische Theorie von der Praxis her und auf die Praxis hin. Damit muss sie einerseits Theologie sein, andererseits muss sie für die Berücksichtigung außertheologischer Theorien (Psychologie, Soziologie, Pädagogik,

Rechts- und Politikwissenschaft) sorgen. Der Praktischen Theologie kommt also eine Vermittlerrolle zwischen den verschiedenen Perspektiven der Glaubenspraxis zu. (Denkt man an die rhetorische Gestaltung einer Predigt, an eine zugewandte Haltung im Gespräch und an eine altersadäquate Unterrichtsplanung, leuchtet das sofort ein.)

Zurück zum Thema Kirche: Auch diese muss Gegenstand sowohl theologischer als auch außertheologischer Betrachtung sein. Der praktisch-theologische Fachterminus „Kirchentheorie" soll dieser Einsicht Rechnung tragen. Es geht darum, Einsichten des Glaubens und Ergebnisse außertheologischer wissenschaftlicher Beschreibungen miteinander zu verbinden. Das Niveau einer aktuell angemessenen Kirchentheorie ist dann erreicht, wenn soziologische Einsichten wie die Entwicklung der Kirche zu einer modernen Organisation (in Analogie zu einem Unternehmen) theologisch als Erscheinungsweise spätmoderner Freiheit gedeutet wird und wenn theologische Prinzipien (wie Wort und Sakrament als Basis der Kirche) in soziologische Kategorien (etwa als „Kommunikation") transformiert werden. Dabei markieren der Wechsel und die Integration der Perspektiven – anstelle einer bloßen Addition – die entscheidende Herausforderung.

Dieser mehrperspektivische und integrative Anspruch unterscheidet die Kirchentheorie von der klassischen theologischen *Ekklesiologie* (die Lehre von der Kirche, von „Ekklesia" = Versammlung, Gemeinde, Kirche, so z. B. Mt 16,18 und 1 Kor 1,2; ursprünglich war damit vor allem die gottesdienstliche Versammlung gemeint). Die Ekklesiologie als Bestandteil der Dogmatik geht vor allem von den Bestimmungen der Kirche im Neuen Testament, in den kirchlichen Bekenntnissen und in der kirchlichen Tradition aus. Inzwischen wird man die Ekklesiologie als Bestandteil der praktisch-theologischen Kirchentheorie und diese als Gesprächspartner der dogmatischen Ekklesiologie anzusehen haben.

4.4 Aus der ekklesiologischen und der kirchentheoretischen Betrachtung ergeben sich Maximen für die Kritik und die Veränderung der bestehenden Kirche. Kirchenkritik und Kirchenreform sind Kennzeichen des evangelischen Kirchenverständnisses. Die Kirche ist immer wieder zu verändern – „ecclesia semper reformanda“, so lautet ein Grundmotiv evangelischen Kirchenverständnisses. Dabei konnte die Herkunft dieser immer wieder zitierten Formel, die schon Augustin (354–430), Martin Luther (1483–1546) und Karl Barth (1886–1968) zugeschrieben wurde, bislang nicht geklärt werden. Dennoch: Kirchentheorie, Kirchenkritik und Kirchenreform gehören zusammen.

Kirchenkritik und Kirchenreform sind in der Gegenwart aus mehreren Gründen dringend notwendig. *Erstens* unterliegt die Kirche in Zeiten gesellschaftlicher Individualisierung und Pluralisierung einer allgemeinen Institutionenkritik. *Zweitens* werden kirchliche Missstände nicht zuletzt durch die neuen Medien schneller bekannt und weniger toleriert („shitstorm“). Der seit dem Jahr 2010 aufgedeckte Missbrauchsskandal in der katholischen und der evangelischen Kirche (Kopp 2020) ist dafür ein trauriges Beispiel. *Drittens* ist der Bestand der Institution und Organisation Kirche, wie wir sie kennen, durch Kirchenaustritte und die demographische Entwicklung akut gefährdet. Hinzu kommt schließlich *viertens* der erwähnte reformatorische Grundsatz, dass die Kirche ohnehin in ihrer überlieferten und aktuellen Gestalt kritisch zu prüfen ist. Immer wieder geht es um die Frage, ob die Kirche noch ihren eigenen Grundsätzen entspricht.

So formulierte Karl Barth 1930, nachdem Otto Dibelius (1880–1967) gerade selbstzufrieden „Das Jahrhundert der Kirche“ (1926) ausgerufen hatte, eine radikale theologische Kirchenkritik. Barth verglich die evangelische Kirche in Deutschland, die sich selbst eines Jahrzehnts erfolgreicher Kirchenpolitik in der Weimarer Republik rühmte, mit der Catilinarischen Verschwörung. Er sprach vom Verrat am Evangelium und an der Substanz der Kirche: „Warum ist diese Art ‚Führung‘ unerträglich? […] Warum ists wahr, dass die Kirche, die so redet, die Verheißung und den Glauben verleugnet? Darum, weil sie in solchen Worten und Taten so unzweideutig wie nur möglich sich selber will, sich selber baut, sich selber rühmt und eben darin von den um andere Fahnen und Fähnlein Gescharten nur dadurch sich unterscheidet, dass sie das – gebläht durch den Anspruch, die Sache Gottes zu vertreten – viel ungebrochener, viel pausbackiger, viel hemmungsloser tut als alle anderen.“ (Barth 230)

4.5 Konstruktive Kritik zielt auf die Abwendung von Missständen, und damit auf Reform. Mitunter fällt die umfassende Kritik leichter als die Entwicklung konkreter Reformvorschläge, zumal diese in der diskussionsfreudigen evangelischen Kirche nicht fraglos angenommen werden. Ein Beispiel aus jüngerer Zeit ist das Diskussionspapier „Kirche der Freiheit“, das vom Rat der Evangelischen Kirche in Deutschland (EKD) 2006 publiziert wurde. Es sollte dabei helfen, den Abwärtstrend bei den Mitgliederzahlen sowie der Beteiligung an Gottesdiensten und an kirchlichen Handlungen zu stoppen und suchte dazu aus der Mitte der reformatorischen Theologie heraus zu argumentieren. Die evangelische Kirche ist seit Luthers Schrift „Von der Freiheit eines Christenmenschen“ von 1520 eine Institution der Freiheit, die Menschen das erschließt, was sie zutiefst wünschen und was in der Moderne zugleich unumgänglich ist: umfassende und in den Wechselfällen des

Lebens tragende Freiheit. Das Impulspapier wagte sich mit konkreten Vorschlägen hervor: Neben der Reduktion der Zahl von Landeskirchen sollten die Gemeindestrukturen verändert werden. Die Ortsgemeinde sollte zugunsten von anderen Gemeindeformen weniger Aufmerksamkeit und Ressourcen bekommen. Besonders auffällig waren die Zahlenvorgaben zum „Wachsen gegen den Trend“: Die Quote des Kirchgangs am Sonntag sollte von vier (so der damalige Ist-Stand) auf zehn Prozent gesteigert werden – eine aus heutiger Sicht in jeglicher Weise unrealistische Vorgabe. Inzwischen ist die Quote weiter gesunken: Im Jahr 2018 besuchten am Sonntag Invokavit 2,6 % und am 1. Advent 4,3 % der Kirchenmitglieder den Gottesdienst. Die Logik der Unternehmensberatung mit Daten, Zahlen, Maßnahmen und ablesbaren Ergebnissen ist auf die Kirche nicht ohne weiteres anwendbar. Die Logik der Unternehmensberatung kann den Blick für die Unterscheidung zwischen dem Steuerbaren und den großen gesellschaftlichen Entwicklungen (Individualisierung, Pluralisierung, Institutionenkritik, Mediatisierung) verstellen. Diesen Umständen ist durch Reformprogramme kaum entgegenzuwirken.

4.6 Andererseits kann es auch nicht geboten sein, sich den gesellschaftlichen Trends einfach anzupassen. Das würde bedeuten, den Rückgang an Mitgliedern, Kasualien, Gottesdienstbesuchen und Finanzmitteln einfach hinzunehmen und den Schrumpfungsprozess besonders gut zu planen, als gäbe es kein Gegenmittel. Das wäre fatal. Denn eine Gruppe, Organisation oder Institution, die nicht mehr mit dem eigenen Wachstum rechnet, verliert den Glauben an sich selbst und damit erst recht den Glauben der anderen. Die Kirche muss in Zeiten eines Negativtrends diesen realistisch wahrnehmen, aber nicht zum Ausgangspunkt ihrer

Zukunftsperspektiven machen. Gerade in der Krise darf die Kirche nicht nur Gegenstand der genauen soziologischen Beobachtung sein, sondern sie hat den von ihr gelebten und mitgeteilten Glauben auch auf sich selbst anzuwenden. Das bedeutet, dass sie zwischen dem zu Planenden, von ihr zu Verantwortenden und dem nicht Planbaren, im Glauben auf sie Zukommenden zu unterscheiden hat. Das Planbare – Strukturen, Stellenpläne, Finanzen etc. – muss ohne Beschönigung wahrgenommen und in mittelfristige Entscheidungen umgesetzt werden. Gleichzeitig muss die Kirche auf geistliches Wachstum, auf lebendigeren Glauben setzen und auf mehr Menschen, die von diesem Glauben erfasst werden. Sie muss die Begegnung mit Menschen suchen, die bisher keinen Kontakt zum Glauben hatten, in klassischer Ausdrucksweise: Die Kirche muss nicht nur realistisch, sondern auch missionarisch sein.

4.7 Das heißt vor allem: Die Mitarbeiterinnen und Mitarbeiter glauben für sich selbst und für die Kirche, um den Glauben auch anderen nahebringen zu können. Vor einigen Jahren wurde dieses Programm mit dem treffenden, aber nicht gerade schönen Begriff der „missionarischen Doppelstrategie“ zum Ausdruck gebracht. Gemeint war damit, dass sich die Kirche für die Menschen öffnet, die sich ihrer Sache bisher wenig oder gar nicht verbunden wissen und dass sie zugleich die Glaubensgewissheit der hoch Verbundenen stärkt („verdichtet“). „Öffnen und Verdichten“ bezeichnet eine doppelte Bewegung, die sich auf das Innere und auf die Umwelt der Kirche bezieht.

Zusammenfassung

Weil die Kirche in Gegenwart und Zukunft für Menschen da sein will, wird sie auch ihre eigene Zukunft sorgfältig planen. Sie wird sich darum in zweifacher Weise selbst wahrnehmen: als Gegenstand genauer wissenschaftlicher Beobachtung und als Gegenstand des Glaubens. Die Zukunftsplanungen (Finanzen, Personal, Strukturen) werden präzise, aber auch offen für Ereignisse und positive Entwicklungen des Glaubens sein, weil die Kirche anderenfalls ihre Glaubwürdigkeit nach innen und nach außen verlieren würde. Für das Innere der Kirche, also besonders für die Mitarbeiterschaft, ist es wichtig, das eigene Handeln immer wieder mit dem Handeln und Leben Jesu verbinden zu können („verdichten"), damit auch Menschen außerhalb der Kirche ihr Leben vom Evangelium Jesu her erfahren können („öffnen").

§2 Die Kirche als Institution, Organisation und Inszenierung

1. Theologische und soziologische Beschreibungen

Die Kirche als Gegenstand des Glaubens und als Gegenstand der wissenschaftlichen Beobachtung wurde bis weit in das 20. Jahrhundert hinein vor allem mit den Instrumenten der Theologie beobachtet, beschrieben und kritisiert, um eine selbstkritische Praxis zu ermöglichen bzw. um Reformen herbeizuführen. Erst mit der Öffnung der Praktischen Theologie zu den nichttheologischen Wissenschaften, insbesondere der allgemeinen Soziologie, erweiterte sich das Spektrum der wissenschaftlichen Beobachtung und Beschreibung.

1.1 Aus der *Biblischen Theologie* wurden ursprüngliche Gegebenheiten rekonstruiert, die zugleich als Modelle für die Kirche der Gegenwart dienen sollten. Besonders die paulinische Lehre von den „Gnadengaben" (Charismen, 1 Kor 12,4–11) und die lukanische Beschreibung der urchristlichen Gemeinschaft (Apg 2,42–47), des oftmals so genannten „urchristlichen Kommunismus" (Apg 2,44 f.), wirkten dabei inspirierend, gerade weil ihnen staats- und volkskirchlich kaum zu entsprechen war: Nach 1 Kor 12 ist jeder Getaufte ein Charismatiker und nach Apg 2 sind die Unterschiede zwischen Armen und Reichen in der Gemeinde Jesu Christi außer Kraft gesetzt bzw. belanglos geworden. Die *Kirchengeschichte* lieferte weitere Kirchenbilder im Zusammenhang des wechselvollen Verhältnisses von Staat und Kirche und der entsprechenden Orientierung des Christen (Mt 22,21; Apg 5,29; Röm 13,1–7); im folgenden § 3 wird darauf einzugehen sein. Die *Dogmatik* entwickelte ihre normative Lehre von der Kirche vor allem von den entscheidenden Vollzügen, von der Predigt und den Sakramenten her, wie das dem 7. Artikel der Augsburgischen Konfession von 1530, der wichtigsten lutherischen Bekenntnisschrift des 16. Jahrhunderts entspricht (dort ist die Rede von der Kirche als Versammlung um das Evangelium und die Sakramente).

1.2 Im 19. Jahrhundert, als sich die Stände- und Adelsgesellschaft rasant veränderte und zur Bürgergesellschaft wurde, bildete sich als eine neue wissenschaftliche Disziplin die *Praktische Theologie*. Dieser ging es nicht nur um die praktischen Vollzüge des Pfarrers (Predigt, Unterricht und Seelsorge), sondern um die genauere Wahrnehmung der Kirche, die sich auf die gesellschaftlichen Umbrüche als Bedingungen ihrer Arbeit einstellen musste. Der Begründer der Praktischen Theologie Friedrich Schleiermacher (1768–1834) beschrieb diese als die Theorie der Kirchenleitung und unterschied dabei die Leitung der Einzelgemeinde („Kirchendienst") von der Leitung der Gesamtkirche („Kirchenregiment"; Schleiermacher 1830, § 274). Schon für Schleiermacher bestand die wichtigste Aufgabe der gesamten Theologie darin, die Kirche zu reformieren („die Gefühle der Lust und Unlust an dem jedesmaligen Zustand der Kirche" bewusstzumachen und entsprechend zu handeln, Schleiermacher 1830, § 257). Entsprechend finden sich bei Schleiermacher auch Überlegungen zur „kirchlichen Statistik": Ihre Aufgabe ist die „Darstellung des gesellschaftlichen Zustandes der Kirche in einem gegebenen Moment" (§ 95).

1.3 Mit den rasanten gesellschaftlichen Veränderungen wurde die empirische Wahrnehmung der unterschiedlichen kirchlichen Verhältnisse in Stadt und Land immer wichtiger. Durch die Verstädterung bildeten sich riesige Kirchengemeinden, die kaum mehr als „Gemeinden“ angesehen werden konnten. Die Bevölkerungszahl Berlins wuchs von 172.000 im Jahr 1800 auf 1,8 Millionen im Jahr 1900, in Dresden stieg die Zahl in demselben Zeitraum von 60.000 auf 396.000. Der Dresdner Pfarrer Emil Sulze (1832–1914) fand in Dresden-Neustadt eine Gemeinde mit 60.000 Mitgliedern vor; bekannt wurde er durch sein Reformprogramm, diese Gemeinde in überschaubare Seelsorgegemeinden unter der Leitung von Laien zu unterteilen. Jedes Gemeindeglied sollte in diesen „Seelsorgegemeinden“, die wie ein Verein mit Geselligkeit und Nachbarschaftshilfe organisiert wurden, einen persönlichen Platz haben.

1.4 Die Praktische Theologie im beginnenden 20. Jahrhundert ging zunehmend davon aus, dass die Kirche nicht nur für die Inhalte und die Gestaltung ihrer Arbeit verantwortlich ist, sondern dass diese auch ihre personellen und finanziellen Ressourcen genau in den Blick zu nehmen hat. Die Kirche begann, sich (auch) als eine *Organisation* im soziologischen Sinne zu verstehen und sich von einem Selbstverständnis zu verabschieden, nach dem sie eine fraglos vorhandene und dauerhaft Geltung beanspruchende *Institution* sei. Die soziologische Unterscheidung zwischen „Institution“ und „Organisation“ wandte sie explizit allerdings erst etwa ein Jahrhundert später auf sich an. Diese Unterscheidung gehört inzwischen zum Standardrepertoire praktisch-theologischer und auch systematisch-theologischer Kirchentheorie. Sie dient nicht zuletzt dazu, explizit theologische Beschreibungen der Kirche als „Geschöpf des Wortes“ (creatura verbi) oder als „Leib Christi“ unter den gegenwärtigen Bedingungen verständlich zu machen.

1.5 Die gegenwärtige katholische Kirche in Deutschland (→ § 7) sucht nach außen ein Bild der Einheit zu vermitteln, ist aber in sich selbst höchst uneinig. Maßgeblich ist die dogmatische Konstitution über die Kirche „Lumen Gentium" (LG; „Licht der Völker") des 2. Vatikanischen Konzils von 1964. Die innerkatholische Auseinandersetzung wird immer wieder anhand dieses Dokuments geführt. Das 2. Kapitel der Konstitution (LG 9–17) beschreibt die Kirche jenseits aller Hierarchie als „Volk Gottes", während das 3. Kapitel (LG 18–29) in gewohnter Weise die „hierarchische Verfassung der Kirche, insbesondere das Bischofsamt" in den Mittelpunkt stellt. Zum Volk Gottes gehören nach LG 13 auch die Nicht-Katholiken, ja sogar „alle Menschen überhaupt, die durch die Gnade Gottes zum Heile berufen sind". In LG 20 hingegen heißt es in aller Klarheit über die Bischöfe: „An Gottes Stelle stehen sie der Herde vor, deren Hirten sie sind, als Lehrer in der Unterweisung, als Priester im heiligen Kult, als Diener in der Leitung." Eine Kirche des Volkes und eine Kirche der Bischöfe stehen in „Lumen Gentium" nebeneinander. In der aktuellen Auseinandersetzung um den „synodalen Weg" der katholischen Bistümer in Deutschland beruft man sich auf beide Grundbilder. Besonders für den Gottesdienst wird der Weg von einer „Klerusliturgie" hin zu einer „Gemeindeliturgie" betont (Kopp / Kranemann 7) und auch einer Segnung gleichgeschlechtlicher Paare wird „ekklesiologische Relevanz" beigemessen (Kopp / Kranemann 147).

2. Die Kirche als Institution

2.1 Institutionen liegen dem Handeln und Denken des Menschen voraus und werden gleichzeitig von ihm immer wieder von neuem (mit) konstituiert. Um das besser zu verstehen, kann man Institutionen mit der Sprache vergleichen: Man spricht eine Sprache eigenständig, aber das eigene Selbst- und Weltverstehen wird zugleich von der Sprache gebildet. In ähnlicher Weise sind Institutionen vor dem Individuum da, sind aber nur durch Individuen lebendig und lebensfähig.

Solche von der klassischen Soziologie beschriebenen Institutionen sind etwa Ehe, Familie, Staat und Recht, aber auch Sitte und Bildung (Rössler 461). Sie dienen der Stillung von menschlichen Grundbedürfnissen und begrenzen zugleich die Handlungsfreiheit. Gerade damit entlasten Institutionen das Individuum von Entscheidungen. Sie grenzen ein und hegen ein, sie beschränken und sie schützen. Institutionen relativieren den Druck der jeweiligen Bedürfnisse, weil man diese in jenen aufgehoben weiß. Ohne Institutionen, die als grundlegende menschliche Kulturleistungen anzusehen sind, kann soziales Leben nicht gelingen. Die anthropologische Begründung des Philosophen und Soziologen Arnold Gehlen (1904–1976) lautet, dass der Mensch ein „Mängelwesen" sei, das Schutz und Entscheidungshilfe benötige, weil er nur wenig durch Instinkte gesteuert sei und darum vor lebensfeindlichen Eingebungen geschützt werden müsse. Zugleich wird der Mensch durch die Institutionen dazu frei, seine (beschützten und begrenzten) Kräfte für weitere Kulturleistungen einzusetzen. Diese Sichtweise ist charakteristisch für die 1950er Jahre, in denen die Abgründe menschlicher Möglichkeiten (vor allem im Nationalsozialismus) noch deutlich vor Augen standen.

2.2 Es war damit in der Frühzeit der Bundesrepublik sofort einsichtig, dass auch die Kirche als Institution aufzufassen sei, als eine gesellschaftliche Kraft, die die Freiheit des Menschen umfängt und der Barbarei wehrt. Das Grundgesetz mit seinen Bestimmungen zur Religionsfreiheit (GG Art. 4) und zur Mitwirkung der Religionsgemeinschaften an der schulischen Bildung (GG Art. 7) passt in diesen Zusammenhang. Die Kirche liegt der Erfahrung und Entscheidung des Individuums voraus, sie ist bereits „eingesetzt" („institutum est"). Gerade der soziologische Institutionsbegriff eignete sich gut dazu, die christliche Dialektik von Gebundenheit und Freiheit bzw. Freiheit aus der Gebundenheit zu reformulieren. Davon ausgehend konnte man die evangelische Kirche als „Institution der Freiheit" bezeichnen. In der Institution Kirche (bzw. der Religionsgemeinschaft) ist das grundlegende Empfinden menschlicher Abhängigkeit – etwa von der begrenzten eigenen Leiblichkeit – im mehrfachen Sinne „aufgehoben" (bewahrt, zeichenhaft verdichtet und auf eine höhere Ebene gehoben). Erfahrene Begrenzungen und Bedrückungen finden in der geglaubten Freiheit ein institutionalisiertes Ende (Röm 8,21).

2.3 Schon in Artikel 5 der (lutherischen) Augsburgischen Konfession von 1530 heißt es, um des Glaubens willen sei von Gott der Dienst an Wort und Sakrament *eingesetzt* (*„institutum est* ministerium docendi evangelii et porrigendi sacramenta", BSLK 58, 1–3). Auch das theologische Hauptwerk des (reformierten) Genfer Reformators Jean Calvin trägt den Titel „Institutio", der mit der geläufigen Übersetzung „Unterricht" nur teilweise erfasst ist. „Institutio Christianae Religionis" müsste eigentlich mit „Grundsätze der christlichen Religion" wiedergegeben werden. Die Kirche ist nach reformatorischen Grundsätzen die Institution des Evangeliums.

Die Kirche steht im Dienst einer Botschaft, die sie weder („objektiv", wie eine Sache) „weitergibt" noch aus sich selbst („subjektiv") hervorbringt; sie findet vielmehr jeweils neu das, was ihr vorausliegt. Das Wesen der Institution Kirche ist weder objektiv noch subjektiv, sondern geschichtlich und kommunikativ (s. u. unter 4).

Für den sozialen Prozess der Institutionalisierung der Religion charakteristisch ist auch die Ausbildung eines eigenständigen religiösen Berufes, was sich bereits in den urchristlichen Ämtern abzeichnet (→ § 1.3). Entsprechend gehörte das Amt des Pastors bzw. Priesters lange Zeit zum Normalinventar eines Dorfes oder einer Stadt. Man muss dazu nur an die Pfarrergestalten in Theodor Fontanes Romanen denken wie an Pastor Niemeyer in „Effi Briest" (1896) oder Pastor Lorenzen im „Stechlin" (1898). Der Pastor verkörperte die Institution Kirche – und er war selbst eine Institution: etwas Verlässliches, immer Vorhandenes, das für die Lebbarkeit des Lebens stand, auch wenn dieses den Menschen böse mitspielte.

2.4 Mittlerweile gehören die milden Pfarrergestalten Fontanes ebenso der Vergangenheit an wie das Institutionenvertrauen. Das betrifft neben der Kirche auch Staat, Recht, Wirtschaft, Ehe und Familie. Inzwischen ist auch die Kategorie der Institution aus dem Sprachgebrauch so gut wie verschwunden. Soziologie und Kulturwissenschaft sprechen stattdessen – in Anlehnung an die Terminologie des Soziologen Niklas Luhmann (1927–1998) – vom „sozialen System" (Hermelink 103). Diese Begrifflichkeit ist offener und formaler, aber damit auch ärmer an Konnotationen. Auf jeden Fall bleibt es dabei, dass die Kirche als Institution betrachtet werden kann, denn sie liegt dem Handeln und den Entscheidungen des Individuums voraus und ist gleichwohl auf dieses angewiesen.

3. Die Kirche als Organisation

3.1 Seit den 1970er Jahren ist zunehmend die Einsicht gewachsen, dass es sich auch bei der Kirche – wie bei Parteien, Vereinen und Unternehmen – um eine Organisation handelt. Das charakteristische Merkmal einer Organisation ist die Entscheidung. Organisationen müssen über die Verwendung ihrer Ressourcen, über ihre Ziele und über die Strategien zu deren Umsetzung entscheiden, den Umsetzungsprozess genau beobachten und dann neu entscheiden (so das Regelkreismodell im Management). Eine Organisation ist dadurch definiert, dass „alle relevanten Kommunikationen als Entscheidungen begriffen und ihrerseits auf Entscheidungen zurückgeführt werden" (Hermelink 92). Der Kontext ist eine Gesellschaft, in der das Gewicht von Institutionen generell zurückgegangen ist, so dass man von einer „Organisationsgesellschaft" spricht (Hauschildt / Pohl-Patalong 182).

Die Kategorie der Entscheidung kommt nicht nur bei der Leitung, sondern auch bei der *Mitgliedschaft* in einer Organisation zum Tragen: Man kann eintreten und austreten oder sich dafür entscheiden, dabei zu bleiben (und entsprechend Kirchensteuer zu zahlen, → § 9.1). Es ist von daher nicht überraschend, dass der Charakter der Kirche als Organisation um 1970, in der Zeit der ersten großen Kirchenaustrittswelle, in den Vordergrund rückte (→ § 9). Bis 1970 war der Kirchenaustritt (aus der Institution Kirche) etwas Aufsehen Erregendes, inzwischen ist der Austritt (aus der Organisation Kirche) zu einem statistischen Routinefall geworden. Das gilt allerdings nicht für das Empfinden der engagierten Pfarrerinnen und Pfarrer, die jeden Kirchenaustritt als einen Verlust oder sogar als persönliche Niederlage betrauern. Das ist deswegen der Fall, weil die heutigen Pfarrer sich nicht vor allem als Vertreter der Institution am Ort verstehen, sondern vor allem als diejenigen, die mit einem attraktiven Angebot die Menschen mit ihren spezifischen Bedürfnissen zu erreichen suchen: Die Orientierung an den Mitgliedern hat eine höhere Plausibilität als die Orientierung an kirchlichen Lehrbeständen. Die Logik der Organisation verläuft von den Adressaten zum Gesamtsystem Kirche, die Logik der Institution verlief umgekehrt.

3.2 Schon Friedrich Schleiermacher bot in seiner Glaubenslehre Ansätze zu einem Verständnis der Kirche als Organisation, indem er ihre Bildung als „das Zusammentreten der einzelnen Wiedergebornen zu einem geordneten Aufeinanderwirken und Miteinanderwirken“ beschrieb (Schleiermacher 1830/31, §115). Zu der kirchlichen Institutionenlogik des 19. Jahrhunderts trat damit die organisatorische, die erkennbar von dem Rousseau'schen Staatsgedanken als „Sozialvertrag“ der Staatsbürger beeinflusst ist.

In den letzten Jahrzehnten ist die Kirche auch nach ihrem eigenen Selbstverständnis immer mehr zur Organisation geworden: Mitgliederwerbung, Öffentlichkeitsarbeit und Spendenaktionen kennzeichnen die kirchliche Arbeit; Steuerungsgruppen, Leitbilder und Leitlinien, Dienstleistungen an den Mitgliedern und Fundraising dominieren die innerkirchliche Diskussion, die deutlich an das Management-Vokabular von Organisationen angelehnt ist (Hauschildt / Pohl-Patalong 181–215). Betriebswirtschaftliche Erkenntnisse bestimmen vielfach die Kirchenreformdebatten. So kann gefragt werden, welche Angebote wie viele Ressourcen erfordern und ob es sinnvoll ist, bestimmte Aktivitäten, die wenig erbringen und viel kosten, zurückzufahren („Portfolio-Analyse“, Hauschildt / Pohl-Patalong 201 f.). Dass man mit einer solchen Analyse leicht in Widerspruch zu kirchlichen Zielsetzungen in Seelsorge und

Diakonie geraten kann, liegt auf der Hand. Ein charakteristisches Element der innerkirchlichen Überlegungen ist auch die Debatte um die „Qualität“ der eigenen Angebote. Insbesondere im Hinblick auf die Gottesdienste wurde in den letzten Jahren die Qualitätsdebatte geführt. Im Gottesdienst müssen erstens die Basisanforderungen stimmen, zweitens soll das Wesentliche erfahrbar sein und drittens sollte es im besten Falle etwas geben, was begeistern kann (FENDLER).

Für unternehmensanaloge Entscheidungen sind zugleich flache Hierarchien mit basisorientierten Einwirkungsmöglichkeiten *und* schnelle Entscheidungsstrukturen sinnvoll. Da sich diese beiden Prinzipien widersprechen können (schnelle Entscheidungen werden von umfassender Mitwirkung gebremst, schlanke Entscheidungsstrukturen begrenzen die Mitwirkungsmöglichkeiten), muss die Organisation Kirche einen weitgehend akzeptierten Ausgleich zwischen Partizipationslogik („bottom-up“) und Entscheidungsfreudigkeit („top-down“) gewährleisten. Der Ausgleich zwischen diesen beiden dialektischen Prinzipien kann als das Kennzeichen gelingender Leitungsverantwortung gewertet werden. Das gilt nicht nur für die Kirche, sondern ganz allgemein für die Leitung von Gruppen und Organisationen.

Zugleich lässt sich als weitere Dialektik diejenige von Flexibilität und Struktur ausmachen: Je mobiler die Kirchenmitglieder sind und je mehr die Kirche nach dem Grundmuster einer Organisation bzw. eines Unternehmens agiert, also auf ihre Umwelt und die Bedürfnisse ihrer Mitglieder reagiert, desto deutlicher muss sie auch ihren „Markenkern“ zu bestimmen suchen. Dem dienen Grundtexte wie „Denkschriften“, „Lebensordnungen“ und gemeinsame Textordnungen (Gesangbuch, Gottesdienstverläufe, Ordnung der gottesdienstlichen Lese- und Predigttexte). Wer von Hamburg nach München umzieht, sollte seinen evangelischen Gottesdienst wiedererkennen.

3.3 Der Münchner Soziologe Armin Nassehi (geb. 1960) hat darauf hingewiesen, dass es für Organisationen kennzeichnend ist, dass sie immer unzufrieden mit sich selbst sind: „Kaum wird man je eine Organisation finden, in der die Mitglieder davon ausgehen, dass die Dinge tatsächlich richtig funktionieren" (zitiert nach Hermelink 101). Organisationen machen eine bestimmte Praxis sichtbar und reflektierbar (z.B. eine ökonomische oder pädagogische Praxis); aber sie können diese nicht unmittelbar steuern, weil die Praxis ihrer eigenen Logik folgt und der Organisation immer wieder vorausliegt. Der Glaube und die Gebetspraxis von Menschen lassen sich durch Bekenntnisse, Agenden und Textordnungen nicht unmittelbar steuern. Die Kirche ist nicht nur Organisation, sondern sie ereignet sich, sie ist vor allem Interaktion bzw. Inszenierung.

4. Die Kirche als Interaktion und Inszenierung

4.1 Seit dem Neuen Testament steht der Gedanke im Vordergrund, dass das Eigentliche der Gemeinde und Kirche die Menschen sind, die Getauften, die den „Leib Christi" bilden (1 Kor 12,12–14). Die Substanz der Kirche sind die Getauften – und nicht eine von ihnen unabhängige oder ihnen übergeordnete Institution oder Organisation. Diesen Grundsatz akzentuierte Martin Luther in einer Weihnachtspredigt so: „Nun ist die Kirche nicht Holz oder Stein, sondern der Haufen christgläubiger Leute; zu der muss man sich halten und sehen, wie die glauben, leben und lehren, die haben Christum gewiss bei sich […].“[1]

In den „Schmalkaldischen Artikeln“ von 1537, die zu den Bekenntnisschriften der Lutherischen Kirche gehören, formulierte Luther, es wisse „gottlob ein Kind von 7 Jahren, was die Kirche sei, nämlich die heiligen Gläubigen und ‚die Schäflein, die ihres Hirten Stimme hören‘ […].“ (BSLK 459, 20–22 unter Hinweis auf Joh 10,3)

In moderner Terminologie könnte man formulieren, dass die Kirche gar nicht primär Institution und Organisation ist, weil Interaktion und Kommunikation sowie Inszenierung und Feier das Wesen der Kirche ausmachen. In der Kirche soll es um das religiöse Leben gehen und damit mehr um Ereignisse als um Strukturen. Die Kirche als Institution und Organisation ist lediglich die Voraussetzung für Glauben, Leben und Lehre und das Hören auf das Wort des Herrn. Intuitiv weiß jeder religiöse Mensch um diese Zusammenhänge und kritisiert darum mit vollem Recht Tendenzen religiöser Institutionen oder Organisationen, strukturelle Interessen zu verfolgen, wenn dies zuungunsten von glaubwürdiger religiöser Kommunikation geschieht. Die gegenwärtige Missbrauchsdebatte ist dafür das schmerzliche Beispiel. Strukturelle Selbstsicherung unterliegt zu Recht der massiven Kritik – es sei denn, dahinter ist eine lebendige gelebte Religion erkennbar.

4.2 Das Wichtigste für die Kirche ist das Handeln von Menschen im Namen Gottes. Ein Kind lernt im Kindergarten das Gebet und biblische Geschichten kennen. Jugendliche genießen ihre Ferien und finden Freunde bei einem Konfi-Camp. Flüchtlinge werden willkom-

[1] Martin Luther, Predigt über Lk 2,15–20, Weihnachtspostille 1522, Weimarer Ausgabe (WA) Bd. 10 I,1,140, Zeile 14–16, Orthographie modernisiert.

men geheißen und in der Gemeinde wird Hilfe organisiert und koordiniert. Ein Gottesdienst zur Trauung spricht die großen Gefühle an. Bei der Christvesper am Heiligen Abend scheint für einen Moment das Leben in Ordnung zu sein, wenn man wie in der Kindheit die alten Lieder mitsingen kann. Die kranken Eltern im Pflegeheim fern dem eigenen Wohnort werden nicht allein gelassen. Die Kirche wird im Falle ihres Gelingens als „der Haufen christgläubiger Leute" wahrgenommen, durch die der Glaube, das christliche Leben und die christliche Lehre erfahrbar werden. Das Wesentliche am Christentum ist ein Geschehen – Interaktion und Inszenierung. Wenn umgangssprachlich formuliert wird, dass „sonntags um 10 Kirche ist", dann entspricht das exakt diesen Erfahrungen.

4.3 Mit dem Begriff der „Interaktion" meint der Soziologe Niklas Luhmann die Kommunikation unter leiblich Anwesenden, die einander mit allen Sinnen wahrnehmen und aufeinander einwirken können; demgegenüber kann „Kommunikation" auch auf medialem Weg (über Fernsehen, Bücher, Briefe, Telefon und Internet) erfolgen. Die Corona-Pandemie 2020/21 hat gezeigt, dass die mediale Kommunikation zwar eine gute Alternative in schwierigen Zeiten darstellt, dass sie aber zugleich ein Ersatz bleibt. Damit ist von Neuem sehr deutlich geworden, dass Interaktion etwas anderes und mehr ist als mediale Kommunikation. Nach den Erfahrungen der Pandemie wird niemand mehr auf die Idee kommen, man könne die kirchlichen Interaktionsformen digital ersetzen. An dieser Stelle ist zweierlei festzuhalten: *Erstens* sind für das Handeln der Kirche die Ereignisformen Kommunikation und Interaktion in den Vordergrund zu stellen und *zweitens* ist dabei das Handeln unter Anwesenden (die „Interaktion") besonders zu betonen.

4.4 Die wichtigste Interaktionsform der Kirche ist und bleibt der Gottesdienst. Darauf werde ich in diesem Buch noch ausführlich zu sprechen kommen (→ § 8). An dieser Stelle sei lediglich vermerkt, dass der Gottesdienst als Inszenierung des Glaubens der Kirche zugleich die Inszenierung der Kirche selbst ist. Der Gottesdienst kann als die Kirche im Modus der interagierenden Darstellung bezeichnet werden. Auch sonst ist die Erfahrung vertraut, dass die Darstellung einer Gemeinschaft in einer Feier mit der Gemeinschaft selbst mehr oder weniger identisch ist. Wer zu einer Geburtstagsfeier eingeladen wird und erscheint, gehört zur Familie. Beim Heimspiel der eigenen Mannschaft treten die wahren Fans an die Öffentlichkeit. Diejenigen, die beim Schützenfest-Umzug in Uniform mitmarschieren, machen den Verein am Ort aus. Die Gemeinschaft, die dargestellt wird und sich zeigt, ist eine soziale Realität. Bei der Kirche ist es nicht anders. Zwar gibt es viele verschiedene Interaktions- und Inszenierungsmuster (Gruppen, Veranstaltungen, Feste), aber der Gottesdienst tritt öffentlich besonders deutlich und verlässlich in Erscheinung. Er repräsentiert die Kirche am Ort und kann als der performative Kirchturm gelten. In der Regel erfährt man schon beim Passieren eines Ortsschildes, wann genau hier der Gottesdienst stattfindet. Wo der Glaube dargestellt und gefeiert wird, dort ist Kirche. Der Gottesdienst steht für den individuellen Glauben, für seine überindividuelle kirchliche Gestalt und für seine Präsenz in der gesellschaftlichen Öffentlichkeit.

Die gottesdienstlichen Zeichen machen die Kirche in der Öffentlichkeit sichtbar, nicht zuletzt für diejenigen, die sich nicht zur Kirche halten. Das Kirchengebäude (→ § 13), das Gesangbuch und die Ordnung des Gottesdienstes (Agende) lassen erkennen, was die Kirche ist. Das gilt vor allem für die Bibel, aus der öffentlich vorgelesen und mit der – in der Predigt – das gegenwärtige Leben gedeutet wird. Das Christentum ist keine Gemeinschaft geheimer Lehren und Rituale, sondern eine Buch- und Zeichenreligion, die sich jeder unverbindlich ansehen kann, wenn ihm danach ist. Beim Gottesdienst handelt es sich nicht um eine Mitgliederversammlung von evangelischen Christen, sondern um eine für alle offene Veranstaltung. Die Predigt, der öffentliche Ruf zum Glauben und die Rechenschaft über den Glauben, ist und bleibt das wichtigste Kennzeichen der evangelischen Kirche (das zeigen empirische Studien immer wieder). Gleichzeitig werden Institution und Organisation der Kirche daran gemessen, ob sie dem im Gottesdienst Vertretenen inhaltlich entsprechen – oder ob Glaube, Predigt und Alltag auseinanderfallen. Der Gottesdienst markiert die Maßstäbe und die Grenzen kirchlicher Glaubwürdigkeit. Durch die öffentliche Interaktion und Inszenierung wird die Kirche der Beobachtung und Kritik zugänglich und es ist ein gutes Zeichen, wenn davon reichlich Gebrauch gemacht wird.

4.5 Es ist nicht überraschend, dass die wichtigste reformatorische Definition der Kirche die Interaktion und Inszenierung des Glaubens in den Mittelpunkt stellt. Die Kirche wird im 7. Artikel des Augsburger Bekenntnisses (Confessio Augustana) von 1530 beschrieben als die „Versammlung aller Glaubigen, bei welchen das Evangelium rein gepredigt und die heiligen Sakrament lauts des Evangelii gereicht werden." (CA 7, BSLK 61,4–7) Es wird erläuternd hinzugefügt, dass die Eintracht bei der Lehre des Evangeliums und bei den Sakramenten für die wahre Einigkeit der Kirche ausreicht. Hingegen ist es nicht notwendig, dass „allenthalben gleichformige Ceremonien" verwendet werden (BSLK 61,12–15). Die Theologische Erklärung von Barmen hat im Jahre 1934 zu Recht hinzugefügt, dass auch die Gestalt und Ordnung der Kirche von Bedeutung sind, um die wahre Kirche von der in die Irre gehenden zu unterscheiden (→ § 3).

5. Die Kirche als „Hybrid"

Die drei beschriebenen kirchlichen Logiken, die der modernen Soziologie entlehnt sind, bringen verschiedene Prioritäten der kirchlichen Arbeit zum Ausdruck. Der Charakter der Kirche als Institution hebt das Überkommene und dem Individuum Entzogene hervor, während die Sicht der Kirche als Organisation auf die vielen Entscheidungen verweist, die ein soziales System bestimmen. Dagegen ist die Wahrnehmung der Kirche als Interaktion bzw. Inszenierung am nächsten an den Vollzügen, wie sie den Gläubigen und Interessierten begegnen. Dabei ist deutlich, dass die drei kirchlichen Logiken zusammengehören und nicht gegeneinander ausgespielt werden dürfen. Die Institution bildet den Hintergrund dafür, dass überhaupt organisatorische Entscheidungen getroffen werden können, die wiederum den prägenden Interaktionen und Inszenierungen Raum geben.

Darum ist die Kirche – in Analogie zum Benzin- und Elektromotor von Autos – als ein „Hybrid", als eine Kombination verschiedener „Antriebsformen" beschrieben worden: „Dementsprechend möchten wir Kirche als Hybrid aus Institution, Organisation und Bewegung verstehen. Trotz der Kontradiktorik ist für die Praxis eine Kombination stark zu machen, denn reine Organisationsförmigkeit beeinträchtigt die Mitgliedschaftsform der stabilen Halbdistanz, reine Institutionsförmigkeit beeinträchtigt die Schaffung von neuen Kontakten und engagierter Nähe, reine Gruppenförmigkeit beeinträchtigt die gesellschaftliche Reichweite.“ (Hauschildt / Pohl-Patalong 218)

Es ist hinzuzufügen, dass es sich bei den drei Arten, die Kirche zu betrachten, nicht um Abbildungen von empirischer Wirklichkeit handelt, sondern um soziologische und ästhetische Kategorisierungen, die jeweils einen bestimmten Blickwinkel der Kirche in den Mittelpunkt stellen. Die Kirche „ist“ also nicht Institution, Organisation und inszenatorische Interaktion, aber es ist fruchtbar, sie als alles das zu betrachten. Weitere Perspektiven können hinzutreten.

Dabei ist es vor allem wichtig, die überlieferten theologischen Beschreibungen der Kirche, wie sie aus dem Neuen Testament und der evangelischen Bekenntnistradition geläufig sind, mit den nichttheologischen Beschreibungen zu verbinden, wie das in diesem Paragraphen ansatzweise geschehen ist. In der soziologisch analysierten Kirche muss gleichzeitig die „Gemeinschaft der Heiligen“ (Apg 2,42; 1 Kor 1,2) und der „Leib Christi“ (Röm 12; 1 Kor 12) erkannt werden können, die Gemeinde der Getauften, die das zu halten suchen, was Jesus befohlen hat (Mt 28,20). Bei aller genauen organisatorischen Planung und aller inszenatorischen Innovation wird es für die Zukunft der Kirche entscheidend sein, ob sie es wagt und durchhält, nach den einfachen Weisungen zu leben, die Paulus in Röm 12,9–21 zusammengestellt hat. Die Mahnung in Röm 12,9 etwa ist in der aktuellen Missbrauchskrise von elementarer, durchschlagender Kraft.

Zusammenfassung

In der Gegenwart reichen die neutestamentlichen und die im Laufe der Zeit entstandenen theologischen Beschreibungen der Kirche nicht aus. Da sich die Kirche in der spätmodernen Gesellschaft behaupten muss, um in dieser und für diese arbeiten zu können, müssen die theologischen Kategorisierungen mit soziologischen verbunden werden. Besonders wichtig ist die Einsicht, dass sich die Kirche im letzten Jahrhundert von einer überkommenen, fraglose Geltung beanspruchenden Institution zu einer modernen Organisation gewandelt hat, die sich um Mitglieder, Finanzen, Personal, kulturellen Einfluss und gesellschaftliche Akzeptanz immer wieder neu bemühen muss. Gleichzeitig wird die Kirche aber nicht an ihrer Bedeutung als Institution und Organisation gemessen, sondern an ihrer Fähigkeit, das Evangelium in humanem Handeln (Interaktion) und überzeugender Darstellung (Inszenierung) lebendig werden zu lassen. Die damit beschriebenen, einander teilweise widersprechenden Logiken müssen miteinander kombiniert werden, um die Kirche angemessen wahrzunehmen und zukunftsfähig machen zu können.

§ 3 Von der Untergrundkirche bis zur digitalen community: Kleine Geschichte der Kirche

Die akademische Disziplin der Kirchengeschichte umfasst die Entscheidungen zur kirchlichen Lehre (Dogmengeschichte) ebenso wie die Darstellung des theologischen Denkens und ihrer maßgeblichen Vertreter, also die Theologiegeschichte. Dazu gehört weiterhin die Konfessionskunde, denn die Kirche hat sich in verschiedenste Ausprägungen („Denominationen") entwickelt. Schließlich und vor allem ist die Kirchengeschichte ein Aspekt der politischen, sozialen und kulturellen Geschichte, weil sie mit dieser zutiefst verwoben ist, so dass sich eine Kirchengeschichte verschiedener Länder und Regionen schreiben lässt. Das alles ist mit unzähligen Ereignissen, Personen und Denkrichtungen verbunden, deren Darstellung jeweils streng begrenzt werden muss, um sich nicht in Namen, Daten und Fakten zu verlieren. Eine Gesamtdarstellung durch eine einzelne Person ist inzwischen so gut wie unmöglich geworden und schon die gedrängte „Ökumenische Kirchengeschichte" ist eine Gemeinschaftsarbeit, die es in drei Bänden auf gut 1300 großformatige Seiten bringt.

Im Folgenden kann nur auf einige Entwicklungen hingewiesen werden, die zu der gegenwärtigen evangelischen Kirche in Deutschland geführt haben. Dabei wird die Kirche als Institution und Organisation (→ § 2) im Mittelpunkt stehen, wie sie aus der Reformation hervorgegangen und ihre Gestalt im modernen Staat gefunden hat. Hingegen kann die Geschichte der kirchlichen Interaktion (Diakonie und soziale Verantwortung) sowie der Inszenierung (Gottesdienst, Predigt und

Gebet[1]) ebenso wie die Theologiegeschichte hier lediglich gestreift werden. Die folgende Darstellung orientiert sich an der üblichen Epochengliederung und beschränkt sich auf jeweils einige Schlaglichter.

1. Von der verfolgten Minderheit zur Staatsreligion: Die Epoche der Alten Kirche

1.1 Die Zeit der „Alten Kirche" umfasst die ersten fünf Jahrhunderte und damit zugleich den Ausgang der Antike. Als den Beginn der frühen Kirche kann man die im Neuen Testament vorausgesetzten Gemeinden (1 Kor 8–9; 1 Kor 12; Apg 2,37–47) annehmen, als ihr Ende den Niedergang des weströmischen Reiches und des afrikanischen Christentums im 5. und 6. Jahrhundert. Als spätester Zeitpunkt gilt das Ende der kaiserlichen Herrschaft in Italien nach dem Einfall langobardischer Krieger im Jahr 568 (seit 395 hatten jeweils mehrere Kaiser regiert, so dass man vom „Weströmischen" und „Oströmischen" Reich spricht). Das afrikanische Christentum fand sein Ende kurz nach dem Tode des bedeutendsten antiken Theologen Augustin (354–430), von 397–430 Bischof von Hippo (heute Annaba in Algerien). Im Jahre 429 näherten sich Vandalen aus Spanien der Küste Mauretaniens und 430 verwüsteten sie Numidien (im heutigen Algerien und Tunesien).

1.2 Das wichtigste kirchliche Ereignis in den ersten vier Jahrhunderte war die Mailänder Übereinkunft

---

[1] Dazu vgl. Michael Meyer-Blanck: Liturgie und Liturgik. Der evangelische Gottesdienst aus Quellentexten erklärt, Göttingen ²2009 (UTB 3196); Werner Schütz: Geschichte der christlichen Predigt, Berlin 1972; Michael Meyer-Blanck: Das Gebet, Tübingen 2019, 141–196.

der beiden Kaiser Licinius und Konstantin vom Februar 313, wonach im gesamten Römischen Reich Toleranz gegenüber den Christen zu üben sei, das sogenannte „Mailänder Edikt". Damit endete die letzte und grausamste Phase der Christenverfolgungen im Römischen Reich unter dem Kaiser Diokletian (Regierungszeit 284–305). Diokletian sah sich beschirmt von Jupiter, dem Erhalter und Rächer des Römischen Reiches. Außerdem förderte er den bei Soldaten beliebten (aus Persien stammenden) Mithraskult, während er den Manichäismus, eine im 3. Jahrhundert erfolgreiche zoroastrisch-buddhistisch-christliche Mischreligion (benannt nach ihrem Stifter Mani, 216–277) und das Christentum bekämpfte. Am 24. Februar 303 erging ein reichsweiter Erlass, nach dem alle Kirchen niederzureißen und die Schriften der Christen zu verbrennen seien. Römische Bürger aus der Oberschicht, die sich zum Christentum bekannten, sollten ihre Ämter wie ihre Rechtsfähigkeit verlieren und gefoltert werden. Infolge des Edikts wurden viele Priester, Diakone und Bischöfe enthauptet (Einzelheiten bei Kinzig 83–90). Damit war es jedoch noch nicht genug und Diokletian ordnete in weiteren Edikten die Verhaftung aller Kleriker an, so dass die Gefängnisse überfüllt waren. Um die opferunwilligen Christen in Bedrängnis zu bringen, wurde 304 ein allgemeines Speise- und Trankopfer vor den römischen Götterbildern angeordnet. In Tyros in Syrien wurden 305 acht Christen gegeißelt, bevor sie mit Panthern, Bären, Ebern und Stieren kämpfen mussten. Da sie jedoch von den Tieren nicht angegriffen wurden, richtete man sie schließlich mit dem Schwert hin und warf sie ins Meer (Kinzig 97).

Es ist für neuzeitliche Menschen kaum vorstellbar, dass die Christen zu Beginn des 4. Jahrhunderts das Leiden (das „Martyrium") um Christi willen nicht nur ertrugen, sondern geradezu suchten. Wurde der Überlieferung nach Paulus in Rom enthauptet und Petrus gekreuzigt (EUSEBIUS II,25,5), heißt es schon über den 165 in Rom hingerichteten Märtyrer Justin, er sei „mit herrlichem Martyrium geschmückt" worden (EUSEBIUS IV,16,1). Das achte Buch der Kirchengeschichte des Eusebius (265–340) ist ganz den Verfolgungen unter Diokletian gewidmet. Es schildert die Zerstörung der Kirchen und die Verbrennung der Schriften auf öffentlichen Plätzen (VIII,2,1 ff.) ebenso detailliert wie die unvorstellbaren Martermethoden (VIII,5,2 ff. und VIII,9,2 ff.). Das Leiden um des Glaubens willen galt als die Vollendung der Nachfolge Christi (Mt 16,24 f.) und als Gemeinsamkeit mit den Apostelfürsten Petrus und Paulus.

Endeten die Verfolgungen 313, gab es endgültige Rechtssicherheit für die Christen erst im Jahre 324, als Konstantin nicht nur im Westen regierte (312–324), sondern Alleinherrscher im gesamten Reich wurde (324–337). Von nun an durften überall öffentliche Gottesdienste gehalten werden. Hatte man bis dahin in Hauskirchen gefeiert, konnten nun Kirchen gebaut werden. Im 4. Jahrhundert wurden so auf den Gräbern der Märtyrer die ersten Basiliken errichtet. Eine Basilika (griech. „basilike", königlich) ist ein großer rechteckiger Saal, an dessen vorderer Schmalseite der Bischof in der runden Apsis auf dem Bischofsthron seinen Platz hat, während die Presbyter und Diakone mit ihm der Gemeinde gegenüberstehen: Mit dem 4. Jahrhundert traten Klerus und Laien einander zunehmend gegenüber. Der religiöse Beruf professionalisierte sich.

In den Jahren 320–333 wurde in Rom die mehrschiffige Basilika Alt-St. Peter auf dem Petrusgrab erbaut; sie umfasste immerhin 66 mal 123 Meter (der heutige Petersdom, 1506–1626 erbaut, ist etwa zweieinhalbmal so groß). Seit dem Ende des 4. Jahrhunderts werden in Rom am 29. Juni die Apostel Petrus und Paulus als

Märtyrer verehrt. Auch das Weihnachtsfest entstand zu Beginn des 4. Jahrhunderts. Es wird in der Ostkirche am 6. Januar und im Westen am 25. Dezember gefeiert. In Rom wurde dazu der Tag der unbezwingbaren Sonne („dies natalis sol invicti") als Geburtstag Christi umgedeutet, denn Christus ist die wahre Sonne: „Christus verus sol" (vgl. Ev. Gesangbuch 72,1 und 404,1). Ab dem 4. Jahrhundert sind auch mehrere Gottesdienstordnungen überliefert.

1.3 Mit den Ereignissen von 313 und 324 trat das ein, was man die „Konstantinische Wende" nennt: Das Christentum wurde im Römischen Reich zu einer erlaubten, dann zu einer privilegierten und schließlich zur vorgeschriebenen Religion. Unter Theodosius I. („dem Großen", Regierungszeit 379–395) wurde das Christentum am 28.2.380 zur Staatsreligion erklärt und die anderen Kulte – mit Ausnahme des Judentums – wurden verboten und verschwanden um die Wende zum 5. Jahrhunderts.

Theodosius beendete auch den innerkirchlichen Streit um das Verständnis der Göttlichkeit Christi: Er berief das Konzil von Nizäa-Konstantinopel ein, das 381 jenes Glaubensbekenntnis annahm, das in unseren Gottesdiensten an Festtagen verwendet wird und im Gesangbuch abgedruckt ist („Nicaenocontantinopolitanum"). Theodosius suchte das riesige Reich religiös zu einen und Dogmengeschichte wurde zur Reichsgeschichte. Andere Bekenntnisse, vor allem der vor 381 verbreitete Arianismus (nach dem die Göttlichkeit Christi von geringerem Maß und der Sohn dem Vater untergeordnet ist) und erst recht andere Religionen wurden bei römischen Untertanen nicht mehr geduldet. 389 schwur der römische Senat den alten Göttern ab, seit 392 galt das blutige Opfer als Verbrechen und 394 fanden zum letzten Mal olympische Spiele statt.

1.4 Die Kirche hatte nun großen Zulauf und erhebliche Mühe, für die große Zahl der Taufbewerber einen sinnvollen Zugang zu ihren Lehren und ihrem Kultus zu eröffnen. Für die zunächst großenteils Erwachsenen wurde ein mehrstufiger Weg zur Taufe konzipiert, der von der Aufnahme in den Unterricht über die Vorbereitung auf die Taufe bis zur Erläuterung der erlebten eigenen Taufe reichte („Katechumenat").

1.5 Mit den Veränderungen unter Konstantin hatte die Entscheidung für Christus, die Kirche und die Taufe zugleich ihren Nimbus verloren. Es wundert darum nicht, dass ebenfalls zu Beginn des 4. Jahrhunderts andere Bestrebungen begannen, die Christusnachfolge besonders ernst zu nehmen. Wie Christus in der Wüste und vor seinem Leiden in Gethsemane suchte man allein (griech.: monachos), als Mönch zu leben, in der Einöde als „Wüstenbewohner" (Eremit) bzw. als „Entwichener" (Anachoret). Das Mönchtum entstand in Ägypten und verbreitete sich dann sehr schnell. Das Ideal dieses frühen Mönchtums war der größtmögliche Verzicht auf alle leiblichen und sozialen Bedürfnisse um des Gebetes und der Gleichförmigkeit mit Christus willen. Das gemeinsame Leben von Mönchen im Kloster entstand 320 in Ägypten durch den Kopten Pachomius (292–346).

Die Anfänge des abendländischen Mönchtums verbinden die Epochen von christlicher Antike und Mittelalter. 529 wurde durch Benedikt von Nursia (480–547) das Kloster Monte Cassino in Kampanien gegründet. Das benediktinische Kloster steht für ein Zusammenleben mit Selbstdisziplin und Maß. Nach der Benediktsregel (Regula Benedicti), die auf älteren Vorlagen beruht, soll nichts übertrieben werden – auch nicht Askese und Gebet. Armut, Keuschheit und Gehorsam sowie das bekannte Prinzip „Bete und arbeite" („Ora et labora"), verbunden mit Gastfreundschaft und Bildung kennzeichnen ein Leben apart von der Welt, aber in vielfacher Weise für die Welt. Das immerwährende Gebet in den Klöstern (1 Thess 5,17) erinnert alle Christenmenschen an die eigene Gottesbeziehung.

Das benediktinische Mönchtum dominierte im Abendland vom 8. bis zum 12. Jahrhundert und prägte Europa nachhaltig. Die Unterscheidung zwischen Klerus und Laien und zwischen einem völligen und einem eingeschränkten christlichen Leben bestimmte danach das gesamte abendländische Christentum bis zur Reformation.

2. Das christlich geprägte Abendland im Mittelalter

Die Bezeichnung „Mittelalter" bürgerte sich im 16. Jahrhundert in der Reformation und im Humanismus ein, um die eigene Epoche von der Vergangenheit abzugrenzen (Leppin 1). Man suchte an die intellektuellen und kirchlichen Strömungen der Antike anzuknüpfen und die dazwischen liegende Epoche zu überwinden und terminologisch abzuwerten. Dabei handelt es sich beim „Mittelalter" um eine äußerst lange und vielfältige Epoche, die vom Ende der Antike bis in das Reformationsjahrhundert reicht. Man kann diese auch mit Papst Leo I. (Leo dem Großen, Pontifikat von 440–461), dem ersten eigentlichen Vertreter des päpstlichen Primates, beginnen und mit dem Medici-Papst Leo X. (Pontifikat 1513–1521) enden lassen.

Die Epoche des kirchlichen Mittelalters umfasst ein rundes Jahrtausend, ganz grob: die Zeit von Augustins Tod 430 bis zu Luthers Thesenanschlag 1517. Im Folgenden muss es genügen, die strukturellen und kulturellen Entwicklungen anzudeuten, die von bleibendem

Einfluss auf die Kirche in Europa und in Deutschland waren. Viele der in der frühen Kirche begonnenen Entwicklungen setzten sich im Mittelalter fort.

2.1 Für die Kirche bis heute entscheidend sind zunächst die Trennung (das „Schisma") von West- und Ostkirche (Orthodoxie) und die Gewichtsverlagerung des Christentums aus dem Mittelmeerraum nach Mittel- und Westeuropa. Die theologische und kulturelle Entfremdung zwischen der griechischsprachigen Kirche im Oströmischen Reich mit seinen Patriarchaten in Alexandria, Antiochia und Konstantinopel und der lateinischen Westkirche um das Papsttum in Rom hatte sich schon länger abgezeichnet. Die Christianisierung der Franken ab dem 6. Jahrhundert (Taufe des Frankenkönigs Chlodwig um das Jahr 500, Leppin 43) sowie die erfolgreiche Mission in Irland und England vergrößerten die Eigenständigkeit und die Bedeutung des westlichen Christentums. Die Kirche nördlich der Alpen wurde immer bedeutender.

Der Streit um den Einfluss in Süditalien führte schließlich zu einer Eskalation zwischen Papst Leo IX. (Pontifikat 1049–1054) und dem Patriarchen von Konstantinopel. Gesandte des Papstes legten am 16. Juli 1054 eine Bannbulle auf dem Altar der Hagia Sophia in Konstantinopel nieder, mit der der dortige Patriarch exkommuniziert und zugleich der griechischen Kirche der Abfall vom Glauben vorgeworfen wurde; einer der genannten Gründe war die Ehe der Priester in der Ostkirche. Fünf Tage später wurde der Gegenbann über Rom ausgesprochen, wobei auch die Bartlosigkeit der westkirchlichen Priester als Begründung herhalten musste. Papst Leo IX. wurde nur deswegen nicht exkommuniziert, weil er im April gestorben und der Stuhl Petri vakant war.

Die in diesem Ereignis kulminierende Entfremdung

zwischen der römisch-katholischen Kirche und der Orthodoxie hat sich trotz vieler aktueller Bemühungen (besonders auch unter Papst Benedikt XVI.) nicht überwinden lassen. Ein zentraler dogmatischer Streitpunkt war immer wieder die Frage, ob der Heilige Geist nur vom Vater ausgeht (so die Orthodoxie) oder vom Vater *und dem Sohn* (das so genannte „filioque" in der Westkirche, LEPPIN 124f.). Zu dieser westlichen Ergänzung des Nicaenoconstantinopolitanums (→ 1.3), die gut zur Trinitätslehre Augustins passte, ist seitdem in extensiver und intensiver Weise theologischer Scharfsinn aufgeboten worden.

2.2 Mit Leo dem Großen begann im 5. Jahrhundert die große Epoche des Papsttums, das nicht nur geistlichen Einfluss geltend machte, sondern zugleich die weltliche Macht beanspruchte. Der sprichwörtlich gewordene „Gang nach Canossa" Kaiser Heinrichs IV. im Jahre 1077 ist zum Symbol der Schwäche der deutschen Herrscher und der Stärke des Papstes geworden. Heinrichs Widerpart war Gregor VII., ein ehemaliger Benediktinermönch und einer der erfolgreichsten mittelalterlichen Päpste (Pontifikat 1073–1085; er setzte auch den Priesterzölibat endgültig durch).

Nach dem Verständnis Gregors VII. ist der Inhaber des Stuhles Petri der unumschränkte Herr der gesamten Kirche im Osten und im Westen. Gregors „Dictatus Gregorii Papae" (eine Sammlung von 27 Sätzen, die sich unter seinen Briefen von 1075 findet) legt in Satz III fest, „dass allein er [der Papst] Bischöfe absetzen und wieder einsetzen kann" und in Satz XII heißt es, „dass es ihm [dem Papst] erlaubt ist, Kaiser abzusetzen" (LEPPIN 219f.). Außerdem kann der Papst Konzilien einberufen (das gilt so bis heute). Darüber hinaus ist der Papst nach Gregor auch der oberste Herr der Welt – die Sonne, von der die weltliche Gewalt ihr Licht empfängt. Das Papsttum ist die Kirche und als Stellvertreter Christi zugleich die oberste Instanz, der sich die Weltherrschaft zu beugen hat (Mt 28,18).

Nachdem Kaiser Heinrich IV. 1075 in Mailand einen neuen Bischof eingesetzt hatte („Laieninvestitur"), machte der Papst ihm in einem Brief deutliche Vorwürfe. Dann eskalierte der Streit: Auf einer Versammlung in Worms ließ der Kaiser die Absetzung des Papstes beschließen und redete Gregor in einem Brief an als „nicht mehr den apostolischen Nachfolger, sondern den falschen Mönch" („falso monacho", Leppin 223). Gregor verhängte im Gegenzug Heinrichs Exkommunikation, eine damals mit metaphysischem Grauen konnotierte Strafe. Damit verfügte der Papst zugleich die Absetzung Heinrichs und die Lösung seiner Untertanen von ihrem Treueeid. Als Heinrich im Schrecken über den Bann von den deutschen Fürsten alleingelassen wurde, ging er auf Bußfahrt. Im Januar 1077 wurde er im Schloss von Canossa (gelegen zwischen Bologna und Parma) durch Gregor vom Bann gelöst. Gregor schrieb in einem Brief, Heinrich habe nicht davon abgelassen, „unter vielen Tränen Hilfe und Trost des apostolischen Erbarmens zu erflehen" (Leppin 226). Heinrich war wieder handlungsfähig, doch die weltliche Gewalt war auf Dauer geschwächt. Die deutschen Könige zogen sich zunehmend aus dem Land jenseits der Alpen zurück und suchten den Staat auf nationaler Ebene zu entwickeln. In der deutschen Historiographie gilt „Canossa" als Wendepunkt. Dieser Ort hat sich im kollektiven Gedächtnis tief eingeprägt.

Noch im 19. und 20. Jahrhundert wurde die Orientierung von deutschen, aber auch von niederländischen Politikern an der katholischen Kirche als „Ultramontanismus" („jenseits der Berge", also der Alpen) bezeichnet. Dabei war der romtreue „Ultramontanismus" zugleich antimodernistisch.

2.3 Nicht nur für die Kirche und ihre Frömmigkeit, sondern auch für Kultur und Wissenschaft war die Weiterentwicklung des abendländischen Mönchtums (→ 1.5) von kaum zu überschätzender Bedeutung. Die Reformbewegung, die von dem 910 gegründeten burgundischen Kloster Cluny („Cluniazenser") ausging, bezog sich zunächst auf die strengere Einhaltung der Mönchsregel und eine innerliche Spiritualität, verfolgte dann aber im 11. Jahrhundert auch die Reform der Kirche: Dem Leben der Kleriker in der Ehe oder in eheähnlichen Verhältnissen und dem Kauf kirchlicher Ämter („Simonie", der Name nach Apg 8,18–24) sollten gewehrt werden. Eine weitere, in Deutschland bis heute die Landschaft prägende Reformbewegung war diejenige der Zisterzienser, die von dem Kloster Citeaux, ebenfalls in Burgund, ausging (gegründet 1118). Kennzeichnend waren die strenge Hierarchie (Abhängigkeit vom Mutterkloster Citeaux), Askese und besonders in Deutschland die Kultivierung unbebauten Landes (bis heute gut sichtbar in Kloster Loccum an der Grenze zwischen Niedersachsen und Westfalen).

Hatte der Bevölkerungsanteil der Städte im 10. und 11. Jahrhundert deutlich zugenommen, so verstärkten sich gleichzeitig die sozialen Gegensätze, wodurch wiederum die Bewegung der Bettelorden entstand, in der bei der Trias von Keuschheit, Gehorsam und Armut vor allem Letztere in den Vordergrund trat und die Reform der Kirche im Sinne des Armutsideals forderte. Die wichtigste Gestalt war der selbst aus einem reichen Tuchhändlerhaus stammende Franz von Assisi (1181/82–1226, heiliggesprochen 1228). Das Leben der Franziskaner orientierte sich an der Aussendungsrede Jesu (Mt 10,7–10): Die Brüder sollten arm und ohne festen Wohnort sein. Bereits 1212 wurde durch Klara von Assisi (1193/94–1253) der weibliche Ordenszweig der „Klarissen" begründet.

Der andere bedeutende Bettelorden der Dominikaner ist nach dem Gründer Domenicus Guzmann aus Kastilien (ca. 1170–1221) benannt. Der Orden zeichnete sich vor allem durch seine Predigttätigkeit aus (vgl. Mt 10,7), die durch die große Mobilität möglich wurde. Daneben gab es mehrere weitere, dem Armutsideal verpflichtete Orden wie den der „Augustiner-Eremiten", der 1244 in der Toskana gegründet wurde, um asketische Bewegungen an die Kirche zu binden; in diesen Orden trat im Juli 1505 der 21jährige Student Martinus Luder in Erfurt ein.

2.4 Die Dominikaner, die unmittelbar dem Papst unterstanden, hatten um der Predigt und der Bekämpfung von Irrlehren willen – man nannte sie auch die „Domini canes", die „Hunde des Herrn" – eine starke intellektuelle Ausrichtung. Sie prägten mit ihrer Rezeption der Aristotelischen Philosophie, die besonders über den muslimischen Philosophen und Aristoteles-Kommentator Averroes (arabisch: Ibn Rušd, 1126–1198) erfolgte, die spätmittelalterliche Universität. Die von den Dominikanern erarbeitete Synthese von Aristoteles und biblischer Offenbarung trägt den Namen „Scholastik". Vor allem sind hier der große Pariser und Kölner Gelehrte Albertus Magnus (ca. 1200–1280) und sein Kölner Schüler Thomas von Aquin (1224/25–1254, ebenfalls Dominikaner) zu nennen. Trotz der Kongruenz von Denken und Glauben lehrte Thomas aber die Alleinwirksamkeit der Gnade. Die *gratia cooperans* (die zusammenwirkende Gnade) ist das Eigentliche, das dem Menschen erst ein Handeln ermöglicht, das ihn vor Gott rechtfertigt (Leppin 363). In dieser Zuspitzung hätte sich also die Scholastik mit Luthers Verständnis der Rechtfertigung durchaus verbinden lassen – doch die Geschichte verlief bekanntlich ganz anders.

Die Lehre des Aristoteles, dass jedem Ding eine Tendenz zu seiner eigenen Vollendung innewohne, auf die es zustrebt („Entelechie"), bezog Thomas auf das ewige Leben und die Neuschöpfung der Welt (Offb 21,1–5). Ebenso folgte aus der Zielgerichtetheit des Seins ein verstandesgemäßer Hinweis auf Gott als erste Wirkursache und als Zielpunkt des Seins. Beide Denkfiguren wurden später als der „kosmologische und teleologische Gottesbeweis" bezeichnet. Doch diese „Beweise" wurden am Ende des 18. Jahrhunderts durch Immanuel Kant (1724–1804) aus den Angeln gehoben: Kant machte geltend, dass Gott kein Gegenstand der menschlichen Beobachtung sein kann, so dass bei „Gottesbeweisen" immer ein unzulässiger Sprung vom Gedachten zum Seienden vollzogen werden müsste. Damit waren beide Denkfiguren als „Beweise" erledigt. Als Hinweise behalten sie hingegen weiter ihre Berechtigung und Faszination.

2.5 Die Reformation wurde durch zahlreiche Kirchenreformbestrebungen im späten Mittelalter vorbereitet. Besonders revolutionär war der Gedanke des auf dem Konzil zu Konstanz 1415 mit dem Feuertod bestraften Prager Priesters und Professors Jan Hus (geb. 1369), dass ein Kleriker nur denjenigen als Vorgesetzten ansehen müsse, bei dem er fruchtbare Werke erkennt. Damit war die „Handlungslegitimation an die Stelle der Amtslegitimation" getreten (Leppin 388). Das bedeutet praktisch die Gottunmittelbarkeit des Glaubenden, der selbst zu beurteilen hat, ob ein Kirchenoberer zu Recht Gehorsam beansprucht.

Diese Entwicklungen vollzogen sich auf dem Hintergrund eines immer mehr der Macht- und Prachtentfaltung zugeneigten Papsttums, das sich als das mächtigste europäische Fürstentum der Renaissance zu profilieren suchte. Die Sixtinische Kapelle in Rom entstand unter Papst Sixtus IV. (Pontifikat 1471–1484), der vor seiner Wahl Ordensgeneral der Franziskaner gewesen war, als

Papst aber vor allem am Ausbau des Vatikans und an der Versorgung seiner weitverzweigten Verwandtschaft mit Gütern interessiert war. Auch mehrere Ablässe ließ Sixtus auflegen, um seine finanziellen Spielräume zu vergrößern.

2.6 Nicht zu vergessen ist, dass sich im 15. Jahrhundert auch die Verfolgungen der Juden häuften, die man besonders seit der Pestwelle 1347–1349 immer wieder diffamierte, an Seuchen schuld zu sein. Auch die Vorwürfe des Hostienfrevels und des Kindermords hielten sich hartnäckig. Der unaufgeklärte Mord an dem Jungen Werner von Bacharach im Jahre 1287 führte später sogar zu einem volkstümlichen Werner-Kult: In Bacharach bei Koblenz wurde 1426–29 eine Werner-Kapelle errichtet und der Versuch einer Heiligsprechung unternommen. Der Ritualmordvorwurf wurde an solchen Überlieferungen festgemacht und dehnte sich an vielen Orten aus. Um das Jahr 1500 wurden Juden aus vielen Städten vertrieben (z. B. aus Nürnberg, Ulm, Straßburg und Regensburg: Kaufmann 58). Besonders der späte Luther fällt durch seine unmäßige Judenpolemik negativ auf. Insgesamt ist der Antijudaismus ein trauriges Kontinuum in der Geschichte der abendländischen Kirche. Um die Wende zum 20. Jahrhundert steigerte er sich zu einem pseudowissenschaftlich unterfütterten „rassekundlichen" Antisemitismus, der nicht mehr religiös, sondern ausschließlich biologistisch begründet wurde.

3. Die Kirche im Zeitalter der Reformation

3.1 Für die Geschichte der Kirche in Westeuropa im 16. Jahrhundert ist die Person *Martin Luthers* (1483–1546) von grundlegender Bedeutung. Von seinem Wirkungsort Wittenberg aus nahm die Reformation ihren Anfang. (Auf die anderen Zentren der Reformation, auf Zürich, Straßburg und Genf kann hier aus Platzgründen nicht eingegangen werden, vgl. dazu Dingel 2017).

Zu Luther gibt es in der Geschichtswissenschaft zwei verschiedene Lesarten. Nach der einen war er die entscheidende Gestalt, die mit ihrem Denken und Handeln die lange geforderte Reform der Kirche herbeiführte und der neuzeitlichen Freiheit und Individualität den Weg bereitete, also weit über die Geschichte der Kirche hinaus kulturell wirksam war. Nach der anderen Lesart war Luther nur der letzte Auslöser einer Entwicklung, die bereits Jahrhunderte vorher mit den Bettelorden, den Reformkonzilen sowie schließlich mit Renaissance und Humanismus sowie der Armut um das Jahr 1500 begonnen hatte, so dass Luther nicht mehr als die Rolle einer Lunte im spätmittelalterlichen Pulverfass zukommt. Auch die epochenbezogene Einordnung differiert stark. Gilt Luther mit seiner Gottunmittelbarkeit für die einen als der Künder und die Inkarnation der Neuzeit, so war er für die anderen ein zutiefst mittelalterlicher Mensch, der an Teufels- und Hexenglauben, Antijudaismus und Obrigkeitsdenken gebunden blieb. Schließlich kann die Bewertung kaum unterschiedlicher sein: Ist Luther für die Mehrheit in der evangelischen Kirche der Reformator, der den Weg zurück zum Glauben der frühen Kirche bahnte, so ist er für die Mehrheit in der katholischen Kirche der Verursacher der Kirchenspaltung und grausamer Konfessionskriege.

Leben und Werk Luthers können an dieser Stelle jedoch nur insofern gestreift werden, als es um das

Verständnis der Kirche geht, wie es sich mit der Reformation herausgebildet hat. Man wird aber auf jeden Fall sagen müssen, dass die Geschichte des 16. und 17. Jahrhunderts ohne Luther anders verlaufen wäre. Hätte er auf dem Reichstag zu Worms im Juni 1521 vor Kaiser Karl V. seine Schriften widerrufen, wären Unruhe und Aufbruch in der Kirche in Deutschland und Europa wohl schnell zum Erliegen gekommen. Und zu Luthers historischer Einordnung lässt sich als Konsens festhalten, dass er sich an der Schwelle zur Neuzeit befand, auch wenn er in vielen Überzeugungen ein vorneuzeitlicher Mensch blieb. Das gilt etwa für seine Teufelsfurcht und für seine Ansicht, religiöser Pluralismus führe zum Zorn Gottes und damit zum Unheil für ein Gemeinwesen.

3.2 Hat man das Wirken der Reformation gern mit den vier Exklusivformeln „allein der Glaube – allein die Schrift – allein die Gnade – Christus allein" zusammengefasst, dann fällt sofort auf, dass darin ein Verweis auf die Kirche und die Sakramente fehlt. Die Kirche ist nach reformatorischer Sicht dazu da, den Glauben, die Schrift und die Gnade lebendig werden zu lassen und Christus nachzufolgen; aber dabei handelt es sich um ein instrumentelles Kirchenverständnis und nicht um ein sakramentales. Damit einher geht eine grundsätzliche *Kirchenkritik*. Die Kirche kann keinen Gehorsam beanspruchen; sie kann und wird aber den Gehorsam gegenüber Christus und der Schrift einschärfen, indem sie die Kraft des Glaubens und der Gnade zum Leuchten bringt. Das ist der Hintergrund der Hochschätzung der Predigt und des eigenständigen Verhältnisses aller Glaubenden zur Bibel. Darum gilt die Kirche seit der Augsburgischen Konfession von 1530 als die Versammlung (congregatio) um Wort und Sakrament (CA 7, → § 2.4.5). Institution und Organisation der evangelischen Kirche werden daran gemessen, ob sie für die Interaktion und Inszenierung der vier „allein"-Prinzipien förderlich sind. Daraus entsteht zugleich die Kirchenkritik. Reformatorisch unterscheidet man darum auch zwischen der sichtbaren Kirche und der *unsichtbaren Kirche*: Die wahre, die unsichtbare Kirche setzt sich aus denen zusammen, die wahrhaft glauben und aus diesem Glauben leben. Aus der Kirchenkritik erwachsen in der Neuzeit die philosophische Religionskritik und die Säkularisierung – zwei Spezifika der christlichen Kultur Europas.

3.3 Die frühe Reformation bevorzugt für die Organisation der Kirche das Gemeindeprinzip statt der Hierarchie. Wenn alle Gläubigen die Kirche kritisieren und gestalten sollen, dann sind dazu nicht nur geistliche Überzeugungen, sondern auch intellektuelle Fähigkeiten notwendig. Das Prinzip „allein die Schrift" erfordert das Leseverstehen und das Prinzip „allein der Glaube" macht ein Bild von sich selbst notwendig: Es geht um die Unterscheidung zwischen dem eigenen Handeln und dem als Geschöpf Verdankten. Nicht die Unterordnung unter Lehren und Regeln, sondern die eigene Entscheidung ist gefragt. Daraus ergibt sich für die reformatorischen Kirchen der hohe Stellenwert der *Bildung*. Lesen, Verstehen, Debattieren und Beurteilen sind gefragt. Martin Luther verfasste 1524 die Schrift „An die Ratsherren aller Städte deutschen Landes, dass sie christliche Schulen aufrichten und halten sollen" und Philipp Melanchthon (1497–1560) gilt mit seinen Schulgründungen (z. B. Lateinschule Nürnberg) als der „Lehrer Deutschlands" („praeceptor Germaniae"). Mit der Reformation verlor jedoch die lateinische Sprache ihre dominierende Rolle in Sachen Religion und Kirche. Die Reformation war jedenfalls eine Bildungsbewegung und die reformatorische Kirche versteht sich bis heute als eine Institution der Bildung – nicht nur der religiösen Bildung. Die Universitäten erlebten seit dem 13. Jahrhundert eine Blütezeit; schon um 1500 gab es in Europa 60 Universitäten, die ein Netzwerk bildeten (KAUFMANN 56). Ab dem 17. Jahrhundert begannen dann die Naturwissenschaften ihren Siegeszug (1687: „Philosophiae naturalis principia mathematica" von Isaac Newton, 1642–1727).

3.4 Die Trennung von der Papstkirche bedeutete zugleich ein kirchenpolitisches Vakuum. Seit der Kursächsischen Kirchen- und Schulvisitation von 1526 nahm die evangelische Kirche darum die Landesherren als weltliche Regenten der Kirche in Anspruch. Neben der geistlichen Gestalt der Kirche musste diese auch organisiert werden: Es wurden die für die evangelische Kirche typischen „Landeskirchen" mit ihren Behörden („Konsistorien") und Ämtern („Superintendenten", „Generalsuperintendenten" und „Oberhofprediger") gebildet. Man spricht in diesem Zusammenhang vom *landesherrlichen Kirchenregiment,* unter dem der Landesherr zugleich als Oberhaupt und „Notbischof" der evangelischen Kirche verstanden wurde. Die Bindung an die Struktur der Territorialfürstentümer und die bis heute spürbare Zersplitterung der evangelischen Kirche waren die Folge. Für die Gläubigen bestand seit dem Mittelalter Pfarrzwang: Jede und jeder war an eine Kirche und einen Pfarrer gebunden, wo er mindestens einmal im Jahr zu beichten und die Kommunion zu empfangen hatte (so das IV. Laterankonzil 1215). Die Reformation änderte daran nichts.

3.5 Da Luther die Landesherren als „Obrigkeiten" verstand, denen der Christ Gehorsam schuldet (vgl. Röm 13,1–7), waren die evangelischen Landeskirchen in ihrer politischen Eigenständigkeit abhängig und auf das geistliche Wirken im engeren Sinne (Predigt, Unterricht und Seelsorge sowie später Diakonie) begrenzt. Sie tendierten darum zu einem gefährlichen *Untertanengeist*. Das kam besonders im Zuge der deutschen Reichsgründung von 1871 und im sich anschließenden Zeitalter des Nationalismus zum Tragen. Luthers unseliges Agieren im Bauernkrieg 1525 verstärkte diese Tendenz (KAUFMANN 160–166). Anders als der international agierende Katholizismus und Calvinismus neigte das Luthertum dem Territorialen und Nationalen zu.

Andererseits erwuchs aus der engen reformatorischen Staat-Kirche-Beziehung die für die Neuzeit fundamentale *Unterscheidung von Politik und Religion*: Es ist nicht möglich, Glaubensüberzeugungen unmittelbar in die Politik zu übertragen und es ist ebenso verfehlt, vonseiten der Politik in die Kirche hineinzuregieren. Die Kirche kann das Gewissen der Politiker ansprechen und ermahnen und die staatliche Gesetzgebung stellt die Rahmenbedingungen der Religionsausübung bereit, aber beide arbeiten nach kategorial unterschiedlichen Logiken. Die Politik verteilt die Entscheidungsmöglichkeiten (die Macht) in einer Gesellschaft, die Religion deutet das individuelle und gesellschaftliche Leben unter der Prämisse der Begrenzungen allen Entscheidens und Lebens (Transzendenz). Beide Handlungsformen nehmen zwar vielfach Bezug aufeinander, denn auch Politikerinnen haben ihre religiöse Orientierung und auch in der Kirche als Organisation muss nach vernünftigen Maßstäben entschieden werden (→ §2.3) – aber der Sinn von Kirche und Staat bleibt gleichwohl different. Der theokratisch regierte Staat ist in der pluralen Moderne ebenso wenig funktionsfähig wie eine politischen (und das heißt in der Demokratie stets: parteipolitischen) Optionen folgende Kirchenleitung. Die Menschen agieren im weltlichen *und* im geistlichen Regiment Gottes; sie sind zugleich „Christperson“ *und*

„Weltperson", so Luthers Begriffe. Der moderne Mensch sollte Religion und Politik nicht trennen, wohl aber muss er genau überlegen, nach welcher Logik er gerade agiert. Die Unterscheidung beginnt mit der Reformation, ohne sich bereits mit ihr durchzusetzen. Für die Entwicklung modernen Staates ist dies durchaus förderlich gewesen (Kaufmann 182).

3.6 Schließlich wird man nicht umhinkönnen, auch als evangelischer Christ die *Spaltung der mitteleuropäischen Kirche* ab dem 16. Jahrhundert zu bedauern. Gerade in Deutschland, wo der Anteil der Evangelischen und der Katholischen sich – anders als in den anderen europäischen Ländern! – in etwa die Waage hält, ist das schmerzlich spürbar. Konfessionsverschiedenen Paaren wird das gemeinsame Leben mit ihren Kirchen wahrhaftig nicht leicht gemacht – man denke nur an das gemeinsame Abendmahl. Aber auch innerhalb des Protestantismus gab es bis zu den Vereinigungen von Reformierten und Lutheranern eine klare Trennung. Erst die „Union" in Preußen im Gedenkjahr 1817 brachte hier die Wende und schließlich gibt es seit 1973 (mit dem Dokument der „Leuenberger Konkordie") die volle innerprotestantische Kanzel- und Abendmahlsgemeinschaft.

4. Die Kirche im konfessionellen und bürgerlichen Zeitalter (17. und 18. Jahrhundert)

4.1 Seit dem gemeinsamen Auftreten („Protestation") der evangelischen Länder und Städte auf dem Reichstag zu Speyer 1529 gab es für die öffentliche Wahrnehmung die „Protestanten" und nach vielen Wirren wurde im „Augsburger Religionsfrieden“ von 1555 anerkannt, dass es im Glauben keine reichseinheitliche Lösung geben konnte, sondern dass Einheit nur auf der Ebene des einzelnen Territoriums zu erreichen war. Die berühmte Formel „cuius regio eius religio“ (etwa: wes das Land, des der Glaube) besiegelte die konfessionelle Aufteilung bzw. die konfessionelle Geschlossenheit innerhalb des einzelnen Territoriums, die bis ins 19. Jahrhundert fortdauerte.

Das bis 1806 bestehende Reich war ein Territorialstaat; wer nicht die Konfession des Landesherrn annehmen wollte, musste in ein anderes Gebiet umziehen. Die Konfession prägte den Durchbruch der Neuzeit in Staat, Gesellschaft und Kultur, so dass man vom „konfessionellen Zeitalter“ bzw. von der „Konfessionalisierung“ aller Lebensbereiche spricht. Seit dem Westfälischen Frieden von 1648 wurde auch den Minderheiten der anderen Konfession die Religionsausübung gestattet und die Koexistenz der Konfessionen wurde mehr und mehr als normal empfunden.

Abgelöst wurde die Phase der konfessionellen „Orthodoxie“ durch den Pietismus bzw. die Aufklärung: Beide fragten stärker nach der individuellen Gestalt des Glaubens als nach dem objektiven konfessionellen Gehalt. Gleichwohl sind die Grenzen besonders zwischen Orthodoxie und Pietismus fließend, denn schon im 17. Jahrhundert war man interessiert an der rechten Frömmigkeit („praxis pietatis“), wie sie der rechten Lehre entspricht.

4.2 Weil der Pietismus Gruppen sammelte, die nicht nur getaufte Kirchenglieder, sondern in Frömmigkeit und Lebensführung ernsthaft Christen sein wollten, bildeten sie vielfach besondere Gemeinschaften innerhalb der Kirche („ecclesiolae in ecclesia“). Neben die Organisationsform der Pfarrei („Parochie“) trat damit die engagierte Gruppe (und im 19. Jahrhundert der insbesondere karitativ tätige kirchliche „Verein").

4.3 Für die Institution Kirche und ihre Organisation war die Entwicklung des modernen Staates folgenreich. So herrschte Friedrich II. von Preußen (Regierungszeit 1740–1786) nach dem Prinzip eines aufgeklärten Absolutismus, der allen Konfessionen Raum gab, so dass „jeder nach seiner Façon selig werden" sollte (so die berühmte Randnotiz Friedrichs II. von 1740). Dabei integrierte er – um der Staatsräson der aufstrebenden Militärmacht Preußen willen – die Kirche völlig in die Staatsverwaltung. Die Aufsicht über das Personal und die Finanzen der Kirche war die Aufgabe der Landesherren und der entsprechenden Behörden („Königliches Konsistorium", später „Landeskirchenämter"). Der Begriff der „Landeskirche" hat sich vom 16. Jahrhundert bis in die Gegenwart gehalten, wobei in den Landeskirchen der EKD Namen von Ländern konserviert werden, die es längst nicht mehr gibt (Hannover, Braunschweig, Oldenburg, Schaumburg-Lippe, Kurhessen-Waldeck).

4.4 Die Pfarrer waren nach dem Allgemeinen Preußischen Landrecht von 1794 zugleich die Aufseher für die örtlichen Schulen („Ortsschulinspektorat"); außerdem betätigten sie sich u. a. als Landwirtschaftsreformer (Beutel 39). Sie hatten königliche Verordnungen von der Kanzel zu verlesen und waren eine über Stadt und Land verteilte Bildungselite. Das Kirchenrecht war nach dieser Sichtweise zugleich staatliches Recht, weil die Kirche für das öffentliche Wohl verantwortlich war (Beutel 225). Die Kirche war zwar in Lehre und Kultus selbständig, in ihrer Organisation aber eng an den Staat angelehnt. Dieses Grundmodell der Kirchenverfassung reichte bis zur Weimarer Reichsverfassung von 1919, in der es explizit heißt: „Es besteht keine Staatskirche." (Art. 137,1; dieser Artikel ist gemäß Art. 140 GG Bestandteil des Grundgesetzes von 1949) Die Tradition des nahen Staat-Kirche-Verhältnisses wirkt in den „gemeinsamen Angelegenheiten" (res mixtae) wie Kirchensteuer, Theologische Fakultäten, Religionsunterricht, Militär- und Anstaltsseelsorge bis in die Gegenwart fort – ganz anders als beispielsweise in Frankreich.

5. Bürgertum und Arbeiterschaft: Die Kirche im 19. Jahrhundert

5.1 Um das Jahr 1800 verlor der Adel zunehmend an Macht und öffentlichem Einfluss zugunsten des Bürgertums. Die schnelle Industrialisierung veränderte das Alltagsleben und schuf vielfache neue Geschäftsmöglichkeiten. Das erforderte immer mehr Ideenreichtum, situative Flexibilität und professionelle Kompetenz, kurz: Bildung. Der geschickte, einfallsreiche und gesprächsfähige Bürger verdrängte den gesetzten und traditionsverbundenen Adeligen. Man kann den Wandel gut an der Biographie Ludwig van Beethovens (1770–1826) studieren, der sich anfangs am Adel orientierte, um sich später ganz an die Wiener Bürgergesellschaft zu richten. Die Bürger fanden sich in Salons, Lesegesellschaften, Akademien und anderen Vereinigungen zusammen und knüpften geschäftliche wie kulturelle Netzwerke.

5.2 Das starke Bevölkerungswachstum in den Städten (→ §2.1.3) unterstrich den Bedeutungszuwachs der Bürger. Die Kirche aber hatte immer mehr Mühe, die neu entstehenden Gruppen und Schichten anzusprechen und zu binden. Hatte das kirchliche Leben zum Kreislauf des Jahres fraglos dazugehört, verabschiedeten sich viele mit dem Umzug in die Stadt von Gottesdienst und Gemeinde. Man denke nur an die Bedeutung des Erntedanktages für einen Kleinbauern auf dem Land und für einen zugewanderten Industriearbeiter in einer Berliner Hinterhofwohnung. Man gehörte zwar auch in der Stadt zu einer – in der Regel unübersichtlichen – Pfarrei, die man aber erst durch eine Taufe, Konfirmation oder Trauung kennenlernte. Wenn es häufig heißt, dass die Kirche die Arbeiterschaft im 19. Jahrhundert verloren hat, dann muss man präzisieren, dass es der Kirche erst gar nicht gelungen ist, die Mitglieder ihrer städtischen Pfarreien anzusprechen.

Andererseits haben sich in und neben der Kirche auch soziale Initiativen gebildet, die auf die in den Städten entstehende Armut zu reagieren suchten. Hier ist etwa Johann Hinrich Wichern (1808–1881) und sein „Rauhes Haus“ in Hamburg zu nennen. Zwar gelang es ihm nicht, die Unterschichten zu „rechristianisieren“, doch seine pädagogischen Konzepte (individuelle Zuwendung ohne Druck, Familienprinzip) strahlten weit aus.

5.3 Organisatorisch bildete sich im 19. Jahrhundert die kirchliche Selbstverwaltung heraus, die neben der königlichen und staatlichen Kirchenleitung (→ 4.3) bestand und mit ihr verbunden war. Es entstanden Kirchenvorstände bzw. Presbyterien, Kirchenkreistage, Provinzialsynoden und landeskirchliche Synoden („Generalsynoden“) neben den Konsistorien, königlichem Generalsuperintendenten und Superintendenten.

5.4 Die große Nähe von Staat und Kirche (→ 4.4) zeigte sich auch in einem starken Nationalismus, der mit den Freiheitskriegen 1813–1815 begann und in der

Zeit um 1848 sowie nach der Reichsgründung 1871 besondere Plausibilität fand; an die schrecklichen Ereignisse in den Jahren 1914 und 1933 muss an dieser Stelle nur erinnert werden.

5.5 Eine spezifische Entwicklung nahm im 19. Jahrhundert die katholische Kirche. Hatten sich bisher viele regionale Besonderheiten in Liturgie und Kirchenorganisation gehalten, so wurde nun – nicht von ungefähr im Jahrhundert der großen Umbrüche und beschleunigten Pluralität – die Einheit der Kirche betont. Für diese Tendenz steht vor allem das lange Pontifikat von Papst Pius IX. (1846–1878). Nach eher liberalen Anfängen verdammte Pius IX. 1864 die Moderne und alle liberalen Ideen. Am 8. Dezember 1854 verkündete er das Dogma von der Unbefleckten Empfängnis Marias (danach wurde Maria schon im Leib ihrer Mutter Anna von der Erbsünde befreit) und am 18. Juli 1870 auf dem 1. Vatikanischen Konzil das Dogma von der Unfehlbarkeit des Papstes. In einer Privataudienz einen Monat zuvor hatte Pius IX. dazu formuliert: „Ich, ich bin die Tradition, ich, ich bin die Kirche" – „Io, io sono la tradizione, io, io sono la Chiesa!" (Wolf 13). Doch am 20. September 1870 nahmen die Truppen von König Vittorio Emanuele die Stadt Rom ein und machten dem Kirchenstaat ein Ende – der unfehlbare Papst war von nun an ein Gefangener im Vatikan. 1871 exkommunizierte er den König und alle Anhänger. Den Vatikan verließ Pius IX. bis zu seinem Tod am 8. Februar 1878 nicht mehr.

Mit dem 1. Vatikanischen Konzil 1869/70 wurde „in Rom eine neue Kirche gemacht" (Wolf 331). Die uns heute vertraute Gestalt des Katholizismus ist in der Tat eine „Erfindung" des 19. Jahrhunderts. Das Gewicht der katholischen Kirche hängt allerdings inzwischen ganz vom persönlichen Charisma des jeweiligen Papstes ab. Die letzten drei Pontifikate – Johannes Paul II., Benedikt XVI., Franziskus – zeigen, wie sehr sich dabei das Postulat der weltkirchlichen Einheitlichkeit und die Gesetze der spätmodernen Medialität verbinden. Der Papst ist lediglich so unfehlbar, wie er in der Weltöffentlichkeit medial zu überzeugen vermag.

6. Ausblick: Pluralisierung und Digitalisierung: Die Kirche im 20. und 21. Jahrhundert

Die katholische Emphase hinsichtlich der kirchlichen Einheit muss auch als Begleiterscheinung und Symptom der zunehmenden Individualisierung und Pluralisierung gedeutet werden, also jener Tendenz von der „Institution" zur „Organisation" Kirche, wie sie bereits beschrieben wurde (→ § 2). Das Verhältnis zur Kirche gestaltet man immer stärker nach der Logik der Mitgliedschaft (→ § 9) und damit nach individuellen Plausibilitäten und Vorteilen. Das Ende der Staatskirche in der Weimarer Reichsverfassung (→ 4.4) markiert dafür den entscheidenden Einschnitt.

In der aktuellen Situation, die durch die Corona-Pandemie 2020/21 geprägt ist, tritt die Frage in den Vordergrund, inwieweit sich die gewohnten kirchlichen Interaktionen und Inszenierungen medial substituieren lassen. Selbstverständlich tagen auch kirchliche Gremien jetzt nahezu ausschließlich (und zukünftig verstärkt?) in der Form von Videokonferenzen. In den beiden letzten Jahren wurden außerdem nicht nur vielfache Erfahrungen mit digitalen Gottesdiensten gemacht; erprobt und theologisch diskutiert wurde auch die Möglichkeit, zu Hause vor dem Computer das Abendmahl mitzufeiern. In Zukunft wird darum zu fragen sein, ob die kirchliche Kommunikation grundsätzlich an die Interaktion unter leiblicher Kopräsenz gebunden bleibt, oder ob die Kirche immer mehr zur digitalen „community“ werden kann bzw. sollte.

Zusammenfassung

Die für das Verständnis der gegenwärtigen evangelischen Kirche entscheidenden Entwicklungen und Einschnitte sind die folgenden: In der Epoche der *Alten Kirche* wurde das Christentum seit der „Konstantinischen Wende“ im 4. Jahrhundert von der verfolgten über die geduldete und bevorzugte Religion zur einzigen Religion im Römischen Reich (Staatskirche). Im *Mittelalter* verlagerte sich das Gewicht der lateinischen Kirche nach Mitteleuropa, wobei die Einflusssphären von kaiserlicher und päpstlicher Herrschaft in Konflikte gerieten, während das Mönchtum die wahre Kirche der jesuanischen Armut verkörperte und diese der verweltlichten Kirche entgegenstellte. Die *Reformation* kann als die Entladung spätmittelalterlicher Konflikte, aber auch als Anstoß durch die alles entscheidende Gestalt Martin Luthers verstanden werden – ohne ihn wäre die Kirchengeschichte jedenfalls völlig anders verlaufen; Folgen der Reformation sind die Konfessionalisierung und Territorialisierung, auf lange Sicht aber auch das Werden des modernen Staats mit der Unterscheidung von Kirche und Staat, Politik und Religion sowie die neuzeitliche Religionskritik. In der Epoche von *Aufklärung und Pietismus* setzten sich diese Entwicklungen fort und es begann sich das spätere Verständnis der Kirche als „Organisation“ vorzubereiten, für das die individuelle Plausibilität und gewählte Mitgliedschaft in der Kirche typisch sind. Die Kirche im *19. Jahrhundert* hatte teil an den gesellschaftlichen Umbrüchen, die maßgeblich durch Industrialisierung, Bevölkerungswachstum und Verstädterung, aber auch durch den aufkommenden europäischen Nationalismus geprägt sind.

II. Perspektiven

§ 4 Die Evangelische Kirche als „Kommunikation" und „Geschöpf des Wortes"

1. Kirche als Ereignis, Geschehen und Begegnung

Schon zweimal (→ § 2.4.5; → § 3.3.2) wurde darauf hingewiesen, dass die Kirche theologisch mit der Augsburgischen Konfession (CA) von 1530 als die Versammlung (congregatio) der Glaubenden um Wort und Sakrament zu verstehen ist. So gewiss die Kirche soziologisch als Institution und Organisation zu gelten hat (→ § 2), so gewiss fragt das Kirchenmitglied in der Regel anders: Was tut die Kirche Gutes und Sinnvolles – und was habe ich davon? Die Beschreibung der CA ist zwar zutreffend, führt aber in die Irre, wenn sie wörtlich genommen und dabei exklusiv verstanden wird, als gehe die Kirche im (örtlichen) Gottesdienst (→ § 8) auf. Es ist bekannt, dass viele Kirchenmitglieder nur sehr selten (zu Weihnachten und bei familiären Anlässen) einen Gottesdienst besuchen, aber dennoch in der Kirche bleiben bzw. diese unterstützen, weil sie die Begleitung an Lebenseinschnitten (Taufe, Trauung, Bestattung), in Krisen (Seelsorge und Beratung) sowie das Engagement für Kinder und Jugendliche (Bildung) und die Hilfe in Not (Diakonie) überzeugt.

Kirche geschieht und ereignet sich. Je stärker das kirchliche Geschehen persönlich für plausibel gehalten wird, desto mehr Verständnis wird auch dafür aufgebracht, dass es dazu eines institutionellen und organisatorischen Fundaments bedarf. Die kirchlichen Interaktionen und Inszenierungen (→ § 2.4) werden daran gemessen, ob sie den Menschen guttun. Wenn man dies bejaht, stimmt man auch der professionellen Ausbildung der Mitarbeiter:innen, nicht zuletzt der Pfarrer:innen, und damit ihrer angemessenen Entlohnung zu (und damit zugleich der notwendigen Finanzierung durch Kirchensteuern).

Die Kategorien der Interaktion und Inszenierung (bzw. noch allgemeiner: der Kommunikation) sind hilfreich, um das kirchliche Geschehen zu kennzeichnen. Weil es sich dabei um theoretische Begriffe handelt, müssen diese durch konkrete Handlungsformen anschaulich werden, damit ein lebendiges Bild der Kirche entsteht. Bevor dies geschieht (→ 3.–5.), soll aber zunächst das Profil der evangelischen Kirche aus der Sicht des Glaubens (theologisch) skizziert werden.

2. Die Kirche als Kommunikation, Heilsanstalt, religiöse Vereinigung, Geschöpf des Wortes („creatura verbi")

2.1 Wenn die evangelische Kirche ihrem Wesen nach als „Kommunikation" angesehen werden kann, dann knüpft diese Beschreibung deutlich an die Augsburgische Konfession, aber auch an neuzeitliche Kulturtheorien an. Nach dem Soziologen Niklas Luhmann (1927–1998) ist Kommunikation die Art und Weise, in der soziale Systeme (Gruppen, Institutionen, aber auch gesellschaftliche Dimensionen wie Recht und Wirtschaft) überhaupt lebendig sind – es gibt sie nur als Kommunikation. Und Umberto Eco (1932–2016), der Zeichentheoretiker, Kulturwissenschaftler und Romanautor („Der Name der Rose") aus Bologna meinte, dass die gesamte Kultur als Kommunikation verstanden werden müsse: Texte und Zeichen, Bild und Skulptur,

Lied, Oper und Spiel sind die Medien, in denen die Kultur lebt, weil Menschen damit ihr Selbst, ihre Umwelt und ihre Beziehungen bestimmen und diese mit anderen gestalten (indem sie mit ihrer Hilfe „kommunizieren"). Kultur lebt in Zeichen und damit in fluiden und flüchtigen, aber gerade so höchst realistischen Erscheinungsformen.

Überträgt man die Bestimmungen Luhmanns und Ecos auf die Kirche, dann ist das soziale System Kirche der Inbegriff religiöser Kommunikation in seiner evangelischen Spielart, anders formuliert: Kirche ist der Zeichenprozess, mit dem immer wieder neu bestimmt wird, wie man dem Evangelium entsprechend leben kann; oder, noch anders und grundsätzlicher: Kirche ist die Kommunikation, in der überhaupt erst deutlich wird, was das Evangelium als die befreiende Begegnung mit Gott aktuell *ist*. Das Evangelium ist nach kommunikativem Verständnis also gerade nicht die Summe von feststehenden Sätzen. Es ist vielmehr eine Verknüpfungsregel für die eigene Lebensgeschichte mit der Geschichte Jesu von Nazareth *als der* Gottesgeschichte, die in das aktuell gelebte Leben hineinwirkt.

2.2 Die kommunikative Bestimmung von Kultur und Kirche ist deswegen besonders fruchtbar, weil darin die Alternative zwischen einem subjektiven und einem objektiven Verständnis überwunden wird. Soziale und kulturelle Realitäten zeichnen sich dadurch aus, dass wir diesen (passiv) unterworfen sind und diese zugleich durch unser Kommunizieren (aktiv) aktualisieren und verändern. Anhand der Sprache wird das sofort deutlich. Ich spreche meine Sprache, aber ich werde auch von ihr gesprochen; ich unterliege meiner Sprache und ich präge sie zugleich mit (etwa durch das entschiedene Propagieren oder Verweigern von „gendergerechter" Sprache). Ähnlich ist es mit kulturellen Zeichen (Gesten, Bildern, Ausdrücken, Einsichten und Lehren): Ich lasse diese lebendig werden (bzw. ich halte sie lebendig), indem ich mich ihrer bediene – und ich werde gleichzeitig durch dasjenige bestimmt, wessen ich mich bediene. Damit wird die Kultur weder subjektiv hervorgebracht noch objektiv tradiert. Die Kultur lebt, indem sie angeeignet und gerade so neu wird – sie ist Kommunikation.

Dasselbe kann man nun auch für die kulturellen Realitäten „Kirche“ und „Evangelium“ feststellen. Sie sind uns vorgegeben, aber sie entfalten ihren Charakter des uns Vorausliegenden nur dadurch, dass sie von uns (durch „Kommunikation“) angeeignet werden. Sie werden von unserer Kommunikation bestimmt, aber sie erweisen sich gerade in unserer aktuellen Bezugnahme als geschichtlich vorgegebene Größen. Kultur und Kommunikation, Evangelium und Kirche sind so lebendig, dass diese beiden Gegebenheiten zwar analytisch real, aber de facto in der Lebensführung (bzw. im Zeichengebrauch) aufgehoben sind. Es kennzeichnet das lebendige Verhältnis zu kulturellen Gegenständen in der Moderne, dass sich die Alternative eines objektiven und eines subjektiven Verhältnisses darin nicht stellt.

2.3 Wie bedeutsam diese an sich recht triviale kommunikationstheoretische Überlegung ist, zeigt sich, wenn man sie auf klassische Kirchenverständnisse überträgt. Das gilt besonders für die Kategorisierung der Kirche als einer *objektiven* Realität, eines Sakramentes bzw. einer „Heilsanstalt“. Damit ist das *katholische* Kirchenverständnis gemeint, nach dem die Kirche dem Individuum so vorgeordnet ist, dass sie (die „Mutter Kirche“) – objektiv – für dessen Heil sorgt und im Gegenzug Einordnung und Gehorsam fordert. Der Zugang zur Kirche (die „Initiation“) durch die Sakramente Taufe und Firmung eröffnet danach einen Weg, auf dem die Trennung von Gott durch die Sünde grundsätzlich aufgehoben ist, so dass das richtige, erfüllte Leben durch die Sakramente des Abendmahls (Eucharistie), der Buße (Beichte), der Ehe und der Krankensalbung Gestalt gewinnen und der Sünde gewehrt werden kann. Die Unterweisung der Kirche im Umfeld der Sakramente gibt die dazu nötigen Hinweise.

Nach der Enzyklika „Mediator Dei" („Mittler zwischen Gott und den Menschen", 1 Tim 2,5) von Papst Pius XII. aus dem Jahre 1947 ist es die Aufgabe der Predigt vor der Eucharistie, dass „der Vorsteher der Gemeinde die Vorschriften [praecepta] des göttlichen Meisters ins Gedächtnis ruft und dann nutzbringend erklärt [...] und den Anwesenden geeignete Mahnungen und Beispiele zu Gemüte führt." (MD 21)

Und nach der Kirchenkonstitution „Lumen Gentium" des 2. Vatikanischen Konzils von 1964 (→ § 2.1.5) besteht die Kirche in der Eucharistie und ihr Wesen „vollzieht sich sowohl durch die Sakramente wie durch ein tugendhaftes Leben" (LG 11); danach wird in LG 11 der sakramentale Weg im Einzelnen erläutert (Taufe und Firmung – Eucharistie – Buße – Krankensalbung – Ehe); zusammen mit dem Weihesakrament sind damit die sieben Sakramente genannt, wie sie auf dem Konzil zu Florenz 1439 dogmatisiert worden waren. Das Fazit am Schluss von LG 11 lautet: „Mit so reichen Mitteln zum Heile ausgerüstet, sind alle Christgläubigen in allen Verhältnissen und in jedem Stand je auf ihrem Wege vom Herrn berufen [...]." LG 14 fügt hinzu, „dass diese pilgernde Kirche zum Heile notwendig sei." Dabei ist die Kirche selbst „allen und jedem das sichtbare Sakrament dieser heilbringenden Einheit" (LG 9); und in LG 48 ist die Rede davon, dass der auferstandene Christus die Kirche „zum allumfassenden Heilssakrament" gemacht hat. Nicht nur verkündigen der Papst und mit ihm die Bischöfe „auf unfehlbare Weise die Lehre Christi“ (LG 25); jeder einzelne Priester „vollzieht in der Person Christi das eucharistische Opfer“ (LG 10). Da die Sakramente nach katholischer Ansicht die objektive Gestalt der Gnade sind, ist auch die Kirche die objektive Repräsentanz Gottes in der Welt. Dass „Lumen Gentium“ darüber hinaus auch kommunikative Dimensionen der Kirchentheorie benennt, wird später genauer auszuführen sein (→ § 7).

2.4 Umgekehrt verhält es sich bei einem *subjektiven* Kirchenverständnis – und es sei gleich einleitend bemerkt, dass die evangelische Kirche *nicht* so aufgefasst werden darf. Nach der subjektiven Theorie ist die Kirche eine Vereinigung von religiösen Individuen. Die kirchliche Gemeinschaft entsteht dadurch, dass sich Menschen gleicher Gesinnung zusammenfinden, um eine vergleichbare Zielsetzung zu erreichen („Sozialvertrag“). Danach wäre die Kirche nach dem Modell eines Vereins zu verstehen, der subjektive Interessen sammelt und bündelt. Betrachtet man die Kirche nach der Logik der Organisation (→ § 2.3), ist dieses Bild zwar durchaus angemessen. Aber schon die Mitgliedschaft in einem Verein gehorcht durchaus auch anderen Logiken, etwa der familiären Herkunft und der Orientierung an Freunden. Auch unsere subjektiven Vorlieben sind in der Regel sozial vermittelt. Wie bereits oben festgestellt wurde, müssen zwar auch „Kirche“ und „Evangelium“ vom einzelnen Subjekt mit Leben gefüllt und persönlich angeeignet werden – aber sie liegen als Gegebenheiten, die von uns individuell gewählt werden, der Subjektivität voraus.

Es bleibt dabei: Die Kirche ist eine *objektive* kulturelle Gegebenheit (eine Institution und Organisation), die aber immer erst in der *subjektiven* Auseinandersetzung realisiert wird und sich dabei als der eigenen Aneignung vorausliegend, aber auch als vorläufig erweist – kurz: Es spricht viel dafür, die Kirche – mindestens auch – als *Kommunikation* zu betrachten.

2.5 Das damit Beschriebene lässt sich gut mit der klassischen reformatorischen Denkfigur der Kirche als eines „Geschöpfes des Wortes" (creatura verbi) verbinden. In der Leipziger Disputation 1519 mit Johannes Eck formulierte Luther im Anschluss an Jak 1,18 und 1 Kor 4,15, dass die Kirche ein „Geschöpf des Evangeliums" ist („Ecclesia enim creatura est Euangelii", Weimarer Ausgabe [WA] Bd. 2, 430, Zeile 6f.).

Die Wendung „creatura verbi" (bzw. „creatura evangelii") fasst die reformatorische Anschauung von der Kirche gut zusammen. Die Kirche hat danach keine zeitlose Gestalt, sondern sie ist immer wieder zu reformieren, „semper reformanda". Das Evangelium ist der Kirche sachlich übergeordnet. Nur durch das *aktuelle* Verständnis des Evangeliums ist Gewissheit darüber zu erreichen, was *aktuell* in der Kirche richtig und zu befolgen ist. Das jeweils Angemessene kann nicht aus feststehenden Sätzen und Lehren gewonnen werden, sondern nur aus der *aktuellen* Erschließung der Heiligen Schrift. Statt „Erschließung" lässt sich auch von „Verstehen" oder „Kommunikation" sprechen.

Damit ist deutlich, dass nicht einzelne Personen (z.B. Amtsträger, besonders Gelehrte oder besonders Gläubige) festlegen könnten, was der Heiligen Schrift zu entnehmen ist. Die Bibel ist keine Ansammlung von Wahrheiten und Verhaltensvorschriften – sie ist kein „papierener Papst"; sie ist vielmehr die Sammlung von Erfahrungen, anhand derer Menschen sich die Wahrheit erschlossen und ihr Handeln gestaltet haben. Die Bibel wird zur Mutter der Kirche, wenn sie in der Absicht eines guten, menschenfreundlichen Verstehens und Lebens gelesen und auf die Kirche bezogen wird.

Was jeweils für die Menschen und die Kirche gut ist, ergibt sich im gemeinsamen Bezug auf die Bibel, im Lesen, Hören und Sprechen, kulturtheoretisch ausgedrückt: auf dem Wege der „Kommunikation“. Dabei wird das Evangelium weder (objektiv) der Bibel „entnommen“ oder „weitergegeben“, noch hat es eine lediglich individuelle (subjektive) Qualität; es erschließt sich vielmehr in seiner gemeinschaftsbildenden und humanisierenden Kraft. Der Glaube kommt aus dem Hören und das Hören kommt aus dem Wort Christi (Röm 10,17; Luther übersetzt hier „Hören“ mit „Predigt“).

2.6 Die Begriffe „Hören“ und „Predigt“ dürfen dabei jedoch nicht zu eng verstanden werden. Es geht nicht nur um das Zuhören bei einer gottesdienstlichen, pfarramtlichen Rede (so wichtig diese auch für die Kommunikation des Glaubens in einer Gemeinde ist). „Predigt“ und „Hören“ geschehen bereits beim Gespräch mit Freunden und in der Familie sowie in der Gemeinde beim Seelsorgegespräch, im Unterricht und beim Kirchenkaffee. „Predigt“ und „Hören“ kann man darum am besten mit „Vernehmen“, „Verstehen“ oder „Deuten des eigenen Lebens“ wiedergeben. Das von Paulus beschriebene Hören geschieht dann, wenn das eigene Leben als erlöst angesehen wird, so dass es mutig, frei und erwartungsvoll gelebt werden kann. Alle Kommunikationsformen in der Kirche – einschließlich der neuen medialen und digitalen Formen – dienen einem solchen belebenden „Hören“. Predigt und Gottesdienst, Unterricht, Seelsorge und diakonische Hilfsangebote sind die klassischen Wege, auf denen sich das Hören des Evangeliums einstellen soll.

3. Das Evangelium im Feiern, Lernen und Helfen

3.1 Für die zusammenfassende Beschreibung der verschiedenen kirchlichen Arbeitsformen und Handlungsfelder hat sich in den letzten Jahrzehnten im Anschluss an den Berliner Theologen und engagierten Ökumeniker Ernst Lange (1927–1974) die Formel von der „Kommunikation des Evangeliums" eingebürgert (Grethlein 2016, 145–195; Meyer-Blanck 2020, 34–37). Ernst Lange setzte die „Kommunikation des Evangeliums" vor allem der Kategorie der „Verkündigung" entgegen, weil letztere starke autoritäre und hierarchische Assoziationen mit sich gebracht hatte: Der „Verkündiger", so könnte man meinen, teilt die von ihm (qua Amt und besserer Einsicht) erkannte Wahrheit mit und die Hörer haben diese zu vernehmen und zu befolgen. In der Kategorie der „Kommunikation des Evangeliums" werde dagegen das grundsätzlich Dialogische akzentuiert; außerdem sollte so die Überhöhung der Predigt überwunden werden, so dass auch die Kommunikationsformen Seelsorge und Unterricht Aufmerksamkeit fanden.

3.2 Der Münsteraner Praktische Theologe Christian Grethlein (geb. 1954) hat entsprechend die gesamte Praktische Theologie, die Theorie des kirchlichen Handelns von der Formel „Kommunikation des Evangeliums" her konzipiert (Grethlein 2016); erst recht in seiner Kirchentheorie (Grethlein 2018) kommt diese Grundentscheidung zum Tragen. Anstelle der klassischen Handlungsfelder bzw. Teildisziplinen der Praktischen Theologie (Predigtlehre, Liturgik, Seelsorgelehre, Religionspädagogik etc.) unterscheidet Grethlein – ausgehend vom Neuen Testament und der Lebenspraxis Jesu – drei verschiedene Handlungsmodi, in denen sich die Kommunikation des Evangeliums bis heute vollzieht: „In der Nachfolge des Auftretens und Wirkens Jesu ist die Förderung der Kommunikation des Evangeliums in den Modi des Lehrens und Lernens, des gemeinschaftlichen Feierns und des Helfens zum Leben die grundlegende Aufgabe von Kirche." (Grethlein 2018, 41, dort kursiv)

3.3 Die drei Modi sind *erstens* deswegen hilfreich, weil sie über die gewohnten kirchlichen Arbeitsformen hinausweisen und damit für neue Anforderungssituationen offen sind. *Zweitens* bieten sie den Vorteil, dass sie auf den Zusammenhang der verschiedenen Handlungsformen hinweisen: Zum Gottesdienst („Feiern") gehört die Dimension „Lernen und Lehren" (etwa durch die sorgfältige rhetorisch-pädagogische Reflexion der Lesungen und der Predigt) ebenso hinzu wie das „Helfen zum Leben" mit der Frage, welche sozialen (diakonischen) Anknüpfungspunkte der Gottesdienst aufweist. Hier kann man etwa an die liturgische Einbindung der Kollekte, der Abkündigungen und der Hilfsprojekte der Gemeinde denken. Vor allem zeigen die drei Modi *drittens* auf, dass das kirchliche Handeln immer als Kommunikation aufzufassen ist, bei der die Gemeindeglieder nicht nur „Adressaten" eines „Angebotes" bzw. einer „Botschaft" sind; sie müssen vielmehr als diejenigen ernstgenommen werden, deren Tätigkeit für das Feiern, Lernen und Helfen konstitutiv ist. Das Predigthören, das Lernen im eigenen Lebenszusammenhang und die Umsetzung von Hilfsangeboten in die situativ passende Selbsthilfe – alles dies ist Kommunikation, gemeinsame Lebensgestaltung im Horizont des Evangeliums.

3.4 Dabei darf der Begriff der Kommunikation des *Evangeliums* nicht im Sinne einer feststehenden Satzwahrheit verstanden werden (wie z. B. „Gott liebt alle

Menschen“ oder „Jesus ist für unsere Sünden gestorben“). So richtig das ist: Solche Sätze sind nur dann lebendig, wenn sie sich kommunikativ, im gemeinsamen Verstehen einer Lebenssituation als richtig erweisen, wenn sie Glauben finden. Das Evangelium von der Liebe Gottes in Jesus von Nazareth ist immer der aktuelle Einspruch gegen die scheiternde Liebe und gegen das scheinbare Übergewicht der Starken und der übermächtigen Verhältnisse. Das Kreuz Jesu steht für die Bedeutung des Evangeliums in ernsten und bedrohlichen Lebenssituationen. Es muss sich in diesen – feiernd, lernend, helfend – immer erst als wahr erweisen. Die Wahrheit des Evangeliums gilt nicht allgemein, sondern nur konkret, wenn der Glaube sich („kommunikativ“) einstellt. Darum wird der evangelische Glaube in der Bibel mit dem Phänomen des zwar flüchtigen, aber mächtigen Windes veranschaulicht (1 Kön 19,11 ff.; Joh 3,8; Apg 2,2).

Andererseits hat das der Kirche anvertraute Evangelium (Mt 28,18–20; Apg 1,8; 1 Kor 9,16) auch keinen beliebigen, sich rein subjektiv formenden Inhalt. Was das Evangelium bedeutet, erschließt sich nicht allein im aktuellen Erleben, sondern im Bezug auf die Lebensgeschichte Jesu von Nazareth. Das Evangelium ist keine allgemeine menschliche Einsicht, sondern bezieht sich auf eine historische Person. Es zielt auf die Befreiung der Gefangenen und auf die Hilfe für die Armen (Jes 61,1–3; Lk 4,18 f.). Das Evangelium steht für die Würde und das Lebensrecht der Schwachen und damit gegen Nützlichkeitserwägungen (Jes 42,3; Mt 12,20). Menschen sind nicht Mittel, sondern Zweck. Mit der Verherrlichung menschlicher Größe, Stärke und Macht, wie sie etwa von den sogenannten „Deutschen Christen“ während der Zeit des „Dritten Reiches“ vertreten wurde, gerät der Glaube an das Evangelium in scharfen Konflikt.

3.5 Die Kirche ist auf dem richtigen Weg, wenn das Evangelium Jesu von der Befreiung und das Evangelium von Jesus, dem Befreier vom Bösen und vom Tod in ihr lebendig wird, indem es den Mittelpunkt ihres Feierns, Lernens und Helfens bildet. Die große Mehrheit der Kirchenmitglieder und der die Kirchen beobachtenden Nicht-Mitglieder dürfte dieser Beschreibung zustimmen. Die Kirche wird daran gemessen, ob sich ihre Mitglieder und Mitarbeiter:innen glaubwürdig verhalten. Die Kirche wird danach beurteilt, ob sie als Institution und Organisation erfahren wird, in der etwas von der Kommunikation des Evangeliums zu spüren ist. Das bezieht sich auch auf den zivilgesellschaftlichen Einfluss der Kirche, etwa in ethischen Debatten.

4. Das Evangelium und die Leitung von Gemeinde und Kirche

4.1 Um eine langfristige und zuverlässige Gemeindearbeit zu ermöglichen, müssen grundlegende Bedingungen erfüllt sein. Darum besteht die wichtigste Aufgabe der Kirchenleitung am Ort und in der Region darin, die nötigen Ressourcen zur Verfügung zu stellen, also vor allem die notwendigen Räumlichkeiten, Finanzmittel und das professionelle Personal. Darauf werde ich in diesem Buch noch ausführlich zu sprechen kommen (→ §§ 10–13). An dieser Stelle geht es vorerst um die grundsätzliche Frage, in welcher Weise die Leitung von Kirche und Gemeinde theologisch als Leitung durch das Wort des Evangeliums (und damit als Kommunikation) beschrieben werden kann. Leitung geschieht überall da, wo sich in der Kommunikation Handlungsziele, Prioritäten und Verfahrensweisen herausbilden. Man kann das die *funktionale* oder die *kommunikative* Leitung nennen, die sich nebenbei vollzieht. Davon sollte die *intentionale* oder *strukturelle* Leitung unterschieden werden, die durch Beschlüsse (etwa im Presbyterium oder im Pfarramt) wahrgenommen wird. Auf jeden Fall kommt kein soziales System (z. B. Familie, Gruppe, Verein) ohne Leitung aus. Das soziale System und die Frage von dessen Leitung sind gleichursprünglich. Man kann nicht nicht leiten. Wer nicht leitet, unterstützt die Sache der Lauten, Durchsetzungsfähigen und leistet dem Übersehen der Schwächeren Vorschub.

Paulus zählt darum die Gnadengabe (griech. „charisma") der Leitung zu den grundlegenden Merkmalen einer Gemeinde (1 Kor 12,28). Die Gemeindeleitung erwähnt er im Zusammenhang der drei Ämter Apostel, Propheten und Lehrer (→ § 1.3) und nennt sie die „Steuermannskunst" (griech. „Kybernese"); die Theorie der Kirchenleitung wird in der wissenschaftlichen Praktischen Theologie darum auch „Kybernetik" genannt. Für Paulus gehören Leitung, Verkündigung und Heilung der Kranken untrennbar zusammen. Sie sind Erscheinungsweisen des Herrn Jesus, der durch seinen Geist in der Gemeinde handelt (1 Kor 12,4–7).

Versteht man unter dem Wort des Evangeliums die Stimme des im Geist wirksamen Christus selbst, dann folgt daraus, dass die Leitung durch Menschen nur dann überzeugend ist, wenn man sie als das Handeln Christi deuten kann. Mit einem Vergleich kann man davon sprechen, dass Menschen in Resonanz mit Christus selbst geraten, so dass ihnen die Wirksamkeit Jesu Christi in ihrem Leben aufgeht. Dann erkennen sie in der Predigt, im gemeinsamen Hören, in der Verständigung („Kommunikation") über das Evangelium, die Stimme Jesu selbst (Mt 18,20; Lk 10,16).

4.2 Nach dieser Sicht erfolgt die Leitung der Kirche nicht primär durch menschliche Kompetenz und verliehene Amtsgewalt, sondern durch Christus selbst. Die Kirche beauftragt lediglich Menschen, die zum Abschluss einer geeigneten Ausbildung nachgewiesen haben, dass sie das biblische Evangelium als Kommunikation zu erschließen vermögen, eben dieses zu tun, damit Menschen zum eigenständigen Hören auf das Evangelium gelangen. Die Autorität von Pfarrerinnen und Pfarrern beruht einzig und allein auf dem Eintreten dieses Geschehens, nicht auf einer Rolle als „Leitung“ oder als „Vorgesetzter“. Auch die Leitung der überörtlichen Kirche (Kirchenkreis, Regionalbistum, Landeskirche) ist danach zu beurteilen, inwiefern Menschen bei der Erschließung des Bibelwortes Christus selbst vernehmen können und in Christusresonanz geraten.

Diese Überlegungen führen auf das reformatorische Prinzip, dass die Kirche nicht durch Macht und Gewalt, sondern durch das Wort des Evangeliums geleitet werden soll. Besonders prägnant ist dazu die lateinische Formulierung „sine vi, sed verbo“. Diese geht auf die Augsburgische Konfession (→ 1) von 1530 zurück, wo es im 28. Artikel heißt, dass die Bischöfe die Kirche durch Predigt, Sündenvergebung und rechte Lehre leiten sollen – „ohn menschlichen Gewalt, sonder allein durch Gottes Wort.“

4.3 So eindrücklich das auch ist: Mit der Theorie der Kirche als „Geschöpf des Wortes“ bzw. der Leitung durch Kommunikation hat die Evangelische Kirche traditionell die funktionale Leitung von Gemeinde und Kirche betont – und gleichzeitig die strukturellen Leitungsvorgänge eher vernachlässigt. Es ist von daher nicht überraschend, dass viele Pfarrerinnen und Pfarrer nicht gern leiten – und darum auch nicht gut leiten.

Gute Leitung zeichnet sich bekanntlich weder durch das freie Spiel der Kräfte noch durch autoritäres Verhalten aus, sondern durch das geschickte Moderieren der verschiedenen Leitungsinstanzen und Interessen. Man kann dabei von episkopalen (Mitarbeiterteam und Pfarramt), presbyterialen (Kirchenvorstand) und basisdemokratisch-kongregationalen (Gemeindeversammlung) Komponenten der Leitung sprechen (Breitenbach 311–333). Je grundlegender eine Entscheidung für die Gemeinde ist (z. B. Stellenbesetzung, Änderung der Konfirmandenarbeit, Orgelneubau), desto wichtiger ist es, dass die verschiedenen Leitungsstrukturen zusammenwirken. Die Organisation und Moderation dieses Prozesses eines Interessenausgleichs ist die Herausforderung der intentionalen und strukturellen Leitungsfunktion. Wer leitet, muss sachkompetent, erkennbar in der eigenen Positionierung und hörbereit für andere Ansichten sein.

Dazu ist nicht nur die Fähigkeit zur „Kommunikation des Evangeliums" erforderlich, sondern auch ein kommunikativer Grundhabitus. Es gilt die angemessene Balance von Hören und Entscheiden zu finden, die sich nicht zuletzt in der Distanzierungsfähigkeit vom eigenen Tun und in einem Quäntchen Humor zeigt. Friedrich Schleiermacher hat das in seiner besonnenen Art und Weise so formuliert: „Es ist also auch gar nicht so schwer die Kirche zu regieren, wenn man nur nicht zuviel regieren will" (Schleiermacher 636).

5. Das Evangelium in reflexiver Brechung: Die Theologie als kirchenbezogene Wissenschaft

5.1 Im letzten Abschnitt wurde ausgeführt, dass die Leitung der Gemeinde und Kirche in zweifach kommunikativer Weise geschieht: durch die Kommunikation des Evangeliums und durch kommunikative Leitungsentscheidungen. Beidem liegt eine – mindestens unbewusste, im besseren Falle eine bewusste – Theorie dessen zugrunde, was die Kirche ist, was sie tun soll und was in ihr Geltung haben soll. Dies auf den Begriff und in die Diskussion zu bringen ist die Aufgabe der Theologie. Man kann die Theologie kurz definieren als die *Theorie des in der christlichen Kirche gelebten Glaubens an den dreieinigen Gott.* Die theologische Theorie, die auch auf andere Wissenschaften zurückgreift (z.B. Psychologie und Soziologie), bildet die Voraussetzung für eine evangeliumsgemäße Predigt und für angemessene kirchliche Entscheidungen. Die Theologie bezieht sich „auf die Leitung der christlichen Kirche" (SCHLEIERMACHER 12).

Die evangelische Kirche ist traditionell immer eine Kirche der Theologie gewesen. Theologische Überlegungen und Auseinandersetzungen spielten seit der Reformation und konfessionellen Orthodoxie über Pietismus und Aufklärung im 18., die Kirchenparteien „positiv" versus „liberal" im 19. und den Kirchenkampf im 20. Jahrhundert immer eine herausragende Rolle. Die im letzten Paragraphen kurz umrissene Geschichte der Kirche als Institution und Organisation hätte sich ebenso als Geschichte der Theologie schreiben lassen und der bedeutende Tübinger Dogmatiker Gerhard Ebeling (1912–2001), ein Schüler Dietrich Bonhoeffers (1909–1945), hat die These vertreten, die Kirchengeschichte sei die Geschichte der Auslegung der Heiligen Schrift. Theologie, die Theorie des evangelischen Glaubens, bestimmt das Selbstverständnis und in der Gestalt der Predigt auch vielfach die Praxis der evangelischen Kirche. Theologie, die Reflexion auf die Bedingungen der Möglichkeit, in menschlichen Äußerungen das Wort Gottes selbst zu hören, ist das Kennzeichen der Kirche des Wortes.

5.2 Das Prinzip „allein (durch) die Schrift" („sola scriptura", → § 3.3.2) macht sorgfältige historische, systematisch-dogmatische und hermeneutisch-praktische Überlegungen dazu erforderlich, was der Bibel heute zu entnehmen ist. Diese Frage ist das Zentrum der evangelischen Theologie. Allein der Ausdruck „Heilige Schrift" für die Bibel besagt, dass diese nicht nur als historische Urkunde gelesen, sondern unter der Voraussetzung der aktuellen Vernehmbarkeit Gottes erschlossen werden soll. Die Kommunikation des Evangeliums wird möglich, indem sich das Lesen der *Bibel* als das Hören auf die *Heilige Schrift* vollzieht. Das aber funktioniert nur im Austausch mit anderen, im Abwägen und im Streit der Auslegungen und Meinungen, kurz: als Theologie. Sie hilft dabei, das Prinzip „allein die Schrift" möglich zu machen und lebendig werden zu lassen.

Die wissenschaftliche Theologie ist dazu da, diese Überlegungen grundsätzlich und im Kontext der anderen Wissenschaften an der Universität anzustellen. Die Theologie im weiteren Sinne, also das Nachdenken über den Glauben, ist dagegen die Angelegenheit aller Christenmenschen. Die wissenschaftliche Theologie ist primär für diejenigen, die in einem kirchlichen Beruf arbeiten oder sich auf diesen vorbereiten (dazu zählt auch das Lehramt für den Religionsunterricht an der Schule). Die Theologie insgesamt ist nötig, damit die Kirche richtig geleitet wird, weil diese Leitung wie dargestellt durch das Evangelium selbst erfolgen soll. Andererseits ist die wissenschaftliche Theologie zwar eine kirchenbezogene, aber keine kirchliche Wissenschaft. Sie ist der vorurteilsfreien Erkenntnis verpflichtet und folgt denselben wissenschaftlichen Prinzipien (Belegbarkeit anhand von Beobachtungen und Quellen, Schlüssigkeit und Plausibilität der Argumentation) wie andere universitäre Wissenschaften. Nur ihr Gegenstand ist ein spezifischer, eben der in der Kirche lebendige Glaube.

5.3 Eine wichtige Rolle für die Leitung der Kirche spielen schließlich auch die theologischen Publikationen. Die „Verbreitung der Rede in der Schrift durch den Druck" (Schleiermacher 704) eröffnet die Möglichkeit, die Kommunikation weit über das persönliche Wirken auszudehnen. Schleiermacher nennt dieses eindrücklich „die freie Geistesmacht, die der einzelne auf das Ganze der Kirche ausübt" (ebd.). Diese muss in der evangelischen Kirche „ihren freien Spielraum haben", so dass der Gegensatz „zwischen dem Kirchenregiment im engern Sinn und der freien Geistesmacht" durchaus sein Recht hat (720).

Zusammenfassung

Kann die Kirche soziologisch als Institution und Organisation beschrieben werden, so ist sie theologisch vor allem als Lebensgemeinschaft aufzufassen, die immer wieder neu durch das Evangelium entsteht. Martin Luther drückte diese Einsicht mit der Formel der Kirche als „creatura verbi" (Geschöpf des Wortes) aus. Der seit 1970 in der evangelischen Theologie aufkommende Ausdruck „Kommunikation des Evangeliums" entspricht exakt der reformatorischen Einsicht, dass das Wesentliche der Kirche dasjenige Geschehen ist, durch das die Kraft des Evangeliums erfahren werden kann. Die wichtigsten Formen dazu sind das gemeinsame Feiern, das Lehren und Lernen sowie die Hilfe zum Leben. Zur Kommunikation gehört aber auch die Leitung der Gemeinde und Gesamtkirche, die die Rahmenbedingungen für das Leben aus dem Evangelium schafft und erhält. Für die Kommunikation des Glaubens wie für die Leitungsaufgabe spielen die theologische Forschung und Auseinandersetzung eine wesentliche Rolle. Die Theologie ist eine kirchenbezogene, aber keine kirchliche Wissenschaft, die das kirchliche Handeln begleitet und u. a. durch kritische Publikationen fördert.

§ 5 Kirche und Staat (Staatskirchenrecht, Kirchenrecht)

1. Religion und Recht

1.1 Die Kirche kann systemtheoretisch als das „Organisationssystem der Religion“ beschrieben werden (→ § 2). Die christliche (evangelische) Religion gibt es auch außerhalb der Kirche, wie im Zusammenleben der Familie oder in der staatlichen Öffentlichkeit (etwa beim Gutenachtgebet oder bei einer Trauerfeier für gefallene Soldaten). Die Neuzeit ist dadurch charakterisiert, dass sich das individuelle, das gesellschaftliche und das kirchliche Christentum unabhängig voneinander entwickelt haben und verschiedenen Logiken folgen (Rössler 1994, 90–94). Diese Ausdifferenzierung ändert aber nichts daran, dass die drei neuzeitlichen Gestalten des Christentums nicht nur theologisch, sondern auch soziologisch zusammengehören: Sie bilden gemeinsam das Funktionssystem der Religion. Der gemeinsame Inhalt unterscheidet sie von den anderen modernen Funktionssystemen Wirtschaft, Wissenschaft, Erziehung, Recht und Politik.

Nach dem systemtheoretischen Verständnis des Soziologen Niklas Luhmann (1927–1998) differenziert sich die moderne Gesellschaft in verschiedene Funktionssysteme aus, die jeweils eine deutlich verschiedene Aufgabe zu erfüllen haben, aber für alle Mitglieder dieser Gesellschaft Bedeutung haben, da jedes Individuum an allen Funktionssystemen beteiligt ist: Es gibt keinen wirtschafts-, rechts- und politikfreien Raum. Jedes Funktionssystem ermöglicht die Komplexität der modernen Gesellschaft dadurch, dass es ein bestimmtes

Medium in den Fokus rückt: die Wirtschaft das Geld, die Politik die Macht und das Recht die Entscheidung aufgrund von Gesetzen (Übersicht bei Reese-Schäfer 127). Dabei folgt jedes Funktionssystem einer grundlegenden alternativen Unterscheidung, in Luhmanns Ausdrucksweise: einem „binären Code". Dieser ist für die Wirtschaft der Code „Haben / Nichthaben", für die Wissenschaft „Wahrheit / Unwahrheit", für das Recht „Recht / Unrecht" und für die Politik „Regierung / Opposition". Der basalen Unterscheidung dient in jedem System ein spezifisches Medium, mit dessen Hilfe der Code funktioniert (wie das Geld in der Wirtschaft).

Das gesellschaftliche Funktionssystem Religion, wozu sowohl die Organisation Kirche als auch der sonst bei Individuen und Gruppen vorhandene Glaube gehört, arbeitet mit der Grundunterscheidung (dem „Code") von *Immanenz und Transzendenz* und das entsprechende Medium ist der *Glaube*. Mit Hilfe des Glaubens wird der Blick auf die Gegenstände dieser Welt – seien diese z. B. Recht, Politik oder Wirtschaft – in eine radikal veränderte Perspektive gerückt: in die Perspektive des Evangeliums (des Reiches Gottes bzw. der Transzendenz). Für den Glauben wird der Mensch nicht dadurch zum Menschen, dass er Recht, Geld oder Macht hat, sondern dadurch, dass er glaubt und im *Glauben* betrachtet wird (→ § 1.2). Luhmanns Zuordnung entspricht präzise der Reformation, die ja „allein den Glauben" (→ § 3.3.2) als entscheidend für die Erlösung und für die weltliche Existenz geltend machte (in Luhmann'scher Begrifflichkeit: indem sie den Glauben als das Kommunikationsmedium mit der Transzendenz beschrieb).

Der Gewinn von Luhmanns Theorie besteht in der Einsicht, dass die verschiedenen Systeme für das Funktionieren der modernen Gesellschaft nötig, aber in ihrer Funktionsweise grundlegend zu unterscheiden sind. Wenn es in diesem und dem folgenden Paragraphen um Religion, Recht und Politik geht, dann ist das sofort deutlich: In Sachen Religion und Glaube hilft es weder, im Recht zu sein (vgl. Phil 3,9) noch ist es entscheidend, über politische Macht zu verfügen (vgl. Ps 51,1–3). Umgekehrt genießt vor dem Richter niemand höheres Vertrauen, weil er ein gläubiger Mensch ist oder weil er eine bestimmte Tat aus religiösen Gründen („auf Geheiß Gottes") verübt hat. Recht bleibt Recht ohne Rücksicht auf die religiöse Orientierung. Ebenso ist inzwischen der Gedanke vertraut, dass zwar Christen in der Politik handeln und entscheiden, dass es aber keine Politik gibt, die für sich beanspruchen kann, christlich zu sein.

1.2 Moderne Gesellschaften arbeiten dann am besten, wenn die einzelnen Funktionssysteme (inkl. ihrer Organisationen) nach ihrer spezifischen Logik vorgehen können. Religiöses Recht und religiöse Herrschaft (Theokratie) gehören aus guten Gründen der Vergangenheit an, weil sie dem fundamentalen Grundsatz freier Gesellschaften, der Gleichheit aller vor dem Gesetz, widersprechen würden. Diesem Grundsatz folgt die Bestimmung in Art. 137,1 der Weimarer Reichsverfassung (WRV) von 1919 in unmissverständlicher Kürze: „Es besteht keine Staatskirche." Diese Bestimmung ist (wie die Art. 136–139 und 141 der WRV) gemäß Art. 140 des Grundgesetzes von 1949 zugleich dessen Bestandteil. Der Staat herrscht nicht über die Religion und die Religion bestimmt nicht die Politik.

Dennoch bestehen gerade in Deutschland bei aller Unterschiedenheit enge Beziehungen zwischen Staat und Kirche. Diese beruhen zum einen auf Geschichte und Tradition, besonders des in der Reformation entstandenen „landesherrlichen Kirchenregiments" (→ § 3.3.4), zum anderen auf der Einsicht in die Notwendigkeit, das Verhältnis zu ordnen und ihm eine rechtliche Gestalt zu geben. Damit befasst sich das *Staatskirchenrecht,* denn der Staat muss Regelungen treffen, die sich auf die Religiosität seiner Bürger beziehen.

Daneben sind aber auch die evangelischen Kirchen selbst kein rechtsfreier Raum. Sie haben eine Verfassung und sind mit ca. 200.000 Mitarbeitenden in privatrechtlichen Arbeitsverhältnissen einer der größten Arbeitgeber (hinzu kommen ca. 450.000 Beschäftigte in der Diakonie). Die Beschäftigung setzt in der Regel die Mitgliedschaft in der evangelischen Kirche voraus, wobei Ausnahmen möglich sind, wenn keine geeigneten evangelischen Personen zu gewinnen sind (keine Ausnahmen gibt es bei Aufgaben der Verkündigung, Seelsorge, Bildung und Leitung). Außerdem besitzt die Kirche Grundstücke und Vermögen. Sie benötigt darum für ihre Arbeit einen umfangreichen Verwaltungsapparat. Mit den dazu notwendigen Rechtsformen beschäftigt sich das *Kirchenrecht.*

1.3 Die engen Beziehungen zwischen Staat und Kirche sind nicht in Stein gemeißelt. Sie genießen zwar Rechtssicherheit, sind aber immer wieder Gegenstand der politischen Auseinandersetzung. Zugleich nehmen die Kirchen durch ihre Äußerungen (wie den „Denkschriften"), aber auch durch ihre Verkündigung Einfluss auf die politische Willensbildung. Auch Religion und Politik sind zwar zu unterscheidende Funktionssysteme, die aber durch die Akteure eng miteinander verbunden sind. Es gibt keine politisch neutrale Verkündigung. Die unheilvolle deutsche Geschichte des 20. Jahrhunderts macht das allzu deutlich. Der evangelische Gottesdienst ist keine Vereinsversammlung für Kirchenmitglieder. Er ist öffentlich und allgemein zugänglich, richtet sich an „alle Welt" (Mt 28,18) und hat damit per se ökumenischen und politischen Charakter. Das Thema ist im folgenden Paragraphen aufzunehmen.

2. Die Kirche als Gegenstand des staatlichen Rechtes (Staatskirchenrecht bzw. Religionsverfassungsrecht)

2.1 Die Rechtsvorschriften, die das Verhältnis zwischen Staat und Religionsgemeinschaften regeln, werden traditionell als *Staatskirchenrecht* bezeichnet; um die Verengung auf die Beziehungen zwischen Staat und den Kirchen zu überwinden, hat sich daneben bzw. alternativ im neuen Jahrtausend die weiter gefasste Kategorie *Religionsverfassungsrecht* eingebürgert; das ist besonders im Hinblick auf den Islam wichtig.

Nach der deutschen Rechtstradition ist der Staat zwar neutral gegenüber den verschiedenen Religionen, aber nicht distanziert. Der ehemalige Präsident (2010–2020) des Bundesverfassungsgerichtes, Andreas Voßkuhle (geb. 1963), spricht darum von einer positiven Haltung zur religiösen Pluralität. Realisiert werde diese Pluralität durch das verfassungsrechtliche Konzept der sogenannten „offenen Neutralität", die von ihrem Gegenbild, der „distanzierten Neutralität", dadurch unterschieden sei, dass sich der Staat den religiösen Bekenntnissen gegenüber „nicht in abweisender Distanz", sondern mit Offenheit verhalte (Vosskuhle 35). Das Bundesverfassungsgericht verwende dafür die Formel von der „wechselseitigen Zugewandtheit und Kooperation" (ebd.). Auch mit dieser Orientierung könne das deutsche Grundgesetz als die „Verfassung der Mitte" gelten, die weder technokratisch noch entscheidungsoptimistisch geprägt sei.

Die Staatsbürger geben ihr religiöses Bekenntnis nicht auf, wenn sie sich in staatlichen Institutionen (Schule, Krankenhaus, Bundeswehr) bewegen. Darum gibt es juristisch gesehen „gemeinsame Angelegenheiten" („res mixtae"), in denen Staat und Religionsgemeinschaften (Kirchen) kooperieren müssen. Dazu gehören Religionsunterricht und Militärseelsorge, aber auch die Kirchensteuer. Um dies zu ermöglichen, gelten die Kirchen als „Körperschaften des öffentlichen Rechtes". So bestimmt es Art. 137 Abs. 3 der Weimarer Reichsverfassung (WRV), der nach Art. 140 Grundgesetz dessen Bestandteil ist: „Die Religionsgesellschaften bleiben Körperschaften des öffentlichen Rechtes, soweit sie solche bisher waren. Anderen Religionsgesellschaften sind auf ihren Antrag gleiche Rechte zu gewähren, wenn sie durch ihre Verfassung und die Zahl ihrer Mitglieder die Gewähr der Dauer bieten."

Dabei ist der „Körperschaftsstatus" allerdings ein abgeleiteter und eigentümlicher, denn öffentlich-rechtliche Körperschaften sind eigentlich solche Personenverbände, die Aufgaben im staatlichen Auftrag wahrnehmen (wie z. B. der öffentlich-rechtliche Rundfunk) und die an den hoheitlichen Korporationsrechten Anteil haben. Das aber trifft auf die Kirchen ja gerade nicht zu – sie agieren unabhängig von der staatlichen Verwaltung und Einflussnahme. Das Bundesverfassungsgericht hat darum in einem Urteil festgestellt, dass die öffentlich-rechtliche Körperschaftskategorie im Hinblick auf die Kirche eine Art von entlehntem Hilfsbegriff ist: „Durch die Zuerkennung dieses öffentlich-rechtlichen Status wird die Kirche anderen öffentlich-rechtlichen Körperschaften nicht gleichgestellt. Dieser Status soll die Eigenständigkeit und Unabhängigkeit der Kirche vom Staat sowie ihre originäre Kirchengewalt bekräftigen. Durch sie wird die Kirche weder in den Staat organisch eingegliedert noch einer besonderen staatlichen Kirchenhoheit unterworfen." (BVerfGE 30,415 [428], zitiert nach Campenhausen 96, Anm. 8). Nach dem deutschen Staatskirchenrecht haben die Kirchen damit eine recht komfortable Stellung: Sie agieren eigenständig und mit öffentlich-rechtlicher Gewalt, ohne der

Staatsgewalt – unbeschadet der allgemeinen Geltung der Rechtsordnung – unterworfen zu sein.

2.2 Der *Religionsunterricht* wird nach Art. 7,3 des Grundgesetzes staatlich, aber in enger Abstimmung mit den Kirchen („in Übereinstimmung mit den Grundsätzen der Religionsgemeinschaften") erteilt. Dabei ist aber bewusst nicht von den „Kirchen" die Rede, denn schon in der Weimarer Republik hatte es neben dem evangelischen und katholischen auch jüdischen („mosaischen") Religionsunterricht gegeben und aktuell wird in immer mehr Bundesländern islamischer Religionsunterricht eingeführt; für nicht religiös gebundene Schülerinnen und Schüler wird das Fach „Ethik" bzw. „Praktische Philosophie" angeboten.

Auf jeden Fall war es den Müttern und Vätern des Grundgesetzes nach den Erfahrungen mit dem Naziterror wichtig, den Religionsunterricht in der Verfassung zu verankern: Künftig sollte der Staat nie mehr auf die tiefsten Überzeugungen der Heranwachsenden zugreifen können. Folgerichtig und bemerkenswert ist dabei die Stellung dieser Regelung unter den Grundrechten in Art. 1–19, denn die Grundrechte stellen *Abwehrrechte* des Individuums gegenüber der Staatsgewalt dar (Briefgeheimnis, Freizügigkeit, Unverletzlichkeit der Wohnung etc.). Artikel 7,3 muss darum im Zusammenhang mit Art. 4 (Glaubens- und Gewissensfreiheit) und Art. 1 (Menschenwürde) gelesen werden. Der Religionsunterricht ist die Konsequenz der unantastbaren Würde und Freiheit des Individuums. Der Staat organisiert die religiöse Selbstbildung, aber er gibt nicht die Inhalte vor. Er geht davon aus, dass sich die Menschen auf seinem Staatsgebiet eigenständig in Religionsgemeinschaften organisieren und unterstützt sie dabei durch die Bereitstellung der notwendigen Rahmenbedingungen. Der Staat steht den Religionsgemeinschaften (Kirchen) darum in offener Neutralität, mit Zugewandtheit und der Bereitschaft zur Kooperation, gegenüber.

Da das Bildungswesen Angelegenheit der Länder ist („Kultushoheit“), gibt es in vier der 16 Bundesländer abweichende Regeln: In Berlin ist der Religionsunterricht allein Sache der Kirche, in Bremen allein des Staates (Art. 141, sog. „Bremer Klausel“), in Hamburg wird zurzeit ein neuer interreligiöser Unterricht weiterentwickelt und in Brandenburg wird ein Ethik, Lebens- und Religionskunde integrierendes Fach „Lebensgestaltung – Ethik – Religionskunde (LER)“ unterrichtet (Meyer-Blanck 165–171).

De facto handelt es sich bei der „res mixta“ Religionsunterricht nach deutschem Verfassungsrecht um ein Privileg der Kirchen – und man sollte dieses auch nicht abstreiten oder kleinreden. Rein verfassungsrechtlich implizieren die Bestimmungen von Art. 7,3 GG die Wahrnehmung eines Grundrechtes, das für *alle* Schülerinnen und Schüler gilt (nicht nur für deutsche Staatsbürger!). Der Religionsunterricht dient der Selbstbegrenzung der staatlichen Einflussmöglichkeit. Das ist gerade in Deutschland, wo die große Mehrheit der Schulen staatlich ist und Ausnahmen von der Schulpflicht so gut wie unmöglich sind, von großer Bedeutung.

2.3 Die *Militär- und Anstaltsseelsorge* folgt demselben Begründungsmuster: Die Menschen bei der Bundeswehr und in den Gefängnissen sind nicht dem totalen Zugriff des Staates ausgeliefert. Sie haben vielmehr das Recht, auch dort nach ihren eigenen Grundüberzeugungen zu leben, Gottesdienste zu feiern und professionelle Gesprächspartner (Pfarrer:innen) vorzufinden. Das Seelsorgegeheimnis und vor allem das Beichtgeheimnis ist dem staatlichen Zugriff vorgeordnet: Über Kenntnisse zu Straftatbeständen, die in der Beichte erlangt wurden, müssen Pfarrerinnen und Pfarrer keine Auskunft geben.

2.4 Ebenfalls nach Art. 137 WRV (bzw. Art. 140 GG) sind die Kirchen „berechtigt, auf Grund der bürgerlichen Steuerlisten […] Steuern zu erheben." Darauf ist später genauer einzugehen (→ §9.1.2).

3. Das Recht in der Kirche

Auch in der kirchlichen Binnenkommunikation sind Rechtsvorschriften erforderlich, mit denen der Zugang zu kirchlichen Ämtern und Funktionen, die Verwaltung der kirchlichen Gebäude, Ländereien und Finanzen, die Rechte und Pflichten der Mitglieder und die verschiedenen Arbeitsfelder erkennbar und verlässlich geregelt werden. Auch innerhalb der Kirche gibt es Auseinandersetzungen, bei denen die Bemühungen um eine persönliche Verständigung nicht ausreichen und rechtliche Klärungen angezeigt sind.

3.1 Die beiden Größen Glaube und Recht sind nicht erst seit der spätmodernen Systemtheorie als höchst unterscheidungsbedürftig gedeutet worden. Schon Paulus empfand es als einen Widerspruch, wenn sich Gemeindeglieder vor staatlichen Gerichten stritten (1 Kor 6,1–8). Der gemeinsame Glaube an Vergebung und Erlösung und ein Rechtsstreit passen nur schwer zusammen. Der Kirchenrechtler Rudolph Sohm (1841–1917) brachte die Spannung 1892 auf die seitdem immer wieder zitierte Formel: „Das Wesen der Kirche ist geistlich, das Wesen des Rechts ist weltlich. Das Wesen des Kirchenrechts steht mit dem Wesen der Kirche im Widerspruch." (Munsonius 9) Diese Feststellung ist insofern zutreffend, weil die Kirche der Ort ist, an dem das Evangelium oberste Geltung beansprucht. Damit kann aber nicht gemeint sein, dass die Kirche ein rechtsfreier Raum ist. Die reformatorische Unterscheidung zwischen der sichtbaren und der unsichtbaren Kirche (→ § 3.3.2) impliziert, dass die sichtbare Kirche als Institution und Organisation nach erkennbaren, nachvollziehbaren und einklagbaren Regeln, mithin nach Maßstäben des Rechts, funktioniert. Gegenstand des Rechtes sind die Möglichkeiten und Grenzen der eigenen Freiheit angesichts der Freiheit des Anderen. Auch in der Kirche gelten darum dieselben Gesetze wie in der staatlichen Öffentlichkeit – etwa in Bezug auf das Strafrecht (→ § 13.1). Die Kirche ist Teil der öffentlichen Rechtsordnung. Dabei müssen *Legalität* (durchschaubare Gesetzgebungsverfahren) und *Legitimität* (Vereinbarkeit mit den Prinzipien einer freiheitlichen Verfassung) herrschen.

Daneben gibt es aber eigene Rechtsvorschriften, mit denen die zentralen kirchlichen Aufgaben (Gottesdienst, Amtshandlungen, Seelsorge, Bildungsarbeit und Diakonie) geregelt sind. Die ersten evangelischen Gesetze waren die „Kirchenordnungen", mit denen im 16. Jahrhundert Gottesdienst, Seelsorge und kirchliche Aufsicht bestimmt wurden (die erste war die Braunschweigische Kirchenordnung 1528, verfasst von Johannes Bugenhagen, 1485–1558). Nach dem Ende der Staatskirche 1918 entstanden „Lebensordnungen", mit denen sich die Kirche über Leitlinien für Gottesdienste und Amtshandlungen verständigte.

Das Kirchenrecht ordnet die Bedingungen und Möglichkeiten der Kommunikation des Evangeliums (→ § 4), aber nicht deren Inhalte. Insofern kann man anknüpfend an Rudolph Sohm sagen: Das Wesen der Kirche ist die Kommunikation des Wortes; das Wesen des Rechts in der Kirche ist es, die Verkündigung und

Feier der Sakramente zu ermöglichen und zu fördern. In diesen Zusammenhang gehört auch die Unterscheidung zwischen der weltlichen und geistlichen Weise („Regiment"), in der Gott die Welt regiert: Weltlich geschieht das durch Gesetze (notfalls durch Gewalt, wie im Strafrecht), geistlich durch das Evangelium: „Das weltliche Regiment macht nicht fromm, das geistliche hat keine Machtmittel, Böses zu verhindern." (MUNSONIUS 19) Die Bindung an die Bibel und den Glauben („Schrift und Bekenntnis") kann nicht durch Mittel des Rechts festgestellt werden. Umgekehrt sind Bekenntnisse wie die Augsburgische Konfession von 1530 (→ § 2.4.5) und das Barmer Bekenntnis von 1934 weder Rechtsquellen noch Rechtsnormen.

3.2 Das staatliche Recht hat einen umfassenden Ordnungsanspruch für das Staatsgebiet, aber die Kirche kann ihre Angelegenheiten innerhalb dieses Anspruchs selbstständig ordnen (→ 2.1 zu Art. 137 WRV). Das Kirchenrecht gilt darum als Bereich des öffentlichen Rechtes (MUNSONIUS 6). Die Kirche hat als Körperschaft des öffentlichen Rechtes die *Organisationshoheit* (sie kann sich eigenständig eine Verfassung und andere Ordnungen geben), die *Dienstherrenfähigkeit* (sie kann Kirchenbeamte ernennen und diese in den Warte- oder Ruhestand versetzen) und das *Besteuerungsrecht*.

3.3 Die heutigen kirchlichen *Verfassungen* gehen wesentlich auf das 19. Jahrhundert zurück, als die Tradition der landesherrlichen Kirchenleitung, die durch die staatlichen Kirchenämter („Konsistorien") erfolgte, mehr und mehr durch demokratisch legitimierte Synodalordnungen ergänzt wurde; die erste war die „Rheinisch-Westfälische Kirchenordnung" von 1835. Mit ihrer Kirchenverfassung gewinnt eine Landeskirche ihre rechtliche Gestalt. In diesem Zusammenhang wurden auch „Kirchenvorstände" (bzw. „Presbyterien") etabliert, die zunächst für die Bau-, Land- und Vermögensverwaltung der örtlichen Parochien zuständig waren und sich allmählich zu Impulsgebern für die gesamte Gemeindearbeit entwickelten. Aus dem Zuständigkeitsbereich des Pfarrers („Parochie") wurde die Kirchengemeinde als öffentlich-rechtliche Körperschaft. Gegenwärtig besteht so die Vorschrift, dass ein Pfarrer bei der möglichen Ablehnung einer Taufe, Trauung oder Bestattung den Kirchenvorstand in die Entscheidungsfindung einzubeziehen hat; die Beschwerde beim Kirchenkreis (Superintendentur) ist möglich.

Die Organisationshoheit (bzw. Organisationsgewalt) impliziert auch, dass die Kirche ihr Gebiet in Gemeinden und Gemeindebezirke, Kirchenkreise und andere Aufsichtsbezirke („Diözesen", „Sprengel", „Generalsuperintendenturen") gliedern und öffentlich-rechtliche Einrichtungen (Kindergärten, Schulen, Sozial- und Diakoniestationen) gründen und unterhalten kann. Die evangelischen und katholischen Kirchen unterhalten mit jeweils etwa 9.000 Kindertagesstätten zusammen etwa die Hälfte dieser Einrichtungen in Deutschland. Immerhin gibt es in Deutschland auch 1200 Schulen in evangelischer Trägerschaft (ca. 3 %; Angaben von 2015).

Die territoriale Gliederung der zurzeit 20 deutschen evangelischen „Landeskirchen" ist nicht mit den 16 Bundesländern identisch. Sie geht noch zum großen Teil auf die „Länder" zurück, wie sie zu Beginn des 19. Jahrhunderts bestanden. So gibt es bis heute eine Braunschweigische, Oldenburgische und Schaumburg-Lippische Landeskirche. Aber in jüngerer Zeit haben auch Fusionen stattgefunden: 2009 schlossen sich die (unierte) Ev. Kirche der Kirchenprovinz Sachsen und die Ev.-Luth. Kirche in Thüringen zur „Ev. Kirche in Mitteldeutschland" (EKM) zusammen und 2012 entstand aus den Kirchen Hamburgs, Schleswig-Holsteins und Mecklenburg-Vorpommerns die neue „Ev.-Luth. Kirche in Norddeutschland“ (kurz „Nordkirche“ genannt).

3.4 Die *Dienstherrenfähigkeit* bedeutet, dass die Kirche öffentlich-rechtliche Beschäftigungsverhältnisse hat, die aber gleichzeitig vom staatlichen Arbeitsrecht abweichen können. Kirchenbeamte werden bei der Ernennung nicht auf die freiheitlich-demokratische Grundordnung verpflichtet, sondern auf Schrift und Bekenntnis (Munsonius 125). Die kirchliche Dienstherrenfähigkeit umfasst zugleich die Disziplinargewalt und das Vereidigungsrecht. Die vom Dienstherrn Kirche getroffenen Maßnahmen beziehen sich nicht nur auf den kirchlichen Bereich, sondern haben zugleich staatliche Auswirkungen. Kirchliche Vereidigungen und Disziplinarstrafen (wie z.B. Gehaltskürzungen) würden weiterhin gelten, auch wenn die betreffende Person in den staatlichen Dienst übergehen sollte.

3.5 Theologisch konstitutiv für das Handeln der Kirche sind die Verbreitung und Vertiefung des Glaubens an das Evangelium, formelhaft abgekürzt gesprochen: Wort und Sakrament (→ §4). Sie sind damit das eigentliche Kennzeichen der Kirche. Um Kirche zu sein, kommt es vor allem anderen auf Wort und Sakrament an, während allen speziellen Arbeitsformen, Strukturen und Ämtern dienende Funktion zukommt. Hendrik Munsonius spricht darum von den „Konstitutiva“ der Kirche (Gottesdienst und Seelsorge) im Unterschied zu den „Vitalia“ (Bildung, Diakonie und Öffentlichkeitsauftrag) sowie dem „disponierenden Handeln“ (Finanzen). Insgesamt muss deutlich werden, dass die Vitalia „aus dem durch die Konstitutiva begründeten Glauben gespeist werden“ (Munsonius 51). Das bedeutet zugleich, dass das, was für die Kirche fundamental wichtig ist, nicht objektiv konstatiert werden kann, sondern dass es sich bei Feststellungen zur Qualität des kirchlichen Lebens um *Glaubensurteile* handelt.

3.6 Auch die Leitung der Kirche geschieht darum vor allem durch die Auslegung des Evangeliums in Predigt, Seelsorge und gemeinsamem Gespräch. Auf dem Hintergrund des allgemeinen Priestertums ist die „Leitung" nicht nur – und nicht einmal primär – die Aufgabe der Aufsicht führenden Instanzen (Superintendentin, Kirchenleitung / Kirchensenat, Bischof). Nach evangelischem Verständnis findet Leitung im elementaren Sinn dort statt, wo sich Einsichten aus dem Evangelium durchsetzen. Leitung vollzieht sich durch Hören und Verstehen, also durch die gesamte Gemeinde – jedenfalls insoweit sie sich einbringt. Die Synode ist das institutionalisierte Abbild der Leitungsverantwortung aller. Von Bedeutung ist auch der ungebundene, nicht institutionelle Aspekt von Leitung durch theologische Fakultäten und theologische Publikationen. Die evangelische Kirche ist wegen des Prinzips „sola scriptura" immer eine Kirche der Theologie (und tendenziell auch eine Theologenkirche) gewesen.

3.7 Ein kirchenleitendes Instrument, bei dem sich gemeinsames Hören auf das Evangelium, gemeinsame Beratungen über die Arbeits- und Leitungsformen und Wahrnehmung der Aufsichtsfunktion miteinander verbinden, ist die *Visitation*. Die Superintendentin und ein fachkundiges Gremium besucht, prüft und berät eine Gemeinde, bzw. eine Leitungsebene höher: Der Regionalbischof visitiert einen Kirchenkreis. Die Visitation dauert meistens etwa eine Woche, denn dazu gehören neben den zuvor abzufassenden Berichten in der Regel mehrere Gottesdienste, Sitzungen und Mitarbeitergespräche.

3.8 Die *Kirchenleitung* im organisatorischen und rechtlichen Sinne wird durch die Kirchenverfassungen der Landeskirchen geregelt. Die Landeskirchen sind die obersten leitenden Instanzen, während die Evangelische Kirche in Deutschland (EKD) lediglich ein Zusammenschluss eigenständiger Kirchen zum Zweck der gemeinsamen Abstimmung und gesellschaftlichen Sichtbarkeit der Landeskirchen ist. Die EKD „bemüht sich um die Festigung und Vertiefung der Gemeinschaft unter den Gliedkirchen, hilft ihnen bei der Erfüllung ihres Dienstes und fördert den Austausch ihrer Kräfte und Mittel“ (Grundordnung Art. 6.1). Organe der EKD sind die Synode, der Rat sowie die Konferenz der leitenden Geistlichen und Juristen („Kirchenkonferenz“); diese Gremien agieren nebeneinander und sind nicht hierarchisch geordnet. Besondere Aufmerksamkeit in der Öffentlichkeit findet der oder die Ratsvorsitzende.

Auch der „Ökumenische Rat der Kirchen“ (ÖRK), der weltweite Zusammenschluss reformatorischer Kirchen, ist keine übergeordnete Kirche, sondern eine Arbeitsgemeinschaft, der zurzeit etwa 350 Kirchen aus 120 Ländern angehören. Die Vollversammlung findet alle sieben Jahre statt, die nächste ist für 2022 in Karlsruhe geplant; der Sitz des ÖRK ist in Genf.

In den Kirchenverfassungen der deutschen Landeskirchen gibt es gewisse Unterschiede im Leitungsprofil aufgrund der konfessionellen Herkunft: Lutherische Kirchen sind stärker pfarramtlich und bischöflich profiliert, reformierte Kirchen stärker synodal; letzteres gilt auch für die sogenannten „unierten“ Kirchen, in denen sich seit 1817 (in Preußen) lutherische und reformierte Gemeinden zusammenschlossen. Lutherische Kirchen haben eine „Landesbischöfin“ („Bischof“ von griech. „epi-skopos“, „Aufseher“). Unierte Kirchen haben eine(n) „Präses“ (die Vorsitzende der Synode ist zugleich die leitende Geistliche) oder einen „Kirchenpräsidenten"; eine Besonderheit ist der leitende Geistliche der Bremischen Ev. Kirche, der die Amtsbezeichnung „Schriftführer des Kirchenausschusses" trägt.

Trotz der Unterschiede haben alle Landeskirchen eine Synode als legislatives Leitungsorgan, ein Exekutivorgan unter Vorsitz des leitenden Geistlichen („Kirchenleitung" oder „Kirchensenat") sowie eine oberste Verwaltungsbehörde („Landeskirchenamt" oder „Konsistorium"); der oder die leitende Geistliche hat eine repräsentative Funktion – vor allem soll durch das leitende geistliche Amt die konstitutive Rolle von Schrift und Bekenntnis, Wort und Sakrament lebendig bleiben. Leitende Geistliche sollen in erster Linie als Prediger und öffentliche Beter wirken.

Auf der mittleren Leitungsebene des Kirchenkreises finden sich analoge Strukturen: die Kreissynode mit dem Kreissynodalvorstand unter dem Vorsitz der Superintendentin und ein Kirchenkreisamt; auf der Gemeindeebene gibt es den Kirchenvorstand (bzw. das Presbyterium) und die Gemeindeversammlung sowie das Pfarramt als geistliche Repräsentanz. Eine Funktion im Kirchenvorstand (bzw. „Presbyterium") nehmen in Deutschland etwa 135.000 Männer und Frauen wahr; bei der ehrenamtlichen Mitarbeit rechnet man mit etwa 1,1 Millionen evangelischen Gemeindegliedern.

Eine besondere Funktion unter den Ehrenamtlichen haben die „Prädikanten", die mit dem Predigen beauftragt sind, ohne ein Theologiestudium absolviert zu haben, aber dafür mit einem besonderen kirchlichen Ausbildungsprogramm vorbereitet wurden. In einigen Landeskirchen (z. B. im Rheinland) werden sie wie die Pfarrerinnen und Pfarrer in einem öffentlichen Gottesdienst ordiniert. Das Amt bürgerte sich im Kirchenkampf 1933–1945 ein und steht in herausragender Weise für die Einsicht, dass die Verkündigung des Evangeliums die Aufgabe der ganzen Gemeinde ist.

3.9 Auf allen Leitungsebenen gilt der Grundsatz, dass theologische und juristische Gesichtspunkte miteinander zu verbinden sind, so dass man von einem „Leitungsdogma" des evangelischen Kirchenverfassungsrechts spricht (MUNSONIUS 83). Maßgeblich für alles Aufsicht führende Handeln ist die Einsicht, dass die leitenden Ämter (Pfarramt, Bischofsamt) weder der Gemeinde hierarchisch „übergeordnet" noch von dieser basisdemokratisch „verliehen" sind. Sucht man den Christusbezug im Leitungshandeln ernst zu nehmen, dann sind Hierarchie und Basisorientierung falsche Alternativen. Leitung soll sich vielmehr so vollziehen, dass in der gemeinsamen Bemühung um die Sache Jesu Christi diese Sache als der gemeinsamen Bemühung vorausliegend und übergeordnet erfahren werden kann. Anders formuliert: Die Leitungskompetenz besteht vor allem in der Fähigkeit, Argumente und Entscheidungsalternativen aus der Perspektive des Glaubens transparent werden zu lassen, ohne dabei Konflikte durch religiöse Harmonisierungen zuzudecken.

Bei der Steuerung kirchlicher Arbeitsabläufe muss die Unterscheidung zwischen der Verantwortung von Menschen und Gottes Vergebung situativ angemessen deutlich werden. Klassisch formuliert: Für das Leitungshandeln konstitutiv ist die Unterscheidung von „Gesetz" (dieses betrifft das von Menschen verlangte Handeln) und „Evangelium" (dieses betrifft Gottes rettendes Handeln angesichts der Fehlbarkeit des Menschen). Es muss deutlich werden, dass alles kirchliche Handeln von Sachkompetenz und Vergebungsbereitschaft zugleich geprägt ist. Je mehr es den leitenden Personen gelingt, diese Unterscheidung deutlich zu machen – und dabei die eigene Bedeutsamkeit zurückzustellen –, desto mehr Amtsautorität wird ihnen zuwachsen. Die „geistliche Leitung" der Kirche wird dann zur erfahrbaren Wirklichkeit, wenn es den leitenden Geistlichen gelingt, die Leitung durch den in der Gemeinde wirksamen Geist Gottes aufzuzeigen.

Zusammenfassung

Nach evangelischem Verständnis wird die Kirche durch das gemeinsame Verstehen des Evangeliums geleitet. Daran sollen alle Kirchenmitglieder Anteil haben, auch wenn bestimmte Personen dabei eine führende Rolle zukommt („geistliche Leitung"). Daneben ist es für die Verlässlichkeit sowie für die Willensbildung und Entscheidungsfindung wichtig, auf rechtliche Verfahren zurückzugreifen, so dass Rahmenbedingungen für Verkündigung, Seelsorge, Bildung, Diakonie und Verwaltung geschaffen werden. Das innerkirchliche Recht ermöglicht es, über Kirchenverfassungen geeignete Leitungsstrukturen auszubilden, mit denen u.a. die kirchlichen Finanzen verwaltet werden können und die Kirche als verlässlicher Arbeitgeber agiert. Nach dem deutschen Staatskirchenrecht (bzw. „Religionsverfassungsrecht") ist die Kirche eine Körperschaft des öffentlichen Rechtes, die organisatorisch vom Staat unabhängig ist, aber in analoger Weise Steuern erheben und Beschäftigungsverhältnisse unterhalten kann („Dienstherrenfähigkeit"). Insgesamt kommt es darauf an, dass sich im kirchlichen Handeln Rechtssicherheit und Orientierung am Evangelium verbinden, auch wenn beide Prinzipien in Spannung zueinander geraten können.

§ 6 Kirche, Politik und Gesellschaft

1. Religion und Politik

1.1 In der Neuzeit haben sich Religion, Recht und Staat voneinander differenziert, so dass ein religiöses Recht, wie es in den Rechtskorpora des Alten Testaments vorliegt, nicht mehr denkbar wäre; das moderne Recht ist säkular und auch das Recht der Kirche muss neben der Orientierung am Evangelium dessen Standards folgen (→ § 5). Ähnliches wie für das Verhältnis zu Staat und Recht gilt für das Spannungsfeld von Kirche, Politik und Gesellschaft. Kirche und Politik müssen unterschiedlichen Logiken folgen. Noch einmal mit Niklas Luhmann (→ § 5.1.1): In der Politik geht es vor allem anderen um die Verteilung von *Macht* zwischen Regierung und Opposition, um möglichst vielen Bürgerinteressen gerecht zu werden und die Ressourcen angemessen zu verteilen. Der Kampf um die Macht und um Ämter ist deswegen in der Politik nicht abwegig, sondern dient letztlich dem Wohl möglichst vieler, indem sich diejenigen Ideen und Programme durchsetzen, die für die Mehrheit die besseren zu sein scheinen.

Religion und Kirche haben dagegen die Aufgabe, das gesamte Leben der Menschen aus der Perspektive des Glaubens an Gott zu beurteilen; es geht darum, wie das innerweltliche Handeln (Immanenz) aus der Perspektive des Glaubens (Transzendenz) in den Blick kommt. Der Wille der Mehrheit (Politik) wird mit dem Willen Gottes korreliert: Darf man als Christ töten (etwa bei der Landesverteidigung und bei der Verteidigung der öffentlichen Ordnung oder bei einer Geiselbefreiung)? Inwiefern muss bei der Güterverteilung (beim Einkommen) Gerechtigkeit herrschen, inwieweit ist soziale Ungleichheit zu tolerieren? Geht man die Zehn Gebote durch, dann wird sogleich deutlich, dass der für den Glauben dort laut werdende Wille Gottes *erstens* jeweils aktuell auslegungsbedürftig ist und dass das Resultat *zweitens* in politischer Hinsicht höchst folgenreich ist.

Da nach der in jeder Weise plausiblen funktionalen Theorie der Gesellschaft alle Bürgerinnen und Bürger an *allen* Funktionssystemen (Recht, Politik, Wirtschaft, Religion) Anteil haben, ist klar, dass es ein unpolitisches Christentum und eine unpolitische Kirche nicht geben kann. Außerdem ist klar, dass die politischen Auseinandersetzungen in der Kirche zwar ihren Raum haben müssen; zugleich aber muss zu erkennen sein, dass die politischen Fragen vom Evangelium her aus einer anderen Perspektive, der unbegrenzten Liebe Gottes und der Verantwortung allen menschlichen Handelns vor Gott, beurteilt werden müssen. Die bloße Affirmation eines politischen Programms (einer bestimmten Partei) ist in der Gegenwart ebenso unmöglich wie die Behauptung, der Gottesglaube beziehe sich ausschließlich auf das ewige Leben und die kirchliche Verkündigung sei unpolitisch. Genauso wenig plausibel zu machen ist die Ansicht, die Kirche habe ein prophetisches Amt, kraft dessen sie der Politik Handlungsanweisungen in bestimmten Situationen geben könnte. Und um wiederum dialektisch das Gegenteil zu behaupten: Es gibt immer wieder politische Verhältnisse, unter denen die Kirche prophetisch handeln muss (etwa im Kirchenkampf, im Falle des zunehmenden Atheismus und angesichts der weltweiten Klimakrise).

1.2 Kurz auf den Punkt gebracht: Die Kirche agiert de facto immer politisch – gerade auch dann, wenn sie sich politisch abstinent verhält und damit die herrschende Meinung und Regierung unterstützt. Die Frage, wie politisch sie sich im Einzelnen positionieren will, ist eine

Frage des Aushandelns und des Abwägens. Die Endphase der Weimarer Republik hat gezeigt, wie schnell alle Lebensbereiche politisiert werden können. Seit 1929/30 wurde die evangelische Pastorenschaft von einer bisher nicht gekannten „Leidenschaft zur Politik erfasst" (NOWAK 210), so dass „theologisch-religiöser und politischer Akt miteinander verschmelzen konnten" (211). Die Kirche war für eine sachliche Auseinandersetzung mit dem „Dritten Reich" denkbar schlecht vorbereitet.

Für die Zuordnung von Glaube und Politik kann es keine prinzipiellen Lösungen geben, weil das Evangelium (bzw. das Wort Gottes oder das Gebot) keine zeit- und geschichtslose Wahrheit ist. Es kann nur jeweils aktuell vernommen und auf die menschliche (politische) Praxis bezogen werden. Oder einfacher formuliert: Das Thema „Politik und Kirche" (bzw. „Politik in der Kirche") ist ein Reiz- und Streitthema auf Dauer. Es hilft darum allen Beteiligten nur, die eigene Meinungsbildung möglichst transparent zu machen. Darum veröffentlicht die Kirche (die EKD) „Denkschriften", in denen die Argumente für kontroverse Ansichten zusammengetragen und gegeneinander abgewogen werden; dabei handelt es sich in der Regel aber nicht um tagespolitische Positionierungen, sondern um „Orientierungshilfen" für kirchliche Gremien (etwa für ein Kirchenvorstandswochenende mit dem Kindergartenteam zum Thema „Familie heute", EKD 2013). Aber es gab auch politisch folgenreiche Denkschriften wie die „Ost-Denkschrift" von 1965 (→ s.u. 3.1) und die kontrovers diskutierte „Friedensdenkschrift" von 1981 (→ s.u. 3.2).

Erhöhte Aufmerksamkeit finden immer wieder politische Stellungnahmen in der Predigt. Das ist besonders dann der Fall, wenn Entscheidungsalternativen in der Öffentlichkeit kontrovers diskutiert werden, etwa für oder gegen einen Bundeswehreinsatz wie im Jahr 1999 im Kosovokrieg. Das ist erst recht heikel, wenn die Gesellschaft – und damit in der Regel auch die Gottesdienstgemeinde – gespalten ist. Mindestens für Teile der Gemeinde ist es problematisch, wenn ihre eigene Ansicht als dem Glauben (bzw. dem Willen Gottes oder dem Evangelium) entgegenstehend dargestellt wird. Zu Konflikten führt das in der Regel dann, wenn schon zuvor Spannungen zwischen Prediger / Predigerin und Teilen der Gemeinde bestanden haben.

Theologisch wird man Probleme der politischen Predigt darauf zurückführen können, dass die Unterscheidung zwischen dem Evangelium (Gottes Erlösung) und dem Gesetz (politische Verantwortung) nicht deutlich genug wurde, kurz: wenn eine politische Streitfrage mit der Frage nach Heil und Erlösung identifiziert wurde („Gesetzlichkeit", ENGEMANN 371). In Extremsituationen – wie in der Zeit des nationalsozialistischen Terrors und Antisemitismus – kann es durchaus der Fall sein, dass mit der Unterstützung eines Regimes (bzw. mit dem Schweigen zu seinen Verbrechen) dem christlichen Bekenntnis zuwidergehandelt wird. In diesem Fall spricht man vom „Bekenntnisfall", dem *status confessionis,* bei dem um des Glaubens willen Widerspruch und Widerstand *in politicis* angezeigt sind. Damit sind wir bei den grundlegenden theologischen Instrumenten, die für die politische Urteilsbildung in der Kirche leitend sein können.

In der evangelischen Kirche muss es dabei vor allem um die aktuelle Auslegung der biblischen Aussagen in ihrem Zusammenhang gehen. Schon ein flüchtiger Blick darauf zeigt, dass sich die biblischen Weisungen nicht einfach harmonisieren lassen. „Jedermann sei untertan der Obrigkeit", heißt es in Röm 13,1 (und ähnlich in 2 Petr 2,13 f.); dagegen aber steht die berühmte *clausula Petri* in Apg 5,29: „Man muss Gott mehr gehorchen als den Menschen." In der Bergpredigt ist davon die Rede, der Jünger Jesu solle dem Bösen überhaupt nicht widerstehen (Mt 5,39); Paulus dagegen relativiert: „Ist's möglich, soviel an euch liegt, so habt mit allen Menschen Frieden (Röm 12,18). Weil direkte Anweisungen der Bibel nicht zu entnehmen sind, ist die Kirche eine Lese-, Auslegungs- und Diskussionsgemeinschaft, die sich immer wieder neu um das Verstehen bemühen muss. Um mit den inhaltlichen Spannungen innerhalb der Bibel umgehen zu können, entstanden in der evangelischen Kirche spezifische Denkfiguren.

2. Klassische Denkfiguren für die Zuordnung von Kirche und Politik

2.1 Auf die deutsche, mit *Martin Luther* verbundene Reformation geht die traditionell enge Verbindung der Kirche mit der politischen Obrigkeit, den Landesherren zurück; auf der anderen Seite ergibt sich aus dem lutherischen Denken aber auch die die neuzeitliche Unterscheidung von Politik und Religion (→ § 3.3.5). Die theologische Kategorie für diese Argumentation ist die „Zwei-Regimenten-Lehre" oder auch „Zwei-Reiche-Lehre", der zufolge Gott in zweifacher Weise die Welt regiert: Gott handelt in der Welt erstens durch Gebote, Anordnungen und weltliche Gewalt („Gesetz") und zweitens als Erlöser des Menschen durch Wort und Sakrament („Evangelium"). Gottes Gebot und Gottes Liebe sind in ihm selbst verbunden, können aber für den Menschen sehr unterschiedliche Erfahrungen bedeuten – weltliche Gewalt einerseits und Glaubenstrost andererseits. Luthers bahnbrechende Denkfigur der *Unterscheidung* innerhalb der eigenen Lebenserfahrung ist deswegen nötig, weil er die *Scheidung* in geistliche und weltliche Personen, in Kleriker und Laien aufhebt. Nach Luthers Lehre vom Beruf ist auch die Tätigkeit von Knecht, Magd und Soldat ein geistliches Amt, und umgekehrt müssen sich auch Kleriker in der Welt bewegen. Darum sind die Klöster sinnlos geworden. Jeder Ort in der Welt ist geistlich und weltlich bestimmt und jeder Mensch muss in jedem Moment beides einander zuordnen.

Die Lehre von den zwei Herrschaftsweisen Gottes hat Luther aus Augustins Unterscheidung von irdischer Herrschaft („civitas terrena") und Gottes Herrschaft („civitas Dei") und als Konsequenz seiner Rechtfertigungslehre entwickelt. Die Gerechtigkeit vor Gott „ohne des Gesetzes Werke, allein durch den Glauben" (Röm 3,28; → § 3.3.2) führt automatisch auf die Frage, welche Bedeutung das Gesetz noch hat. Denn das Gesetz soll ja keinesfalls ignoriert oder negiert, sondern es soll neu aufgerichtet werden (Röm 3,31; Röm 7,7). Luthers Antwort lautet, dass das Gesetz (z. B. die Zehn Gebote, der „Dekalog") in zweifacher Weise wirken soll: Ordnung schaffend, politisch („usus politicus legis") und den Menschen überführend („usus elenchticus legis"). Der erste Gebrauch soll den bösen Menschen wehren, der zweite Gebrauch soll den erlösungsbedürftigen Menschen Gott in die Arme treiben.

Die basale Unterscheidung von *Gesetz und Evangelium* hat die Unterscheidung innerhalb aller menschlichen Verhältnisse zur Folge. Der Mensch hat einerseits ein Verhältnis zur Welt, zu ihren Ordnungen und Gesetzen: Er ist *Weltperson*; andererseits ist er an den Erlöser gebunden: Er ist *Christperson* (Ebeling 219–238). Als Christperson existiert er aus der in Wort und Sakrament erfahrenen Erlösung, als Weltperson folgt er den Gesetzen und der Einsicht, selbst der Erlösung bedürftig zu sein. Das wiederum bedeutet, dass der Christ im *weltlichen Regiment* Verantwortung für die Gerechtigkeit und

Ordnung trägt und im *geistlichen Regiment* an der Ausbreitung des Evangeliums mitwirkt (allgemeines Priestertum). Es ist ähnlich wie bei den systemtheoretischen Unterscheidungen in der funktionalen Gesellschaftstheorie: Die Unterscheidungen betreffen jeden Christenmenschen und gehen mitten durch ihn hindurch.

Luther selbst hat keine förmliche „Lehre" dazu ausgearbeitet, aber er hat dazu angeleitet, das Handeln Gottes durch die weltliche *Gewalt* und durch das *Evangelium* deutlich zu unterscheiden. Diese Unterscheidung „lässt sich nicht in einem Diagramm darstellen. Denn hier ist alles Bewegung, Geschehen und Kampf." (Ebeling 200) Das heimliche Thema dieser Denkfigur Luthers lautet „Gott ist ganz anders" (Lau 373).

Luther hat seine Unterscheidung nicht nur gegen die mittelalterliche Kirche formuliert, die die Forderungen der Bergpredigt nur auf wenige Fromme beziehen wollte. Luthers Lehre richtete sich vor allem gegen die Schwärmer, die eine weltliche Ordnung nach dem Evangelium aufrichten wollten, wie das etwa im Täuferreich in Münster (1533–1535) versucht wurde. Luther meinte, es sei das Werk des Teufels, „diese zwei Reiche ineinander zu kochen und zu brauen": Die weltlichen Herren wollten „Christum lehren und meistern, wie er seine Kirche und geistlich Regiment soll führen", während „die falschen Pfaffen und Rottengeister [...] immer lehren und meistern, wie man solle das weltliche Regiment ordnen." So sei der Teufel auf beiden Seiten kräftig am Werk (Auslegung des 101. Psalms 1534/35, Ebeling 200 f.).

Weltliches und geistliches Regiment haben zwar in Gott ihre Einheit, ereignen sich aber für den Menschen in verschiedenen Kontexten: Im weltlichen Regiment erfährt man den Ruf zur Ordnung, im geistlichen die Gewissheit der Erlösung. Man kann beides, Ordnung und Erlösung, als zwei verschiedene Gestalten der einen ungeteilten Liebe Gottes verstehen: Gott liebt das Recht und das Gute (Ordnung) und Gott liebt den an der Ordnung und an der Liebe scheiternden Menschen (Erlösung). Betont man, dass es sich in beiden Fällen um die Erfahrung des liebenden Gottes handelt, dann lässt sich einwenden, das sei eine zu starke Harmonisierung, weil die Liebes- und die Ordnungserfahrung als psychische Phänomene meistens doch etwas recht Unterschiedliches sind. Die Ordnung für den Menschen muss auch als Zwang gegen unordentliches Verhalten von Menschen durchgesetzt werden. Allerdings richtet sich das letztlich nicht gegen Menschen, sondern gegen die Gefährdung der Ordnung. Der Herrscher soll sich an seinen Untertanen orientieren und nach dem Prinzip handeln: „Ich bin des Landes und der Leute, ich solls machen, wie es ihnen nützlich und gut ist." (LUTHER 1523, 42 = WA 11, 273) Wenn der Herrscher Unrecht hat, soll das Volk ihm nicht folgen, stellt Luther unter Berufung auf Apg 5,29 fest (LUTHER 1523, 48 = WA 11, 277).

Wenn alle Menschen wirklich Christen wären, bedürfte es „keines weltlichen Schwerts noch Rechts." (LUTHER 1523, 13 = WA 11, 249) Doch das ist nicht der Fall. Soll der Gläubige auch um seiner selbst willen unter dem Unrecht leiden, so muss er doch um des Nächsten willen für Recht und Gesetz eintreten (Luther 1523, 20 = WA 11, 255).

Luthers Verhältnisbestimmungen haben Eingang in die wichtigste lutherische Bekenntnisschrift gefunden. In der Augsburgischen Konfession von 1530 ist in Art. 28 ausdrücklich davon die Rede, man solle „die zwei Regiment, das geistlich und das weltlich [potestates ecclesiastica et civilis], nicht in einander mengen und werfen" (BSLK 122); hier findet sich auch die immer wieder zitierte Formulierung, die Bischöfe sollten handeln „ohn menschlichen Gewalt, sonder allein durch Gottes Wort [sine vi humana, sed verbo]" (BSLK 124).

Diese Zuordnung war für die evangelischen Landeskirchen bis ins 20. Jahrhundert leitend.

2.2 In der theologischen Auseinandersetzung nach 1945, auf dem Hintergrund der Erfahrungen im Kirchenkampf, spielte die „Königsherrschaft Christi" als Gegenkonzept zur „Zwei-Reiche-Lehre" eine prominente Rolle. Unter Berufung auf die „Königsherrschaft Christi" warfen vor allem reformierte Theologen den Lutheranern vor, mit der „Zwei-Reiche-Lehre" ein Denken in zwei Räumen propagiert zu haben und so für die breite Akzeptanz der NS-Herrschaft mitverantwortlich gewesen zu sein.

In der Tat wird die Zwei-Regimenten-Lehre dann problematisch, wenn sie zu einem Verständnis führt, nach dem zwei voneinander unabhängige *Be*reiche existieren, die ihren eigenen Gesetzen folgen und sich nicht in das jeweils andere Gebiet einmischen sollen: Die politische Logik einerseits und die religiöse Logik andererseits werden isoliert und stehen dann für sich. Dietrich Bonhoeffer (1906–1945) hatte dies scharf kritisiert und von einem falschen „Denken in zwei Räumen" gesprochen, bei dem man „Christus und die Welt als zwei aneinander stoßende und einander abstoßende Räume" zuordne (Bonhoeffer 210). Das aber helfe gerade nicht dazu, die Unabhängigkeit der Kirche zu sichern. Die Kirche könne ihren eigenen Raum vielmehr „nur dadurch verteidigen, dass sie nicht um ihn, sondern um das Heil der Welt kämpft" (215) – denn „nur mitten in der Welt ist Christus Christus" (219).

Politisch missverstanden ist Luthers Unterscheidung dann, wenn aus ihr die Trennung zwischen dem kirchlichen und dem staatlichen Handeln abgeleitet wird (Lau 394). Tatsächlich wurden im 19. Jahrhundert mit einem Denken in zwei Räumen die „Eigendynamik" des Politischen und die Selbstbeschränkung der Predigt auf die innerkirchliche Wirkung begründet und so faktisch der Affirmation von obrigkeitlichen Entscheidungen das Wort geredet. Eine solche Konzeption des Politischen hatte sich im Neu-Luthertum des 19. Jahrhunderts ausgebreitet; das ohnehin nahe Staat-Kirche-Verhältnis (→ §5.2) spielte dann u.a. im Vorfeld des Ersten Weltkrieges und auch noch 1933 eine problematische Rolle.

Die Gefahr der Zwei-Reiche-Lehre ist demnach die Entlassung der politischen Entscheidungen aus der Verantwortung des Glaubens. Vielfach war von der „Eigengesetzlichkeit" der Politik die Rede, in die sich der Glaube und die Kirche nicht einmischen sollen. Beide wurden dabei isoliert, so dass aus der Unterscheidung von zwei Herrschaftsformen Gottes („Herrschaftsweisen", „Regimente") die Aufteilung der einen Welt in zwei Bereiche („Reiche" im Sinne von „Bereichen") wurde. Bei dieser Argumentation wurde übersehen, dass es in Politik und Glaube um denselben Menschen geht. Im Grunde wurde damit Luthers Unterscheidung rückgängig gemacht. Indem man eine glaubende Innerlichkeit und politische Macht gegeneinander stellte, fiel man in die vorreformatorische Trennung von Kirche und Welt zurück.

Entsprechend wurde in den 1950er und 1960er Jahren die „Königsherrschaft Christi" zum Programmbegriff, mit dem man der Privatisierung des Glaubens entgegentrat. Nach der klassischen protestantischen Dogmatik hat der auferstandene und zur Rechten Gottes erhöhte Herr Jesus Christus drei Ämter: das priesterliche (erlösende), das prophetische (Weisung gebende) und das königliche (herrschende) Amt. Dieses Herrscheramt Christi bezieht sich auf alle Bereiche des Zusammenlebens in der Kirche und der Welt (vgl. etwa das Himmelfahrtslied „Jesus Christus herrscht als König, alles ist ihm untertänig", Ev. Gesangbuch 123,1).

Dabei verstand man die „Königsherrschaft Christi" als Entfaltung der Barmer Theologischen Erklärung von 1934, die im Wesentlichen von dem Reformierten Karl Barth formuliert wurde. Dort heißt es in These 2: „Wir verwerfen die falsche Lehre, als gebe es Bereiche unseres Lebens, in denen wir nicht Jesus Christus, sondern anderen Herren zu eigen wären". Doch andererseits wird in These 5 de facto Luthers Zwei-Reiche-Lehre bekräftigt: Die Kirche erkennt die „Wohltat" Gottes an, durch den Staat „für Recht und Frieden" zu sorgen; gleichzeitig verwirft die Kirche mit These 5 die falsche Lehre, „als solle und könne der Staat über seinen besonderen Auftrag hinaus die einzige und totale Ordnung menschlichen Lebens werden" und als könne die Kirche „selbst zu einem Organ des Staates werden." Damit kann weder einer Trennung von Religion und Politik das Wort geredet werden, noch lässt sich aus dem Evangelium eine klare politische Option herleiten. Die Zwei-Regimenten-Lehre und die Lehre von der Königsherrschaft Christi kommen im Grunde zu demselben Ergebnis.

Auch in Calvins „Institutio" von 1559, der wichtigsten Schrift aus dem reformierten Protestantismus des 16. Jahrhunderts, findet sich die Unterscheidung Luthers wieder: „Damit sich nun keiner an diesem Stein stößt, müssen wir zunächst bemerken, dass es unter den Menschen zweierlei Regiment gibt. Das eine ist geistlich (spirituale): Es unterweist das Gewissen zur Frömmigkeit und Verehrung Gottes. Das anderer ist bürgerlich (politicum): Es erzieht uns zu den Pflichten der Menschlichkeit und des bürgerlichen Lebens." (Inst. III,19,15) Man wird den Befund so zusammenfassen können, dass erst die Barmer Erklärung von 1934 das antitotalitäre Potenzial des Glaubens zur Geltung gebracht hatte, wie es zwar in Luthers Theologie angelegt war, aber von den lutherischen Theologen des

19. und 20. Jahrhunderts nicht ausreichend deutlich gemacht worden war.

2.3 Eine dritte theologische Denkfigur für das Verhältnis der Kirche zum politischen Handeln des Staates ist die Rede vom so genannten „status confessionis", dem „Bekenntnisfall" oder dem „Bekenntnisnotstand". Der Begriff ist biblisch auf Mt 10,32f. zu beziehen, wo Jesus vor die Alternative stellt, sich vor den Menschen zu ihm zu bekennen oder ihn vor den Menschen zu verleugnen. Historisch wird der „status confessionis" auf innerprotestantische Auseinandersetzungen im 16. Jahrhundert zurückgeführt: 1548, also kurz nach Luthers Tod, stand durch das „Augsburger Interim" in Frage, inwieweit die verordnete Rückkehr zu katholischen Gottesdienstformen („Zeremonien") für die evangelische Kirche tolerabel sei oder ob in dieser Situation Widerstand geboten sei (BSLK 815). In der Zeit des Kirchenkampfes wurde die Argumentation mit dem „status confessionis" wiederentdeckt: Das Tolerieren der Naziherrschaft bedeute die Verleugnung Christi. Dietrich Bonhoeffer gab erstmals im April 1933 zu erwägen, angesichts der nationalsozialistischen Judenverfolgung den Bekenntnisnotstand auszurufen. Die Geschichte der Kirche im Nationalsozialismus und die deutsche Geschichte insgesamt wären wahrscheinlich anders verlaufen, wenn es dazu gekommen wäre.

Der „status confessionis" ist dann gegeben, wenn politische Entscheidungen oder politisch zu verantwortende Zustände klar dem Bekenntnis zum dreieinigen Gott widersprechen, wie es im Evangelium erkennbar ist und wie es sich durch ein Handeln in Glaube, Liebe und Hoffnung verwirklicht. In den 1980er Jahren wurde breit diskutiert, ob durch die damaligen Nachrüstungspläne der NATO (Stationierung von atomaren Mittelstreckenraketen in Deutschland) ein solcher Bekenntnisnotstand gegeben sei. Auch in der Diskussion über die Apartheid in Südafrika wurde der Begriff ins Spiel gebracht.

Anders als bei der „Zwei-Reiche-Lehre" und der „Königsherrschaft Christi" handelt es sich bei der Rede vom „status confessionis" nicht um eine grundlegende Argumentationsfigur evangelischer politischer Ethik, sondern um eine Grenzregel, die lediglich in Extremsituationen zur Anwendung kommen kann. Die Berufung auf den Bekenntnisnotstand kann sich schnell abnutzen.

2.4 Eine Art von Ergänzung zu dem Theologumenon der „Königsherrschaft Christi" ist schließlich die Rede vom prophetischen „Wächteramt" der Kirche unter Berufung auf den Propheten Hesekiel (Ezechiel). Dort heißt es, der Prophet sei „zum Wächter gesetzt über das Haus Israel", um das Volk im Namen Gottes zu warnen (Hes 3,17; vgl. Hes 33,1–9). Besonders die reformierte Theologie legt Wert auf die Feststellung, dass auch die Kirche das Volk prophetisch vor lebensbedrohlichen Fehlentscheidungen – etwa in der Friedens- und Klimapolitik – zu warnen habe.

3. Denkschriften der EKD als Beispiele der praktischen Zuordnung von Kirche und Politik

Die Evangelische Kirche wirkt auf die Öffentlichkeit und auf die politische Willensbildung in erster Linie durch die Predigt. Hier entsteht ein Konzept politischen Handelns, das sich an der Barmherzigkeit Gottes und an der Fehlbarkeit des Menschen orientiert und das dafür eintritt, die Schwachen und Benachteiligten zu schützen und ihnen zu helfen, wie das der Bergpredigt (Mt 5–7), dem jesuanischen Doppelgebot der Liebe (Mk 12,29–31) und Jesu Gleichnissen vom Reich Gottes (z.B. Mt 20,1–16; Lk 10,25–37) entspricht. Predigt und Unterricht der Kirche stoßen langfristige Bildungsprozesse an, die ihre Spuren im politischen Handeln von Christenmenschen hinterlassen.

Daneben wirkt die Kirche aber auch durch ihre Bildungsarbeit an der politischen Willensbildung mit. Das geschieht etwa in der Jugendarbeit und in den Evangelischen Akademien. Deren nach 1945 entwickeltes Konzept verfolgte die Absicht, einen Dialograum für kontroverse aktuelle Debatten zur Verfügung zu stellen. Argumente sollten in einer Atmosphäre der gegenseitigen Achtung und des geschwisterlichen Streites aufeinandertreffen. Mit dem Akademiekonzept profilierte sich die Kirche vor allem in der Rolle des Moderators und weniger als Meinungsführerin. Auch der alle zwei Jahre stattfindende „Ev. Kirchentag" stellt u.a. ein zivilgesellschaftliches Forum dar.

In ähnlicher Weise sind die „Denkschriften" der EKD konzipiert. Sie sollen bei der Meinungsbildung helfen, indem sie Argumente nebeneinanderstellen und einen Weg aufzeigen, in Achtung voreinander nach der besten Lösung zu suchen und dabei kontroverse Ansichten auszuhalten. „Unter dem Evangelium zusammenbleiben" lautet in diesem Zusammenhang eine immer wieder verwendete Formel. Die „Denkschriften" der EKD haben teilweise erheblichen Einfluss auf die politische Meinungsbildung bis hin zu politischen Entscheidungen gehabt. An dieser Stelle können nur wenige davon kurz erwähnt werden. Sie sind Beispiele dafür, wie die grundsätzliche Zuordnung von Glaube und politischer Stellungnahme angesichts von aktuellen Herausforderungen praktisch werden kann.

3.1 Das gilt besonders für die so genannte „Ostdenkschrift" über die Lage der Vertriebenen und das Verhältnis zu den östlichen Nachbarn Deutschlands von 1965. Im Vorwort schrieb Kurt Scharf (1902–1990), von 1961–1967 Ratsvorsitzender der EKD, die Evangelische Kirche beobachte „mit wachsender Sorge, dass die Wunden, die der Zweite Weltkrieg im Verhältnis des deutschen Volkes zu seinen östlichen Nachbarn geschlagen hat, bis heute, 20 Jahre nach seinem Ende, noch kaum angefangen haben zu verheilen." (EKD 1965, 79) Die Denkschrift war von der „Kammer der EKD für öffentliche Verantwortung" unter dem Vorsitz des Tübinger Juristen Ludwig Raiser (1904–1980) erarbeitet worden. Raiser war im Rahmen des „Tübinger Memorandums" schon 1962 für die Anerkennung der Oder-Neiße-Grenze durch Deutschland eingetreten.

Die Denkschrift bildete eine Zäsur in der Meinungsentwicklung der alten Bundesrepublik. Sie war der Markstein auf dem Weg zu einer nüchterneren Betrachtung der Verletzungen auf beiden Seiten und eröffnete die Möglichkeit zur Aussöhnung besonders zwischen Polen und Deutschen, indem sie die deutsche Anerkennung der polnischen Westgrenze in einem längeren Prozess der Versöhnung zu erwägen gab. Dazu hieß es am Schluss, der negative Begriff des „Verzichts" auf die ehemaligen deutschen Ostgebiete sei „eine ganz und gar unzulängliche Bezeichnung für den deutschen Beitrag zu einer Friedensregelung"; denn es gehe darum, „eine neue Partnerschaft zwischen den Völkern zu begründen" (125).

Mit der „Ostdenkschrift" von 1965 veränderte sich das politische Klima in Westdeutschland und während der Kanzlerschaft Willy Brandts (1913–1992) in den Jahren 1969–1974 wurden die „Ostverträge" mit der Sowjetunion, mit Polen, mit der ČSSR und der DDR geschlossen. Damit war die Oder-Neiße-Grenze völkerrechtlich besiegelt, so dass Vertrauen zwischen Polen und Westdeutschland wachsen konnte.

3.2 Die Friedensdenkschrift 1981 erschien auf dem Höhepunkt der NATO-Nachrüstungsdebatte im Oktober 1981, als auch die große Bonner Friedensdemonstration (10. Oktober) stattfand; damals versammelten sich friedlich 300.000 Demonstranten mit der umstrittenen Forderung, die NATO-Staaten sollten ihren Beschluss zur Stationierung von Mittelstreckenraketen in Westeuropa (einseitig) zurückziehen, um den Weg zu einem atomwaffenfreien West- und Osteuropa zu bahnen. Die regierende SPD unter ihrem Kanzler Helmut Schmidt (1918–2015), der für die Doppelstrategie von Verhandeln und notfalls Nachrüsten eintrat, war – wie die Gesellschaft der BRD insgesamt – in dieser Frage tief gespalten. Entsprechend heißt es im Vorwort der Friedensdenkschrift sehr offen und zugleich verklausuliert, in der EKD-Kammer für Öffentliche Verantwortung herrsche „keine Einmütigkeit darüber, ob deshalb jetzt ein Punkt erreicht sei, an dem Schritten zur Rüstungsbegrenzung auch auf Kosten des militärischen Gleichgewichts unbedingter Vorrang zu geben sei“ (EKD 1981, 11). Später ist davon die Rede, es gelte „die Erkenntnis auszuhalten, dass es für einen Frieden in Freiheit weder durch atomare Rüstung noch durch den Verzicht auf sie eine Garantie gibt. Beide Optionen sind mit hohen Risiken verbunden“ (58). Die Kirche müsse dafür sorgen, dass keine Gewöhnung an die gegenseitige Bedrohung eintrete (62). Notwendiger als die „Glaubwürdigkeit der Abschreckung“ sei jedenfalls die „Glaubwürdigkeit des eigenen Friedenswillens“ (64). Der deutlichste Satz in der damaligen argumentativ aufgeheizten Situation ist vielleicht der folgende: „Auch kalkulierte einseitige Schritte sollten ernsthaft geprüft werden, wenn durch sie die Abrüstungsverhandlungen gefördert werden können“ (72).

Man merkt dieser Denkschrift an, wie bei ihrer Abfassung um ein klares Friedensvotum gerungen wurde, ohne den Unterstützern des Nachrüstungsbeschlusses und den Soldaten der Bundeswehr den Willen zum Frieden abzusprechen und ohne sie aus der Kirche auszuschließen.

3.3 Die Demokratie-Denkschrift von 1985 reformulierte im Grunde die Zwei-Reiche-Lehre, indem sie die Selbstbegrenzung politischer Macht, wie sie mit der modernen Gewaltenteilung in Legislative, Exekutive und Judikative sowie dem Bezug auf die Menschenrechte gegeben ist, ausdrücklich positiv bewertete. Diese mit dem Grundgesetz gegebenen Selbstbeschränkungen politischer Macht können als Analogie zur Vorläufigkeit weltlicher Ordnungen verstanden werden, wie sie theologisch durch die Unterscheidung weltlicher und geistlicher Macht und durch das Konzept der Königsherrschaft Christi zum Ausdruck gebracht werden.

3.4 Die jüngste Denkschrift der EKD beschäftigt sich mit der Digitalisierung und erarbeitet dieses aktuelle Thema am Leitfaden der Zehn Gebote (EKD 2021). So geht es beim Tötungsverbot um mögliche autoregulative Waffensysteme, die gegnerische Ziele ohne die Beteiligung und Entscheidung eines Menschen angreifen können. Das Ziel muss es sein, digitalisierte Gewalt zu unterbrechen, um zum Gewaltverzicht und zu einem „gerechten Frieden" zu gelangen. Das Gebot „Du sollst nicht falsch Zeugnis reden" ist angesichts von Hassreden und „shitstorms" von besonderer Aktualität, um unter digitalen Bedingungen Wahrhaftigkeit zu fördern.

Der Umfang der jüngsten Denkschrift beträgt 248 Seiten, während die Ostdenkschrift von 1965 gerade einmal 50 Seiten betrug. Das zeigt, wie der Anspruch, der Komplexität des jeweils zu bedenkenden Sachverhaltes zu genügen, zunehmend schwieriger wird. In den Denkschriften müssen immer mehr Detailfragen referiert und kontoverse Argumente erläutert werden, um die beabsichtigte Urteilsbildung zu ermöglichen.

Zusammenfassung

In der Neuzeit haben sich Politik und Kirche mehr und mehr ausdifferenziert, so dass beide unterschiedlichen Logiken folgen. Nach der Trennung von Staat und Kirche in der Weimarer Reichsverfassung von 1919 wird es keine christliche Politik und keine staatlichen Eingriffe in die Kirche mehr geben. Dennoch hängen Politik und Kirche sehr eng zusammen, da Predigt und Glaube den ganzen Menschen in allen Lebensverhältnissen in den Blick nehmen und politische Entscheidungen nicht unabhängig von der öffentlichen Meinungsbildung fallen, zu der die Kirche weiterhin einen wichtigen Beitrag leistet. Die wichtigsten theologischen Denkmodelle für die Zuordnung von Kirche und Politik sind die „Zwei-Reiche-Lehre", die „Königsherrschaft Christi", das prophetische „Wächteramt" der Kirche und in Extremfällen der „Bekenntnisnotstand" („status confessionis"). Die „Denkschriften" der Ev. Kirche in Deutschland (EKD) zeigen, wie die Zuordnung von Kirche und Politik praktisch aussieht, wenn sie unter dem Primat sachlicher Kompetenz geschieht.

§ 7 Grundzüge des katholischen Kirchenverständnisses

1. Kirche evangelisch und ökumenisch

1.1 Die evangelische Kirche wird in diesem Buch als Gegenstand der wissenschaftlichen Beobachtung und als Gegenstand des Glaubens beschrieben (→ §§ 1–2), wobei besonderes Gewicht auf die gegenseitige Mitteilung und Darstellung des Evangeliums, auf die „Kommunikation" bzw. das „Wort Gottes" gelegt wird (→ § 4). Die evangelische Kirche ist vor allem anderen ein aktuelles Geschehen: Sie ereignet sich im Verstehen des Evangeliums und Handeln aus dem Evangelium. Die evangelische Kirche als Institution und Organisation (→ § 2) stellt die notwendigen Rahmenbedingungen für das Verstehen und Handeln bereit.

1.2 Die evangelische Theorie der Kirche greift dabei auf biblische sowie reformatorische und neuzeitliche theologische Sichtweisen zurück; hinzu kommen soziologische Beschreibungen, so dass die Disziplin der praktisch-theologischen „Kirchentheorie" entsteht.

1.3 Die evangelische Kirche versteht sich von Mt 28, 18–20 her nicht als eine spezielle Teilkirche oder Konfessionskirche, sondern als Kirche Jesu Christi in der Welt und für die Welt. Die evangelische Kirche ist nicht Selbstzweck, sondern sie ist Medium der Verkündigung und eines christlichen Lebens, das an Jesu Doppelgebot der Liebe (Lk 10,27) und an der Hoffnung auf den Primat der Liebe (1 Kor 13,13) orientiert ist. Diese Botschaft richtet sich nicht nur an evangelische Kirchenmitglieder, sondern an alle Menschen und alle Welt: Da sich die evangelische Kirche von der Verkündigung Jesu her versteht, ist ihr Reden und Handeln notwendig *ökumenisch*. Die Gestalt der Kirche gilt ihr als – mit Fehlern behaftetes – Instrument. Die insbesondere in Deutschland und Europa täglich erfahrbare Spaltung der Kirche in einen evangelischen und katholischen Teil ist von daher ein Skandal, an den man sich zwar fünf Jahrhunderte gewöhnt hat, mit dem man sich aber – erst recht unter dem evangelischen Prinzip „sola scriptura" (→ § 2) – keinesfalls abfinden und arrangieren darf. Die Realität der getrennten Kirchen hat die Hoffnung des Neuen Testaments gegen sich, dass die Christen „eins seien" wie der Vater und der Sohn (Joh 17,11.21).

1.4 Die Kategorie des „Ökumenischen" (griech. „oikouméne", die [ganze] bewohnte [Erde], oder der Erdkreis) kann in mehrfacher Weise verstanden werden. Die geläufigste Verwendung (1.) bezieht sich auf die evangelisch-katholische Ökumene. Daneben wird der Begriff aber auch (2.) für die weltweite Gemeinschaft der nicht-katholischen Kirchen verwendet, die im „Ökumenischen Rat der Kirchen" (→ § 5.3.8) zusammengeschlossen sind (dazu gehören auch die Orthodoxen Kirchen). Schließlich ist (3.) in letzter Zeit zunehmend von der „Abrahamitischen Ökumene" im Hinblick auf den Dialog zwischen Juden, Christen und Muslimen die Rede. In diesem Paragraphen geht es fast ausschließlich um das Verhältnis der evangelischen und katholischen Kirche.

1.5 Dabei ist zu beachten, dass für die katholische Kirche an erster Stelle ihres ökumenischen Interesses die Orthodoxen Kirchen (die Ostkirchen) stehen, weil diese trotz ihrer Trennung im Jahre 1054 (→ § 3.2.1) „wahre Sakramente besitzen, vor allem aber in der Kraft der apostolischen Sukzession das Priestertum und die Eucharistie, wodurch sie in ganz enger Verwandtschaft bis heute mit uns verbunden sind", heißt es im Ökumenismusdekret des Zweiten Vatikanischen Konzils von 1964 (Unitatis Redintegratio [UR] 15; alle Konzilsdokumente werden mit der Abkürzung der ersten beiden Wörter und nach Artikelzahlen zitiert).

1.6 An der Bemerkung über die Ostkirchen in UR 15 wird im Umkehrschluss sofort der bis heute nicht überbrückte Graben zwischen der katholischen und der evangelischen Kirche sichtbar: Die Evangelischen, die nach der Terminologie des Konzils zu den „Kirchlichen Gemeinschaften im Abendland" gehören (UR II,19–24), haben nach dieser Beschreibung *keine* „wahren Sakramente", *keine* apostolische Sukzession (Autorität der Apostel Jesu) in ihren Ämtern und *keine* Eucharistie im Sinne der Einsetzung Jesu. Dieser Streitpunkt konnte bis heute – trotz der Annäherungen im Verständnis der Rechtfertigungslehre – auch nicht annäherungsweise ausgeräumt werden. Das katholische Amtsverständnis schließt das evangelische konsequent aus. Das evangelische Amt und damit auch das evangelische Abendmahl entbehrt für die katholische Sicht der apostolischen Herkunft und apostolischen Autorität. Die Evangelischen haben danach also weder ein Amt noch eine Mahlfeier. Man kann es nicht schonender formulieren, weil man damit die Differenz überspielen würde, die in allen gut gemeinten Dialogen erneut aufbricht.

Damit ist bereits der wichtigste Dissens zwischen evangelischem und katholischem Kirchenverständnis benannt. Im Folgenden werden diesem alles entscheidenden Punkt weitere Aspekte der katholischen Lehre von der Kirche (Ekklesiologie) hinzugefügt.

2. Die katholische Ekklesiologie nach der Kirchenkonstitution „Lumen Gentium" (LG) von 1964

Man könnte die katholische Kirche ein wenig zugespitzt definieren als die Gemeinschaft, die um die Auslegung der Texte des 2. Vatikanischen Konzils ringt. Das Konzil wurde von Papst Johannes XXIII. (Pontifikat 1959–1963) einberufen und von Paul VI. (Pontifikat 1963–1978) zu Ende geführt. Die Diskussion der Konzilstexte kulminiert immer wieder bei der Interpretation der „Dogmatischen Konstitution über die Kirche", die unter dem Titel „Lumen Gentium" („Licht der Völker") veröffentlicht („promulgiert") wurde (vgl. auch oben → §4.2.3).

2.1 Das 2. Vatikanum (1962–1965) war für die katholische Weltkirche das wichtigste kirchenhistorische Ereignis im 20. Jahrhundert. Das Schlagwort, das die Arbeit des Konzils am besten kennzeichnet, ist die Erneuerung der Kirche, das „aggiornamento" (von ital. giorno, Tag). Gemeint ist damit die Aufmerksamkeit für die jeweiligen Herausforderungen des Tages und für die „Zeichen der Zeit" (ein ebenfalls viel gebrauchtes programmatisches Schlagwort, vgl. Mt 16,3). Hatte sich die Kirche bis zum 2. Vatikanischen Konzil mit ihrem eigenen Wahrheitsanspruch begnügt, ging sie nun auf die Menschen außerhalb ihrer eigenen Mauern zu. In erster Linie waren das die nichtkatholischen Christen. Mit dem 2. Vatikanum nahm die Ökumene einen enormen Aufschwung. Revolutionär war außerdem die Erklärung über das Verhältnis zu den nichtchristlichen Religionen „Nostra Aetate" („In unserer Zeit"), in der „Hassausbrüche, Verfolgungen und Manifestationen des Antisemitismus" beklagt wurden (NA 4).

Außerdem beschäftigte sich das Konzil in seiner Pastoralkonstitution „Gaudium et Spes“ (GS) ausführlich mit der „Freude und Hoffnung, Trauer und Angst der Menschen von heute, besonders der Armen und Bedrängten aller Art“ (GS 1). Das erste Konzilsdokument schließlich war die Liturgiekonstitution „Sacrosanctum Concilium“ (SC) vom Dezember 1963, die eine umfassende Reform des Gottesdienstes anstieß. Die Messe wurde nicht mehr ausschließlich vom priesterlichen Messopfer her verstanden, sondern auch von der feiernden Gemeinde her, die sich um den „Tisch des Mahles“, aber auch um den „Tisch des Wortes“ (SC 51) versammelt. Der Wortteil der Messe wurde jetzt wesentlich aufgewertet (bis 1963 hatte er „Vormesse“ geheißen) und die Predigt wurde zum Regelfall erklärt (SC 52). Das liturgische Grundbild war die volle, bewusste und aktive Teilnahme des gesamten Volkes (SC 14: „plena et actuosa participatio“). Kritiker sprachen später sogar von der „Protestantisierung“ der katholischen Messe (→ §8).

2.2 In diesem Klima ökumenischer Öffnung für die anderen Gläubigen und die Welt entstand auch die Kirchenkonstitution „Lumen Gentium“ (LG). Um diesen Text gab es schon während der Entstehung langwierige Auseinandersetzungen. Diese betrafen vor allem das Verhältnis von Kollegialität der Bischöfe einerseits und Primat des Papstes andererseits. Das verabschiedete Dokument hielt schließlich fest, dass das Bischofskollegium niemals unabhängig vom Papst handeln könne (LG 22), sondern immer nur in *„Verbundenheit* der Bischöfe *mit ihrem Haupt“* (Bekanntmachungen aus den Akten des Konzils, Rahner / Vorgrimler 200, dort kursiv). Der zweite Punkt war die Gliederung der Konstitution. Die Kapitelreihenfolge ist jetzt: „I. Das Mysterium der Kirche“, „II. Das Volk Gottes“, „III. Die hierarchische Verfassung der Kirche, insbesondere das

Bischofsamt". Nach dieser Gliederung erwächst die Hierarchie aus dem Volk Gottes. In der ursprünglichen Vorlage waren die Kapitel II und III andersherum gestellt (Alberigo 103f. 114). Zunächst war also die Rolle des Volkes als Konsequenz der hierarchischen Gestalt der Kirche definiert worden, jetzt bildet das Volk den Ausgangspunkt. Das Verhältnis von Kirchenvolk und Hierarchie steht bis heute im Zentrum der innerkatholischen Auseinandersetzung – man denke nur an den aktuellen „Synodalen Weg" in der Katholischen Kirche in Deutschland (2019–2021), der von den Laien (Zentralkomitee der deutschen Katholiken, ZdK) und der Deutschen Bischofskonferenz (DBK) gemeinsam getragen wird.

Ausgehend von der dogmatischen Konstitution lässt sich das katholische Kirchenverständnis in fünf Punkten umreißen: Die Kirche ist danach (1.) Sakrament, sie ist (2.) trotz der auch in ihr vorhandenen Sünden eine sichtbare und vollkommene Gemeinschaft (societas perfecta), in der (3.) das Volk Gottes und (4.) die Ämterhierarchie so zusammenwirken, wie es der Kirche (5.) als dem mystischen Leib Christi entspricht. Ich gehe diesen fünf Punkten einzeln nach (2.3–2.7).

2.3 Nach katholischem Verständnis hat die Kirche nicht nur sieben Sakramente, sondern sie ist selbst *Sakrament*. Der emeritierte Papst Benedikt XVI. (Pontifikat 2005–2013) bemerkte in seiner Tübinger Vorlesung für Hörer aller Fakultäten im Jahre 1968: „Kirche und Sakrament stehen und fallen miteinander; Kirche ohne Sakrament wäre eine leere Organisation, und Sakramente ohne Kirche wären Riten ohne Sinn und inneren Zusammenhang." (Ratzinger 2000, 320) Entsprechend beginnt LG mit der Feststellung, die Kirche sei „in Christus gleichsam das Sakrament, das heißt Zeichen und Werkzeug für die innigste Vereinigung mit Gott wie für die Einheit der ganzen Menschheit" (LG 1). Man muss nur an den Petersplatz in Rom mit den alles umschlingenden Bernini-Kolonnaden denken, um eine Vorstellung damit zu verbinden. Die Kirche ist der heilige Ort in der Welt, an dem Menschliches und Göttliches (sakramental) miteinander verbunden und zu allen Menschen hin geöffnet sind. Die Kirche ist die Repräsentation und damit die Wirklichkeit Christi in der Welt. Aber sie ist „Zeichen und Werkzeug" der Gnade und nicht diese selbst.

2.4 Die Kirche Christi ist nach katholischem Verständnis eine *sichtbare und vollkommene Gemeinschaft.* Dabei sind die sichtbare Versammlung und die geistliche Gemeinschaft der Kirche „nicht als zwei verschiedene Größen zu betrachten, sondern bilden eine einzige komplexe Wirklichkeit" (LG 8). Die Kirche Christi „ist verwirklicht in der katholischen Kirche, die vom Nachfolger Petri und von den Bischöfen in Gemeinschaft mit ihm geleitet wird" (LG 8). Dieses Prädikat „ist verwirklicht in" oder „ist begründet durch" (lat. „subsistit in") – und nicht einfach „ist" – spielt in der ökumenischen Diskussion eine zentrale Rolle. Auf der einen Seite wird damit die sakramentale Identität von katholischer Kirche und Christus selbst betont; auf der anderen Seite wird damit aber auch das Verständnis offengehalten, es könne weitere Gestalten Christi in anderen Kirchen geben. Das „subsistit in" kann nicht nur im Sinne der exklusiven Identität verstanden werden, sondern auch in einer inklusiven Weitung: Die Wirklichkeit Christi geht über die (katholische) Kirche hinaus. Damit ist neben der Öffnung zur christlichen Ökumene zugleich die Möglichkeit zur Würdigung nichtchristlicher Religionen gegeben, wie sie in der Konzilserklärung „Nostra Aetate" von 1965 vorliegt. Die Rede von der Kirche als dem „fortlebenden Christus", wie sie in der Theologie des 19. Jahrhunderts begegnete, wird bewusst vermieden (Rahner / Vorgrimler 107).

Geradezu aufregend ist die Bemerkung am Schluss von LG 8, die Kirche umfasse „Sünder in ihrem eigenen Schoße. Sie ist zugleich heilig und stets der Reinigung bedürftig". Joseph Ratzinger merkte 1968 dazu an, das Konzil habe sich „dazu durchgerungen" – und dabei sei der Vorwurf laut geworden, mit dieser Bemerkung sei das Konzil „noch viel zu zaghaft" geblieben (Ratzinger 2000, 321). Sehr schön – und geradezu reformatorisch – formulierte er damals: „Ist nicht die Kirche einfach das Fortgehen dieses Sich-Einlassens Gottes in die menschliche Erbärmlichkeit [...]?" (Ratzinger 2000, 324)

2.5 Die Kirche existiert zuerst als das *Volk Gottes*, denn Gott hat es gefallen, die Menschen nicht einzeln zu heiligen und zu retten, „sondern sie zu einem Volke zu machen, das ihn in Wahrheit anerkennen und ihm in Heiligkeit dienen soll", heißt es zu Beginn des II. Kapitels (LG 9). Wiederum inklusiv wird dann festgestellt, das messianische Volk Christi sei „für das ganze Menschengeschlecht die unzerstörbare Keimzelle der Einheit, der Hoffnung und des Heils" (LG 9). Da das II. Kapitel von LG die Gemeinschaft des Volkes an die erste Stelle der Ekklesiologie setzt, spricht man auch von der „communio-Ekklesiologie" dieses Kapitels. Der Begriff „communio" gilt als „Schlüsselbegriff der Ekklesiologie" des 2. Vatikanums (Thönissen 211).

Unmittelbar nach LG 9 bricht aber schon das hierarchische Verständnis in den Bemerkungen zum „Amtspriester" durch. Die in LG 10 folgenden Definitionen sind für das reformatorische Verständnis, das am allgemeinen Priestertum und an der Beauftragung zum Predigen orientiert ist, in keiner Weise nachzuvollziehen. Der Priester „bildet kraft seiner heiligen Gewalt, die er innehat, das priesterliche Volk heran und leitet es; er vollzieht in der Person Christi das eucharistische Opfer und bringt es im Namen des ganzen Volkes Gott dar". Der Priester repräsentiert in der Versammlung des Volkes (im Gottesdienst) Christus selbst und vollzieht das Abendmahl „in persona Christi". Die Rollenkonfusion, dass der Priester einerseits in der Gemeinde Christus selbst repräsentiert und andererseits Christus opfert, ist kaum spirituell nachzuvollziehen. Auf jeden Fall bedeutet diese Amtstheologie eine ungeheure Überhöhung des geistlichen Standes und ist zugleich der tiefste Grund für die Ablehnung des Frauenpriestertums. Eine Frau kann nach katholischer Auffassung den Mann Christus nicht repräsentieren. Stellt man sich einmal auf den Standpunkt, dieser Gedanke der Christusrepräsentation sei sinnvoll (wogegen auch einiges spricht), dann muss man mindestens fragen, warum das eine Frau nicht kann – ist etwa das Wichtigste an Jesus sein Geschlecht? Warum sollte eine Frau nicht Jesu Menschlichkeit, seine Liebe und seine Verbundenheit mit Gott repräsentieren können?

Damit ist der Gedanke der Christusrepräsentation durch den Priester zugleich der tiefste theologische Grund gegen das gemeinsame Abendmahl von Evangelischen und Katholiken. Evangelische Pfarrerinnen und Pfarrer sind – als nicht „gültig" Geweihte – zu dieser Repräsentation nicht in der Lage. Sie stehen außerhalb der katholischen Hierarchie (dazu s. den folgenden Abschnitt 2.6). Sie haben gar kein Weiheamt.

Andererseits gibt es durchaus Nuancen, die im Sinne von mehr ökumenischer Gemeinschaft interpretiert werden können. Nach LG II wirkt das gesamte Volk der Getauften sowohl am priesterlichen (LG 10f.) als auch am prophetischen Amt Christi mit (LG 12). Die katholische Kirche strebt zudem danach, „die ganze Menschheit [...] zusammenzufassen" zur „katholischen Einheit des Gottesvolkes, die den allumfassenden Frieden bezeichnet und fördert". Im letzten Satz von LG 13 wird dies in drei konzentrischen Kreisen geschildert: es geht um die katholischen Gläubigen, um die anderen an Christus Glaubenden und schließlich um alle Menschen. LG 16 erwähnt explizit die Muslime und die Gott Suchenden. Der Volk-Gottes-Gedanke ist multireligiös, ökumenisch und politisch. Er greift über Kirche, Christentum und Religion im engeren Sinne weit hinaus. In der inklusiven Struktur liegen auch die Anknüpfungspunkte für politische Optionen wie die lateinamerikanische „Theologie der Befreiung" seit den 1970er Jahren.

2.6 Unmittelbar auf diese weiten Perspektiven folgt das dritte Kapitel über die *hierarchische Verfassung* der Kirche (LG 18–29). Geradezu als ein Bruch zum vorherigen Kapitel wird einleitend formuliert, das Konzil setze „den Weg des ersten Vatikanischen Konzils fort" – dort war unter Pius IX. 1870 in der dogmatischen Konstitution „Pastor Aeternus" (Ewiger Hirte) die Unfehlbarkeit des Papstes dogmatisiert worden (→ § 3.5.5; Wolf 257–288). LG bemerkt dazu: Des Papstes „unfehlbares Lehramt legt die Heilige Synode abermals allen Gläubigen fest zu glauben vor." (LG 18) Weiter heißt es, in den Bischöfen sei „inmitten der Gläubigen der Herr Jesus Christus, der Hohepriester, anwesend" (LG 21). Einzeln „besitzen [sie] zwar nicht den Vorzug der Unfehlbarkeit; wenn sie aber in Verbindung und Übereinstimmung mit dem Papst lehren, dann „verkündigen sie auf unfehlbare Weise die Lehre Christi" (LG 25). Die Priester dagegen machen in den Gemeinden „den Bischof […] gewissermaßen gegenwärtig" (LG 28). In der „Hierarchie eine Stufe tiefer stehen die Diakone" (LG 29). In Kapitel IV (LG 30–38) folgen dann Bemerkungen zur letzten Stufe der Laien. Auch durch sie erfüllt Christus sein prophetisches Amt (LG 35).

Führt man sich den Argumentationsgang von Kapitel II einerseits und Kapitel III und IV andererseits vor Augen, dann ist deutlich, dass sich daraus durchaus verschiedene Optionen ableiten lassen. Die Kirche kann mit Kapitel II als Licht der Welt und Salz der Erde (Mt 5,13f.) für alle Menschen verstanden werden, als eine Bewegung hin zu umfassender Gerechtigkeit und zu umfassendem Frieden, auch zwischen den Religionen; sie kann aber auch mit Kapitel III und IV als Hüterin der Wahrheit angesehen werden, deren Lehrgewalt sich vom Papst in Rom über die Bischöfe, Priester und Diakone bis zu den Laien erstreckt.

Gerade in den Tagen, da ich dies schreibe (im Frühsommer 2021), nimmt die Auseinandersetzung zwischen vielen Priestern in Deutschland und der römischen Zentrale über die Segnung homosexueller Paare an Intensität zu. Noch weiß man nicht, welches ekklesiologische Konzept – die Kirche als basisorientiertes Gottesvolk oder die Kirche als zentral gesteuerte Hierarchie – daraus gestärkt hervorgehen wird. In LG 40 kann man jedenfalls eine leichte Beeinflussung durch die reformatorische Theologie ausmachen; man vergleiche dazu nur die Bemerkung, die Anhänger Christi seien von Gott „nicht kraft ihrer Werke, sondern aufgrund seines gnädigen Ratschlusses berufen und in Jesus dem Herrn gerechtfertigt […] und so wirklich heilig geworden".

Die Kirchenkonstitution LG endet mit einem umfangreichen achten Kapitel über „Die selige jungfräuliche Gottesmutter Maria im Geheimnis Christi und der Kirche" (LG 52–69). Maria wird als „die bevorzugt geliebte Tochter des Vaters und Heiligtum des Heiligen Geistes" bezeichnet (LG 53). Sie wurde nicht nur passiv von Gott „benutzt", sondern sie hat „in freiem Glauben und Gehorsam zum Heil der Menschen mitgewirkt" (LG 57). Maria ist nach katholischem Verständnis nicht nur Schwester im Glauben (so das evangelische Verständnis), sondern sie ist selbst Gegenstand des Glaubens (so die beiden neuen Mariendogmen von 1854 und 1950). Maria wird in der Kirche „unter dem Titel der Fürsprecherin, der Helferin, des Beistandes und der Mittlerin angerufen" (LG 62). Dennoch, so wird differenzierend hinzugefügt, unterscheidet sich dieser Kult „wesentlich" von der Anbetung des dreieinigen Gottes (LG 66).

2.7 Zusammenfassend lässt sich die Kirche nach katholischem Verständnis wohl am besten als der *mystische Leib Christi* charakterisieren. Damit sind die Christusrepräsentation, Volkscharakter und Hierarchie, Sichtbarkeit und Unsichtbarkeit der wahren Kirche und vor allem ihr Charakter als Sakrament, als Realität der Heiligkeit Gottes in der Welt, gleichermaßen zum Ausdruck gebracht. Die sichtbare Kirche bildet den Leib Christi; dieser ist aber in der empirischen Realität zugleich auch verborgen. Das „subsistit" von LG 8 kann auch im Sinne der Zuordnung von verborgener und sichtbarer Kirche gedeutet werden (Thönissen 209). Das mystische Verständnis des Leibes Christi geht nicht zuletzt auf die Enzyklika „Mystici Corporis" von Pius XII. (Pontifikat 1939–1958) aus dem Jahr 1943 zurück (Thönissen 203). Im Leib Christi „strömt Christi Leben auf die Gläubigen über", wenn sie auf geheimnisvolle Weise sakramental mit Christus verbunden werden (LG 7).

2.8 In Abschnitt 2.2 wurde bereits auf die intensive innerkatholische Auseinandersetzung über das Kirchenverständnis der Konzilstexte hingewiesen. Die „communio-Ekklesiologie" von LG Kapitel II steht für eine reformorientierte Sichtweise, die oft in den Kontext der interreligiösen Erklärung „Nostra Aetate" und der gesellschaftspolitisch engagierten Pastoralkonstitution

„Gaudium et Spes" gerückt wird. Das klassische hierarchische Kirchenverständnis von LG III dagegen steht im Zusammenhang des 1. Vatikanischen Konzils und des Beharrungsvermögens der römischen Kurie. In Kapitel III von LG wird noch einmal deutlich, dass der päpstliche Lehrprimat „als notwendige Folge des Jurisdiktionsprimats" eingeordnet werden muss (Seewald 146). Die modernen (!) katholischen „Dogmen", also die erbsündenlose Empfängnis Marias (dogmatisiert 1854), der päpstliche Jurisdiktionsprimat und die Unfehlbarkeit (dogmatisiert 1870) sowie die leibliche Himmelfahrt Marias (dogmatisiert 1950) sind weder biblisch noch urchristlich. Bei diesen Dogmen handelt es sich nicht zuletzt um Zeugnisse der Abgrenzung gegen die moderne Welt und gegen den Protestantismus. So ist die Symbolisierung der kirchlichen Einheit durch den Bischof zu Rom „nicht zu den primären Elementen des Kirchenbegriffs zu zählen" und kann „schon gar nicht als sein eigentlicher Konstruktionspunkt gelten" (Ratzinger 2000, 327).

Anhand von einer kleinen Episode, die Joseph Ratzinger erzählt hat, lässt sich vielleicht am besten verstehen, was das katholische Kirchenverständnis praktisch bedeutet. Im Vorfeld der Dogmatisierung der leiblichen Aufnahme Mariens in den Himmel 1950 wurde auch die Münchner Theologische Fakultät, wo Ratzinger (geb. 1927) damals studierte, nach ihrer Einschätzung gefragt. Die Fakultät war klar gegen die Dogmatisierung, weil sich diese theologische Vorstellung der Himmelfahrt Mariens nicht vor dem 5. Jahrhundert nachweisen lässt. Entsprechend wandte sich der Münchner Dogmatiker Gottlieb Söhngen (1892–1971) bei einer ökumenischen Begegnung 1949 leidenschaftlich gegen die Dogmatisierung. Als er darauf von seinem evangelischen Kollegen Edmund Schlink (1903–1984) gefragt wurde, ob er die katholische Kirche also im Falle der

Dogmatisierung verlassen werde, habe Söhngen geantwortet: „Wenn das Dogma kommt, dann werde ich mich daran erinnern, dass die Kirche weiser ist als ich, und ihr mehr vertrauen als meiner eigenen Gelehrsamkeit." (Ratzinger 1998, 66)

Die kurze Szene lässt an den bekannten Ausspruch des von Ratzinger so geschätzten abendländischen Kirchenlehrers Augustin (354–430) denken: „Ich würde dem Evangelium nicht glauben, wenn mich nicht die Autorität der katholischen Kirche dazu bewegen würde" („Ego vero evangelio non crederem, nisi me catholicae Ecclesiae commoveret auctoritas"). Der Glaube der Kirche geht über die Einsicht des Individuums hinaus.

Die gegenwärtige universitäre katholische Theologie, besonders auch in Deutschland, vertritt in der Regel die Reform- und Öffnungsperspektive. Dort wird für die Struktur der Kirche wie für ihre Lehre das Prinzip „semper reformanda" (ständig zu reformieren) geltend gemacht (Rahner 160), während die Berufung auf eine stets gleichbleibende Tradition zu Recht als Erfindung des 19. Jahrhunderts charakterisiert wird (Wolf; Rahner 162f.). Unter Berufung auf LG 13 wird die katholische Kirche definiert „als Gemeinschaft, die die Vielfalt wertschätzt" (Rahner 171). Das vielzitierte „subsistit" in LG 8 (→ 2.4) wird so verstanden, dass Elemente des Heils auch außerhalb der katholischen Kirche angenommen werden können (Rahner 190; Thönissen 201). Die Kirche hat aus den demokratischen Aufbrüchen der Moderne zu lernen (Rahner 195).

3. Ökumene in katholischer Sicht nach „Unitatis Redintegratio" (UR)

3.1 Das 2. Vatikanische Konzil hat auch die Verbindung der römischen Kirche zu den evangelischen Kirchen explizit benannt. In dem „Dekret über den Ökumenismus" unter dem Titel „Unitatis Redintegratio" (Rückkehr zur Einheit) von 1964 hat sie die reformatorischen (als „Kirchliche Gemeinschaften" titulierten) Kirchen ausdrücklich anerkannt. Ausgehend von Jesu Bitte im Hohepriesterlichen Gebet (Joh 17,21), „dass alle eins seien" (UR 2), hält das Dekret fest: „Denn wer an Christus glaubt und in der rechten Weise die Taufe empfangen hat, steht dadurch in einer gewissen, wenn auch nicht vollkommenen Gemeinschaft mit der katholischen Kirche (communio cum Ecclesia catholica, etsi non perfecta)." (UR 3; ähnlich LG 15) Man kann geradezu von einem „Modell der gestuften Zugehörigkeit zur einen Kirche Jesu Christi" sprechen (THÖNISSEN 210). In dem Dekret wird auch die Kirchenspaltung (UR 13) nicht allein den Evangelischen angelastet: „In Demut bitten wir also Gott und die getrennten Brüder um Verzeihung" (UR 7). Schließlich wird den Evangelischen – ein wenig karikierend – eine „fast kultische Verehrung der Heiligen Schrift" attestiert (UR 21).

Das Ökumenismusdekret von 1964 lässt das Konzept einer Gemeinschaft verschiedener Kirchen möglich erscheinen und markiert darum einen Riesenschritt aufeinander zu. Es hat allerdings mehr Hoffnungen auf praktische Folgen des ausgedrückten Gemeinschaftswillens geweckt als bisher erfüllt werden konnten. Auch das gemeinsame „Christusjahr" 2017 hat in der Frage des gemeinsamen Abendmahls ebenso wenig praktische Fortschritte gebracht wie die Erklärung des „Ökumenischen Arbeitskreises evangelischer und katholischer

Theologen" von 2020 über ein gemeinsames Abendmahl (Leppin / Sattler).

3.2 Das ist deswegen umso bedauerlicher, da es auf der Ebene der Gemeinden und Pfarrämter ein vielfältiges Miteinander gibt. Neben gut eingespielten ökumenischen Gottesdiensten zu besonderen Anlässen am Ort (selbstverständlich immer ohne Abendmahl und niemals am Sonntagvormittag) gibt es auch zahlreiche evangelisch-katholische Arbeits- und Freundeskreise. In diesen wird die bisher unüberwindlich scheinende Gemeinschaft beim Abendmahl besonders schmerzlich empfunden.

Erst recht in der theologischen Wissenschaft ist die Zusammenarbeit zwischen katholischen und evangelischen Forschern sehr eng und vertrauensvoll. So hat z. B. die „Arbeitsgemeinschaft für Homiletik" (AGH; Homiletik = Predigtlehre) seit Jahrzehnten einen gemischtkonfessionellen Vorstand. In den Bibelwissenschaften (Exegese) verlaufen die Linien konkurrierender Ansichten meistens unabhängig von evangelisch-katholischen Grenzziehungen.

3.3 Aus ökumenisch engagierter evangelischer Sicht hilft es nur, die katholische Kirche bei dem Wort zu nehmen, das sie mit „Unitatis Redintegratio" ausgesprochen hat. Die offene Ökumene, die durch die Taufe nicht nur theologisch, sondern auch sakramental gegeben ist, weist hier ebenso den Weg wie die zentrale Kategorie der Kirche als „communio", die über die Struktur der Amtskirche hinausgeht. Wie nahe dieser Begriff von „communio" beim evangelischen Verständnis der Kirche als „creatura verbi" und als geschehende Kommunikation des Wortes von Christus (→ §4) ist, liegt auf der Hand. Die theologischen und sakramentalen Kategorien der „communio" und der Kommunikation werden hoffentlich eines nicht mehr fernen Tages auch den Weg zu einer gemeinsamen Kommunion beim Abendmahl eröffnen.

Zusammenfassung

In der katholischen Lehre von der Kirche (Ekklesiologie), die hier anhand der Kirchenkonstitution „Lumen Gentium" des 2. Vatikanischen Konzils rekonstruiert wurde, gibt es zwei miteinander konkurrierende Grundsätze. Einerseits wird die katholische Kirche als das Volk Gottes verstanden, zu dem neben den Katholiken in zweiter Linie auch alle Getauften und Gott Suchenden gezählt werden können. Im Mittelpunkt des Interesses stehen dann alle Menschen und ein umfassender Friede. Andererseits wird die Kirche als die klar gegliederte Hierarchie verstanden, die vom Papst über die Bischöfe und Priester bis hinunter zu den Gläubigen reicht. Die Kirche ist nach diesem Verständnis weniger Geschehen und Ereignis des Gotteswortes, sondern eine sakramentale Realität, deren dogmatisierte Wahrheit (etwa in den Mariendogmen von 1854 und 1950) über die Einsicht des Individuums hinausgeht. Das sakramentale Verständnis von Kirche und Priesteramt macht bis heute eine evangelisch-katholisches Abendmahl unmöglich, obwohl in den Gemeinden eine große Sehnsucht danach vorhanden ist.

III. Situationen und Sachen

§ 8 Sonntags um zehn: Der Gottesdienst als Darstellung der Kirche

1. Der „performative Kirchturm"

Das Wort „Kirche" hat im Alltagssprachgebrauch in der Regel drei Bedeutungen: *Erstens* meint man damit die Organisation, für die man als Mitglied Steuern zahlt, *zweitens* die Institution, die immer schon da ist und etwa in einer aktuellen gesellschaftlichen Frage Position bezieht (→ § 2) und *drittens* das Kirchengebäude, die „Kirche im Dorf" (→ § 13). Darüber hinaus wird aber auch sehr häufig gesagt, dass am Sonntag „Kirche ist". Nach dieser Formulierung ist Kirche ein Geschehen; Kirche „ist", wenn Gottesdienst gefeiert wird, und das trifft zumeist – wenn auch längst nicht mehr ausschließlich – am Sonntagvormittag zu. Der Gottesdienst steht für die Tatsache, dass die Kirche vor allem Geschehen, Interaktion und Kommunikation ist (→ § 4).

Der Gottesdienst ist die regelmäßige Veranstaltung der Kirche, die immer stattfindet (wenn man einmal von den pandemiebedingten Ausnahmen 2020/2021 absieht). Wie der Kirchturm in Dorf und Stadt nicht wegzudenken ist, so ist der Gottesdienst mit der Kirche am Ort zu identifizieren: Er ist eine Art von „performativem Kirchturm", das entscheidende Kennzeichen der Kirche am Ort. Man weiß in der Regel, wo sich der Kirchturm befindet, aber man weiß auch: Kirche „ist" sonntags um zehn.

Der Zusammenhang von Kirche und Gottesdienst ist selbstverständlich und wurde in den bisherigen Paragraphen dieses Buches immer schon vorausgesetzt.

Jetzt geht es darum, über diesen prinzipiellen Zusammenhang hinaus den Gottesdienst selbst genauer in den Blick zu nehmen. Für umfassende historische Informationen und Herleitungen ist dabei kein Platz; dafür muss auf die zu diesem Paragraphen angegebene Literatur verwiesen werden. Es geht im Folgenden um die einzelnen Elemente der Liturgie und deren Zusammenspiel (Liturgie von griech. „laitos urgia", „Volkes Dienst", Dienst für die Gemeinschaft, vgl. Lk 1,23). Der Schwerpunkt der folgenden Darstellung liegt auf der theologischen Interpretation des evangelischen Gottesdienstes, wie er gegenwärtig nach der aktuellen Ordnung in der Agende (Evangelisches Gottesdienstbuch) gefeiert wird. Die „Agende" (lat.: „was zu tun ist") ist das gottesdienstliche Buch der Kirche, in dem sich die Ordnungen und Texte für den Gottesdienst finden (Meyer-Blanck 2013, VII–XI; Meyer-Blanck 2020, 396–407). Dabei folge ich der reicheren lutherischen bzw. unierten Form, die aus der Messe entstanden ist und die im Evangelischen Gottesdienstbuch als die „Grundform I" bezeichnet wird (Details zur „Grundform II" bzw. zur reformierten Tradition vgl. Meyer-Blanck 2020, 404–407).

2. Der evangelische Gottesdienst als Gestalt der sichtbaren Kirche

2.1 Für die evangelische Kirchentheorie (Ekklesiologie) bleibt der Grundsatz wesentlich, dass zwischen der realen, empirisch gegebenen Kirche und der Kirche des Glaubens unterschieden werden muss. Nicht alles in der tatsächlichen Kirche ist so, wie es der Kirche als „Leib Christi" (1 Kor 12,27) entspricht. Es gibt auch in der Kirche Unglaube, Unglaubwürdigkeit und allzu menschliches Gebaren, das man theologisch als „Sünde", als

Entfernung von Gott und das entsprechende gottlose Verhalten bezeichnen muss. Das ist selbstverständlich, weil die Kirche zwar die Gemeinschaft der gerechtfertigten Sünder ist, aber keine Gruppe von gerechteren Menschen. Andererseits gibt es die „Gemeinschaft der Heiligen“ (so das Apostolische Glaubensbekenntnis und Paulus in seinen Briefeingängen, z.B. 1 Kor 1,2) nicht anders als in dieser real vorhandenen sichtbaren Gestalt (→ § 1). Die Heiligkeit der Kirche gibt es nur als die Heiligkeit, die von Gott auf die Kirche zukommt und heilig *macht*. Heiligkeit ist kein Kennzeichen, das empirisch bewiesen werden könnte. Heiligkeit gibt es nur im Glauben. Andererseits *gibt es* sie im Glauben aber auch. Es handelt sich um kein frommes Hirngespinst. So wahr wie geglaubt wird, dass Jesus Christus selbst da ist, wenn sich „zwei oder drei“ in seinem Namen versammeln (Mt 18,20), so wahr hat die Kirche trotz aller ihrer tatsächlichen Schwäche Anteil an der Heiligkeit Gottes, die in seinem Geist in ihr lebendig ist (Apg 2,17f.; Joh 20,21–23). Die wahre Kirche ist nur für den Glauben sichtbar; aber für diesen Glauben spielt das Sichtbare (Glaube, Zuwendung, Trost, Hilfe) eine entscheidende Rolle. Das Sichtbare ist noch nicht alles, aber ohne dieses ist alles nichts.

2.2 In diesem Sinne ist der Gottesdienst die Gestalt der sichtbaren, der wahrnehmbaren Kirche. In der Liturgie wird mitgeteilt und dargestellt, was für die versammelten Gläubigen lebenswichtig ist und was Gemeinschaft der Glaubenden eigentlich bedeutet. Im Gottesdienst erscheint die Kirche nicht primär als Institution und Organisation, sondern als Inszenierung bzw. als der „Haufen christgläubiger Leute“, wie Luther es in einer Weihnachtspredigt formulierte (→ § 2.4.1). Was in der Kirchentheorie bisweilen abstrakt klingt, wird in der gefeierten Liturgie konkret und auch für uninformierte

Besucher (1 Kor 14,24 f.) deutlich. Der Gottesdienst gibt Antwort auf die Fragen nach dem wer?, was?, warum?, wozu? und wie? in der Kirche.

2.3 *Wer* gehört zur Kirche, wer ist dort anzutreffen? Die sonntägliche Gottesdienstgemeinde, so wird man sofort feststellen, gibt manchen Ortes nur einen sehr unvollkommenen Eindruck davon, wer der Kirche angehört. Viele sind Kirchenmitglieder, ohne den Gottesdienst zu besuchen; sie bleiben in der Kirche vor allem wegen deren sozialen Engagements oder aufgrund von familiärer Tradition bzw. Gewohnheit. In den letzten Jahrzehnten ist immer deutlicher geworden, dass das Zugehörigkeitsgefühl zur Kirche nicht mit dem sonntäglichen Gottesdienstbesuch identifiziert werden kann.

Und doch kann man auch feststellen: Wer nie irgendeinen Gottesdienst besucht, ist in der Regel auch der Kirche sehr wenig verbunden und auch wenig bereit, sich zeitlich oder finanziell besonders zu engagieren. Man muss also die jahreszeitlichen (vor allen anderen: Heiligabend) und die lebensgeschichtlichen (Taufe, Konfirmation, Trauung, Bestattung) Gottesdienste zusammen betrachten, um ein realistisches Bild davon zu gewinnen, wer zur Kirche gehört. Dann aber gibt die Summe aller Gottesdienste ein zuverlässiges Bild davon, wer an einem Ort kirchlich engagiert ist bzw. wer sich für eine (begrenzte) Mitarbeit gewinnen lässt.

Darüber hinaus ist der sonntägliche Gottesdienst ein Indikator dafür, wie viele und welche Menschen in einer Kirchengemeinde bereit sind, mitzuarbeiten. Ein lebendiger, gut besuchter (sonntäglicher) Gottesdienst mit hoher sozialer und altersbezogener Diversität deutet fast immer auch auf ein vielfältiges Gemeindeleben hin. Das Gesicht der Kirchengemeinde in der Woche und die Kirche „sonntags um zehn“ haben vielfache Ähnlichkeiten und Berührungspunkte.

2.4 *Was* gilt in dieser Kirche, in dieser Kirchengemeinde? Woran glauben die Menschen, die hier zusammenkommen? Auf diese Frage gibt der Gottesdienst in vorzüglicher Weise Auskunft. Man kann ihn als Mitteilung und Darstellung des Glaubens definieren. Das gilt sowohl für den Glauben der Kirche insgesamt als auch für den aktuellen Glauben dieser Gemeinde. In den liturgischen Anteilen kommt der Glaube der gesamten Gemeinde zum Ausdruck, während die Predigt den Glauben eines exemplarischen Individuums im Gespräch mit der Gemeinde erkennen lässt. Das individuelle und das gemeinschaftliche Element spielen zusammen und durchdringen einander.

Von Bedeutung für die ganze Kirche sind besonders die biblischen *Lesungen* und das *Glaubensbekenntnis.* Häufig wird das Bekenntnis eingeleitet mit Formeln wie „Wir wollen mit den Worten der Väter und Mütter unseren Glauben bekennen“ oder „Lasst uns mit der ganzen Christenheit auf Erden unseren Glauben bekennen“. Der persönliche Glaube bildet sich am Glauben der ganzen Kirche – nicht nur an demjenigen der evangelischen Kirche, denn das Apostolische Glaubensbekenntnis und das ausführlichere Bekenntnis von Nicäa-Konstantinopel, das an Festtagen verwendet wird, gehen auf die Alte Kirche zurück. Die Ordnungen für die Lesungen und Predigttexte (Abschnitte, „Perikopen“, von griech. „peri-koptein“, ringsherum ausschneiden) sind in den Kirchen der Ökumene sehr unterschiedlich. In der EKD wurde im Kirchenjahr 2018/2019 eine neue Leseordnung eingeführt (PERIKOPENBUCH). Jeweils eine Lesung soll aus dem Alten Testament, aus den neutestamentlichen Briefen sowie aus den Evangelien sein, um in jedem Gottesdienst möglichst die Vielfalt und die Fülle der biblischen Tradition laut werden zu lassen. In den Lesungen wird so die Kirche mit ihrem vierfachen „allein“ (allein die Schrift, Christus allein,

allein durch den Glauben, allein durch die Gnade), besonders mit dem Prinzip „allein die Schrift“ (*sola scriptura*), lebendig (→ §3.3.2; → §4.5.2). Ähnliches kann man auch von den Liedern sagen: Die Kirche ist nicht zuletzt bestimmt durch das, was die versammelte Gemeinde singt (→ §15.1).

Die für jeden Gottesdienst zu formulierenden bzw. auszusuchenden *Gebete* bringen die Anliegen der Gemeinde am Ort, aber auch diejenigen der Gesamtkirche vor Gott und machen sie den Anwesenden bewusst. Analoges gilt für die Abkündigungen, die zu Unrecht „herumgeschubst und ungeliebt“ sind (Christian Eyselein in BUBMANN / DEEG, 239). Sie haben einen besonderen geistlichen Gehalt, insofern es sich nicht nur um Informationen handelt, sondern um die Vorbereitung und Kommentierung der Gebete. Das trifft insbesondere auf die namentliche Nennung der Getauften, Aufgebotenen und Bestatteten zu. Die Kirche besteht aus individuellen Menschen mit ihren Schicksalen.

2.5 Im Gottesdienst wird auch sichtbar, *woher* alles das kommt, was heute in der Kirche von Bedeutung ist. Das Christentum ist eine Religion, die sich auf ein historisches Ereignis bezieht, auf das Leben und Sterben Jesu und auf den Glauben an ihn als den Auferstandenen. Das eben erläuterte *Was* wird immer zugleich in seinem *Warum*, in der geschichtlichen Genese verständlich. Es werden Geschichten erzählt und Traditionen lebendig gemacht. Das wird besonders an den „Festlegenden“ wie an der Weihnachtsgeschichte (Lk 2,1–14) und den Ostergeschichten (Mk 16,1–8; Lk 24,13–35), aber auch an den Evangelien der Sonntage zur Taufe (6. nach Trinitatis) und zum Abendmahl (7. nach Trinitatis) und vielen anderen deutlich. Die Geschichten werden als historische Ereignisse und als produktive Fiktionen zugleich erzählt. Sie sind historische Ursprungsberichte und offene Erzählungen, in denen Platz für die Identifikationen der heute Glaubenden ist. Wären die Geschichten nur Fiktionen, wären sie keine verlässlichen Hinweise auf das, was der Mensch Jesus selbst bedeutet und könnten keine heutige Geltung beanspruchen; enthielten die Evangelien nur historische Nachrichten, dann fehlte in ihnen das Feuer des Glaubens, das auch heute nötig ist, um von ihnen zu leben. Nun aber handelt es sich um Mitteilungen, die sowohl Anteil an der Historie als auch am glaubenden Erzählen geben und so zum Hören, Auslegen und Predigen drängen.

Jeder Gottesdienst hat so eine „Festlegende", mit dem der Sonntag als Auferstehungstag gefeiert werden kann. Darum lautet eine gute Regel, dass in jedem Gottesdienst ein Evangelientext gelesen werden soll. Dabei ist die Vorstellung leitend, dass Jesus selbst mit seiner Gemeinde spricht; darum wird der Herr Jesus auch vor der Evangelienlesung mit dem feierlichen „Halleluja" begrüßt.

2.6 Im Gottesdienst wird auch öffentlich dargestellt, *wofür* die Kirche steht, wofür sie sich engagiert. Man unterteilt den Gottesdienst in die feststehenden Stücke (das „Ordinarium") und in die an jedem Sonntag wechselnden Stücke („Proprium"). Zum Ordinarium gehören z. B. das „Ehr sei dem Vater und dem Sohn" („Gloria Patri") nach dem Eingangspsalm und das Glaubensbekenntnis; zum Proprium gehören Lesungen, Lieder, Predigt und Fürbitten. Im Proprium kommt das Aktuelle des Evangeliums zum Tragen. Es wird deutlich, wen die Kirche besonders der Güte Gottes empfiehlt und wofür sie sich einsetzt (etwa für kranke Menschen in der Gemeinde und für Geflüchtete). In der christlichen Fürbitte kommt zum Ausdruck, dass die Kirche immer Kirche für andere ist, für andere in den eigenen Reihen und außerhalb.

An erster Stelle, um das kirchliche „Wofür" zu markieren, muss jedoch die Predigt genannt werden. Die meisten Evangelischen erwarten im Gottesdienst neben einer ermutigenden Atmosphäre vor allem eine gute Predigt. Auf sie kann deswegen in der Regel nicht verzichtet werden. Selbstverständlich muss die Predigt einen demokratischen Stil pflegen, so dass man sich nach dem Hören mit gutem Gewissen auch anders verhalten kann, als die predigende Person das für richtig hält. Die evangelische Predigt als Zeitansage ist konkret und klar, aber nicht autoritär. Sie gibt an, wofür die Kirche stehen kann, wenn man im aktuellen Kontext auf die Bibel zu hören versucht. Die Predigt soll in erster Linie den auferstandenen Christus nahebringen und seine Zuwendung zu den Schwachen (Jes 42,3; Mt 12,20) in den Mittelpunkt stellen. Aber auch wenn die Predigt deutlich für politische Optionen eintritt (etwa für die Aufnahme weiterer Flüchtlinge oder für autofreie Innenstädte), wird das von der Gemeinde in der Regel dann positiv aufgenommen, wenn es in einem abwägenden Gestus vorgebracht wird.

2.7 Der Gottesdienst ist eine kunstvolle Aufführung, in der zutage tritt, *wie* sich die Kirche öffentlich darstellt. Liturgie und Predigt sind trotz des soeben Gesagten nicht in erster Linie Information, Diskussion und bibeltheologische Belehrung – sie sind vor allem Feier, Unterbrechung des Alltags, ein Genuss wohltuender Worte, Zeichen und Klänge. Wie die anderen schönen Künste hat auch der Gottesdienst keinen Zweck und Nutzen außer einem: Er zeigt auf, dass Menschen nicht Mittel zu einem Zweck sind, sondern Selbstzweck. Wie die bildende Kunst und die Musik ist der Gottesdienst nicht nützlich, sondern übernützlich. Der Mensch lebt unverdient aus der Liebe und muss sein Daseinsrecht nicht erst unter Beweis stellen.

Seit der Reformation ist es vor allem der evangelische Choral, das Kirchenlied, das für diese Einsicht steht. Der Glaube wird gemeinsam ausgedrückt. Nicht so sehr am Handeln der Pfarrerin oder des Pfarrers, sondern am Gemeindegesang ist abzulesen, ob die Liturgie heute „funktioniert" und ob die Gemeinde „mitgeht", ob die Gemeinde den Gottesdienst „trägt" oder ob der Pfarrer ihn „hält". Für kirchlich enger verbundene Menschen ist das Gesangbuch das Verbindungsglied zwischen liturgischer und privater Frömmigkeit. Enthält die Bibel vielfach nachdenkende Theologie (z. B. in den neutestamentlichen Briefen), so bietet das Gesangbuch unmittelbare Religion, deren Wirkung zudem durch die Erinnerung an das eigene Mitsingen gesteigert wird. Die evangelische Kirche lebt nicht zuletzt von ihrem Gesang und das Gesangbuch ist bis heute nicht nur ein gottesdienstliches Buch, sondern das religiöse Volksbuch schlechthin.

2.8 Insgesamt wird im Gottesdienst der Kirche ihr *wer, was, woher, wofür und wie* öffentlich dargestellt. Dabei kann man feststellen, dass die Darstellung einer Gemeinschaft und diese selbst mehr oder weniger identisch sind. Das ist nicht nur bei der Kirche so. Wer zu einem großen Geburtstagsfest eingeladen wird, gehört zur Familie und wer an einem Vereinsfest teilnimmt, der rechnet sich selbst dazu. Das trifft selbstverständlich nur annäherungsweise zu, aber eine klare Tendenz ist damit markiert. In der Liturgie wird die Gestalt der Kirche am Ort sichtbar.

3. Der Gottesdienst als Wort Christi und die unsichtbare Kirche des Glaubens

3.1 Die Kirche lebt nicht nur – wie im letzten Abschnitt detailliert ausgeführt – von dem, was in ihr und durch sie sichtbar ist. Das für die Kirche Eigentümliche ist unsichtbar bzw. nur dem Glauben zugänglich. Das eigentlich Wichtige ist also gar nicht die Darstellung des kirchlichen *wer, was, woher, wofür und wie;* es kommt vielmehr darauf an, dass durch alles, was in der Kirche sichtbar wird, der auferstandene Jesus Christus gehört werden kann. Mit den kirchlichen Worten, Zeichen und Klängen soll das Unsichtbare geglaubt werden können – Christus, der Lebendige (Joh 20,29), der von den in seinem Namen Versammelten als unter ihnen erfahren wird (Mt 18,20). Die liturgisch gesetzten Zeichen sollen für die Wirksamkeit des gegenwärtigen Christus transparent werden. Das Sichtbare der Kirche behält gerade dadurch seine Würde, dass es einen anderen Stellenwert bekommt. Die Kirche will nicht nur gesehen, sie soll auch geglaubt werden und das zu glaubende Unglaubliche ist, dass der Herr selbst mit seiner Kirche redet.

3.2 In der evangelischen Theologie hat sich für die Beschreibung des Gottesdienstes ein Satz Martin Luthers eingebürgert, den dieser bei seiner Einweihungspredigt in der Torgauer Schlosskirche 1544 formulierte und der seit dem 19. Jahrhundert als die „Torgauer Formel" bezeichnet wird (Meyer-Blanck 2020, 6). Die neue Kirche solle so genutzt werden, „dass nichts anderes darin geschehe, als dass unser lieber Herr selbst mit uns rede durch sein heiliges Wort und wir wiederum mit ihm reden durch Gebet und Lobgesang" (Weimarer Ausgabe [WA] Bd. 49,588). Dieser Satz ist nun keineswegs so zu verstehen, als seien die biblischen Texte (Lesungen) und die Predigt die Worte Christi, die Lieder und Gebete dagegen die Antwort der Gemeinde. Das Gleichnis von „reden“ und „antworten“ bezieht sich nicht auf bestimmte Teile des Gottesdienstes, sondern auf seine Interpretation insgesamt. In allen Stücken des Gottesdienstes kann Jesus Christus vernommen werden und in allem reagieren („antworten“) die Gläubigen darauf. „Wort“ und „Antwort“ stehen demnach für das Eigentliche, das dem Glauben Zugängliche, aber der Beobachtung Verborgene: Christus selbst redet und lässt sich hören.

Bei empirischer Betrachtung werden wiederkehrende Formeln zitiert, Lieder angestimmt, Texte vorgelesen und Gedanken dazu von einer predigenden Person vorgetragen; aber „allein durch den Glauben“ wird dabei das Wort Christi gehört (Röm 10,17), so dass es zu Vergebung und Erneuerung kommt und verlorene Menschen glücklich werden (Lk 19,10). Die Kirche der Glaubenden, der gerechtfertigten Sünder und geheiligten Menschen wird Wirklichkeit, auch wenn sie immer wieder unsichtbar bleibt. Das ist gemeint mit dem schönen dogmatischen Satz, dass die Kirche ein „Geschöpf des Wortes“ („creatura verbi“) ist (→ §4.2.5).

3.3 In der klassischen Dogmatik des 16. und 17. Jahrhunderts wird das Wirken Jesu Christi in seiner dreifachen Gestalt beschrieben: Christus handelt in der Kirche und in der Welt als Prophet, als Priester und als König: Er lehrt, er versöhnt (bzw. heilt) und er regiert. Man spricht vom prophetischen Amt (munus propheticum), vom priesterlichen Amt (munus sacerdotale) und vom königlichen Amt (munus regium; Luthardt 274–311).

Diese Dreiteilung kann zwar als künstlich systematisierend empfunden werden, aber sie bietet wie alle Aufzählungen den Vorteil, Einseitigkeiten zu vermeiden und Entdeckungen zu ermöglichen. Die Aussagen des Neuen Testaments umfassen nämlich mehr Kennzeichen des Wirkens Jesu Christi als die nach evangelischem Verständnis in der Regel am nächsten liegende „Rechtfertigung“, welche zum priesterlichen, versöhnenden „Amt“ Christi gehört. Gerade die Weisungen zum erfüllten und gerechten Leben, wie sie sich in der Bergpredigt (Mt 5–7) und in den Gleichnissen (z. B. Lk 12,16–21) finden, also die prophetischen Aspekte der Worte Jesu, erfreuen sich in der spätmodernen Gesellschaft großer Resonanz. Aber auch der Glaube an die königliche Dimension des Handelns Jesu ist von großer Kraft angesichts einer Welt, in der die Stärkeren und Mächtigeren immer schamloser zu herrschen scheinen (vgl. das Gleichnis vom Weltgericht, Mt 25,31–46).

Ähnlich wie sich das Interpretationsmodell von „Wort und Antwort“ auf das Ganze des Gottesdienstes bezieht (s. o. 3.2), lässt sich das auch für das dreifache Amt feststellen. Das ist im Hinblick auf die Lesungen aus den Evangelien sofort klar: In ihnen begegnet Jesus nicht nur (*„priesterlich“*) als der rechtfertigende und versöhnende Herr, sondern auch als *prophetischer* Lehrer, der den Weg zum Leben zeigt und als der *König*, dem alle Gewalt im Himmel und auf Erden gegeben ist (Mt 28,18–20). Auch für die Predigt wird man Ähnliches sagen können. In einer guten Predigt wird nicht nur *über* die Versöhnung geredet – Rechtfertigung und Versöhnung können vielmehr durch sie zur realen Erfahrung werden, wenn es zum Glauben an Jesus, den Versöhner kommt. Ebenso ist auf dem Wege der Predigt Jesus als der prophetische Lehrer zu hören und seine königliche Herrschaft kann zur Gewissheit werden. Auf jeden Fall lassen sich verschiedene Aspekte und Schwerpunkte der liturgischen Christusbegegnung feststellen, so dass die eigenen Entdeckungen davon angeregt werden.

3.4 Das *priesterliche* Handeln („Amt“) Jesu, die Realität der eigenen Rechtfertigung und Vergebung, wird man besonders mit den Sakramenten verbinden. Nach Martin Luthers „Kleinem Katechismus" von 1529 wirkt die Taufe „Vergebung der Sünden, erlöst vom Tode und Teufel und gibt die ewige Seligkeit allen, die es glauben". Das bedeutet in heutiger Begrifflichkeit: Die Taufe ist das wirksame Zeichen dafür, dass keine Macht in diesem und im kommenden Leben von dem Herrn Jesus trennen oder stärker als er sein kann. Ähnlich ist das Abendmahl zu verstehen: Das Mahl sagt das priesterliche Wirken Jesu aktuell und persönlich zu, wenn das Spendewort geglaubt wird „Christi Leib für dich gegeben – Christi Blut für dich vergossen."

3.5 Das *prophetische* Handeln („Amt") Jesu, seine Wegweisungen für ein erfülltes und soziales Leben, wird vor allem in seinen Worten und Taten, also in den neutestamentlichen Lesungen erfahren werden können. Auch ohne große theologische Denkfiguren wird die Kirche gerade daran gemessen, ob sie selbst aus den Weisungen Jesu lebt oder ob sie diese durch allzu schlaue Relativierungen zu neutralisieren weiß. Relativierungsstrategien lauten etwa: Die Bergpredigt (Mt 5–7) mit ihren radikalen Forderungen ist nur etwas für sehr wenige Menschen; oder: Sie zeigt lediglich auf, woran wir alle immer wieder scheitern müssen; oder: Jesus erhob seine Forderungen angesichts des nahen Weltendes, ohne an normale Zeiten wie die unsrigen zu denken. Um bei diesem Beispiel zu bleiben: Mit der Geltung der Bergpredigt muss sich die Kirche eingehend beschäftigen, denn nach der neuen Textordnung von 2018 sind immerhin für 15 Sonn- und Feiertage im Kirchenjahr Texte aus der Bergpredigt vorgesehen.

3.6 Das *königliche* Handeln („Amt") Jesu klingt besonders in den lobenden und preisenden Stücken der Liturgie an, im Gloria Patri nach dem Psalm (s. o. 2.6), im „Kyrie" („Herr, erbarme dich"), im Gloria nach dem Kyrie („Allein Gott in der Höh' sei Ehr'") und im 2. Artikel des Glaubensbekenntnisses („er sitzt zur Rechten Gottes, des allmächtigen Vaters; von dort wird er kommen zu richten die Lebenden und die Toten"). Jesus Christus wird in der Einheit mit Gott dem Vater als Herrscher erkannt, anerkannt und angebetet (Joh 14,5–11; Joh 17,23).

3.7 Die Liturgie wurde gewiss nicht geschaffen, um das dreifache Amt Christi abzubilden – sie entstand vielmehr aus dem Weitersagen der Worte Jesu und aus der Feier der von ihm begründeten Zeichenhandlungen Taufe und Abendmahl unter Einfügung von wiederkehrenden („Ordinarium") und wechselnden („Proprium") Gebeten und Gesängen. Dabei beruhte manches auf historischen Zufällen; doch schon im 2. Jahrhundert bildete sich die Zweipoligkeit von Wort- und Mahlfeier heraus (Meyer-Blanck 2009, 92–102). Damit entspricht der Gottesdienst dem, was Jesus an Worten und Zeichen hinterlassen hat, und da die dogmatische Denkfigur vom dreifachen Amt Christi ebenfalls eine Entsprechung zum Leben Jesu darstellen soll, ist es durchaus berechtigt, auch die Liturgie mit Hilfe dieses Instruments zu umschreiben.

4. Der Gottesdienst als Begegnung der Kirche mit dem dreieinigen Gott

4.1 Der Gottesdienst kann als Darstellung der sichtbaren Kirche (s. o. 2.) und als Realität der Kirche des Glaubens, als Christusbegegnung (s. o. 3.) beschrieben werden. Doch ein vollständiges Bild ergibt sich erst dann, wenn der Gottesdienst auch als das Zusammenwirken von Vater, Sohn und Geist, also *trinitarisch* beschrieben wird, wie das für den christlichen Glauben, für das christliche Beten und damit auch für die Liturgie charakteristisch ist. Dabei ist die Trinität keineswegs eine fromme Spekulation, sondern die Sprache, mit der der Glaube seine Beziehung zur eigenen Zeiterfahrung auf den Begriff zu bringen sucht. Das wird vor allem am Gebet deutlich, das die Grunderfahrung jedes glaubenden Menschen darstellt und darum auch den Kern des Gottesdienstes ausmacht.

4.2 Christenmenschen beten nicht zu einem unbekannten, namenlosen Gott (Apg 17,23), sondern zu dem *Gott Israels, dem Vater Jesu Christi*: Das ist durch das Vaterunser (Mt 6,9–13) sofort einsichtig. Jesus nannte den Einen Gott Israels seinen Vater und gebot den Seinen, Gott ebenfalls so anzurufen (Mt 6,9). Mehr ist nicht nötig. Es müssen keine großen Worte gemacht werden (Mt 6,7).

Nach dem Kreuzestod und den Erscheinungen des Auferstandenen aber war *Jesus selbst* als derjenige anzusprechen, dem „alle Gewalt im Himmel und auf Erden" gegeben ist (Mt 28,18). Deswegen begann man in der frühen Kirche, den Vater „im Namen des Sohnes" um etwas zu bitten (Joh 16,23; vgl. Joh 14,14) – wusste man doch, dass Vater und Sohn für den Glauben nicht getrennt werden können, weil sie eins sind (Joh 17,10.21).

Die Gebetserfahrung, mit dem Vater reden zu können „durch den Sohn" (bzw. „im Namen des Sohnes"), veränderte sich noch einmal, als deutlich wurde, dass Jesus längerfristig abwesend sein würde, dass er sich aber gleichwohl als höchst wirksam in seiner Kirche erwies. Dieser Glaube wird im Neuen Testament mit der Pfingstgeschichte (Apg 2) und speziell mit der Geisterfahrung (Apg 2,4.17 f.) zum Ausdruck gebracht. Der *Heilige Geist* ist die Art und Weise, in der das Wirken des

Sohnes in der Einheit mit dem Vater als real und als gegenwärtig erfahren wird. Die Geschichten vom Gott Israels und von Jesus sind danach nicht nur historisch. Diese erzählen vielmehr vom gegenwärtigen Dasein und Handeln des Vaters und des Sohnes. Der Geist ist der Vater und der Sohn in Aktion. Johannes stellt sich das so vor, dass der Heilige Geist (als der „Tröster", Joh 14,16) an das erinnern soll, was Jesus selbst gesagt hat (Joh 14,26). Der Genfer Reformator Johannes Calvin (1509–1564) nennt den Heiligen Geist darum den Modus, durch den wir an der Gnade Christi Anteil gewinnen.

Die frühkirchliche Erfahrung des Heiligen Geistes modifizierte noch einmal das Grundbild vom christlichen Beten. Wenn die Anrufung des Vaters „durch den Sohn" nicht lediglich historisch, sondern lebensbezogen sein sollte, musste der gegenwärtige Sohn, mithin der Sohn „im Geist" angerufen werden. Damit bildete sich als das Grundmuster das „trinitarische" Beten heraus: *Gott der Vater wird angerufen durch den Sohn im Heiligen Geist.* Das „Gloria Patri" („Ehr' sei dem Vater und dem Sohn und dem Heiligen Geist") nach dem Eingangspsalm (bzw. nach dem Eingangslied) ist damit das Vorzeichen vor der Klammer des gesamten Gottesdienstes und speziell vor den dann folgenden Gebeten.

4.3 Noch einmal: Die kirchliche Theorie von der Dreifaltigkeit Gottes, die „Trinitätslehre", ist der Versuch, die Zeiterfahrung des Glaubens auf den Begriff zu bringen. Diese Lehre ist deswegen unverzichtbar, weil sich die Geschichte von Jesu Leben, Sterben und Auferstehen nicht im Himmel, sondern unter den Bedingungen der menschlichen Chronologie abgespielt hat. Der Glaube, es *in* der Zeit mit einer Geschichte zu tun zu haben, die *überzeitliche* Geltung beanspruchen kann, führte zur Rede von Jesus als dem Sohn Gottes. Die neutestamentlichen Bezeichnungen Jesu (als „Sohn“, „Menschensohn“, „Herr“, griech. „Kyrios“) geben der Überzeugung Ausdruck, dass man es in dieser Lebensgeschichte nicht nur mit etwas Göttlichem zu tun bekommt, sondern mit Gott selbst. Weil nun das Wirken von Vater und Sohn als gegenwärtig (und nicht nur als historisch) geglaubt wird, muss das Bild vom Geist als der schlechthinnigen Gegenwart Gottes hinzugedacht werden. Der Heilige Geist liefert nicht nur eine gedankliche Theorie über Vater und Sohn. Er wirkt.

Der Glaube an das tatsächliche, aktuelle Wirken Gottes kann darum für das Christentum nicht anders als trinitarisch gedacht werden. Die Jesusgeschichte ist gleichzeitig die Geschichte von Gott dem Vater (dem Gott Israels) und sie ist auch die Geschichte unserer Kirche, die zwar bisweilen einen geistlosen Eindruck macht, in der der Glaube an den Geist des Vaters und des Sohnes aber umso notwendiger ist. Es handelt sich bei der Trinitätslehre weder um drei auseinanderfallende Erfahrungen (das wäre „Tritheismus“, eine Drei-Götter-Lehre) noch um immer dieselbe Erfahrung (das wäre eine allgemeine Rede von Gott, bei der die Jesusgeschichte und die Geisterfahrung lediglich Illustrationen darstellten).

Wenn man dem damit Beschriebenen Plausibilität zubilligt, kann man das Gesagte in dem dogmatischen Satz zusammenfassen: *Die Christenheit betet zu Gott, dem Vater durch den Sohn im Heiligen Geist und der Gottesdienst der Kirche ist als die Begegnung mit dem dreieinigen Gott in Worten, Zeichen und Musik zu definieren.* Die Beschreibung des Gottesdienstes als Gestalt der sichtbaren Kirche und als Christusbegegnung wird dadurch bestätigt und vertieft. Was das im Einzelnen bedeutet, ist nun noch kurz zu skizzieren.

5. Vier Stationen der Gottesbegegnung: Die Abfolge des Sonntagsgottesdienstes

5.1 Mit dem erstmals 1999 erschienenen Evangelischen Gottesdienstbuch (ausführlich dazu s. Meyer-Blanck 2013, 88–110) ist es in der evangelischen Kirche üblich geworden, den Gottesdienst in vier Schritte zu gliedern. Geht man davon aus, dass seit dem 2. Jahrhundert in der Mitte Wort- und Mahlteil stehen (→ 3.7) und dass ein Eingangs- und Schlussteil hinzukommen, dann ist die Gliederung des Ev. Gottesdienstbuches unmittelbar einsichtig: A. Eröffnung und Anrufung – B. Verkündigung und Bekenntnis – C. Abendmahl – D. Sendung und Segen.

Für die feiernde Gemeinde ist diese Gliederung allerdings nur dann hilfreich, wenn die vier Schritte zum Ausgangspunkt einer inneren Dramaturgie, eines in sich schlüssigen Erlebnisweges werden. Im guten Fall ist die Liturgie ein Weg aus dem Alltag zum Gebet, zum Hören und Feiern und wieder zurück. Die vier Stationen der Liturgie setzen dann jeweils einen anderen Schwerpunkt des Betens in Szene.

5.2 In der *Eröffnung und Anrufung* (Teil A) geht es einfach darum, der Gemeinde einen Zugang zum Beten zu eröffnen. Musik, Lied, Gruß, Psalm mit Gloria Patri sowie die beiden frühmittelalterlichen Messgesänge Kyrie (Herr, erbarme dich) und Gloria (Allein Gott in der Höh' sei Ehr') führen zum Tagesgebet (auch „Kollektengebet", Sammelgebet genannt, weil es den Gehalt des vorangehenden Betens bündelt). Mit dem Tagesgebet, das auf die biblischen Lesungen und den Predigttext abgestimmt ist und das zu ihnen überleitet, kommen Eröffnung und Anrufung ans Ziel.

Was geschieht in diesem Teil A im Hinblick auf das spirituelle Erleben? Am besten wird man dieses als Inszenierung der Distanz und Nähe des Menschen zum dreieinigen Gott umschreiben können (MEYER-BLANCK 1997, 54–73). Menschen kommen zum Gottesdienst, um Gott zu begegnen und um beten zu können; dabei erfahren sie zugleich, dass sie „nicht aus eigener Vernunft noch Kraft“ an Jesus, ihren Herrn glauben oder zu ihm kommen können (so Martin Luthers Erklärung zum 3. Glaubensartikel im „Kleinen Katechismus“ von 1529). Mit dem *Psalm* nähert sich die Gemeinde dem Gebet über die vielfältige und spannungsreiche Gebetserfahrung Israels. Das anschließende *Gloria Patri* (Ehr' sei dem Vater und dem Sohn) markiert, dass die Gemeinde, die den Psalm betet, an den dreieinigen Gott glaubt. Im *Kyrie* (Herr, erbarme dich) wird die grundlegende Distanz des Menschen gegenüber Gott erfahrbar: Mit Gott kann nur gesprochen werden, wenn dieser selbst sich erbarmt. Mit dem *Gloria in excelsis* (Ehre sei Gott in der Höhe) erinnert sich die Gemeinde daran, dass sich Gott den Menschen immer wieder zugewendet hat, wie das besonders durch Jesu Geburt in der Nacht von Bethlehem der Fall war (Lk 2,14). Mit dem Gloria in excelsis gibt die Gemeinde ihrer Erfahrung Ausdruck, dass Gott selbst immer wieder die Distanz zur Welt und zum Menschen überwindet.

Nach dieser vierfach erinnernden Anrufung in Psalm, Gloria Patri, Kyrie und Gloria ist der biblische Rahmen des Gemeindegebets abgesteckt, so dass das aktuelle Tagesgebet (Kollekte) hinreichend vorbereitet ist. Die vom Menschen her unmögliche Möglichkeit, mit Gott in Kontakt zu treten, ist in Teil A durchgespielt worden. Am Schluss davon kann die Kirche erneut beten nach dem klassischen Muster der Kollekte: „Gott, der Du Dich immer wieder der Menschen erbarmt und sie gerettet hast, wir danken Dir dafür. Wir bitten Dich: Wende Dich auch heute unserer […] Not zu und hilf uns! Das bitten wir Dich durch Jesus Christus,

Deinen Sohn, der mit Dir lebt und regiert von Ewigkeit zu Ewigkeit!" Die „Kollekte" sammelt nicht nur die vorangehenden Gebete, sondern sie ist auch ein Brennpunkt für die Anliegen vieler Menschen und für die folgende Verkündigung in den Lesungen und der Predigt (genaueres zur Struktur s. Meyer-Blanck 2020, 415–417).

Die Kollekte ist kein individuelles, sondern ein kirchliches Gebet. Ihre sprachliche Gestaltung ist darum eine große Kunst. Es soll darin Raum sein für das Empfinden sehr verschiedener Menschen – und doch soll es auch persönliche spirituelle Erfahrungen möglich machen. Es kommt darauf an, kirchliche Objektivität und menschliche Wärme zugleich anklingen zu lassen. Dieser doppelte Anspruch ist unbedingt notwendig, aber zugleich so hoch, dass die Kollekte allzu leicht – formalistisch oder völlig formlos – misslingt.

5.3 Es folgt der Teil *Verkündigung und Bekenntnis* (Teil B), zu dem Lesungen, Predigt und Glaubensbekenntnis gehören. Dieser Teil wird von vielen, die den evangelischen Gottesdienst besuchen, als das Wichtigste (das „Eigentliche") empfunden, weil seit Martin Luther der Grundsatz gilt, dass beim Zusammenkommen der Gemeinde zum Gottesdienst gepredigt werden soll. In der Tat ist die Predigt aus zwei Gründen von herausragender Bedeutung.

Erstens steht die Predigt für die Unvertretbarkeit des Individuums im Glauben. Beim Predigen tritt eine (dazu eigens beauftragte und bevollmächtigte) Person aus der betenden und auf die biblischen Texte hörenden Gemeinde hervor. Vielfach entscheiden sich die Evangelischen auch für oder gegen den Kirchgang je nach Antwort auf die Frage: „Wer predigt heute?". Der Prediger/die Predigerin zeigt exemplarisch, wie man die biblischen Verheißungen heute auf die eigene Existenz und auf das Leben in der Kirche und der Welt beziehen kann. Er oder sie wagt es, die klassische Frage zu beantworten, was Jesus dazu heute sagen würde.

Damit steht die Predigt *zweitens* für den aktuellen Zeitbezug des christlichen Glaubens. So wie das Leben Jesu keine zeitlose humane Idee war, weil dieser in einer bestimmten historischen Situation in die Welt kam (Gal 4,4), so markiert die Predigt das Jetzt als den Moment, da das Evangelium Wirkung zeigt – oder auch nicht (Hebr 3,7.15). Nach dem, was oben zum dreifachen Amt und zum Heiligen Geist gesagt wurde, ist deutlich, dass Jesus in der Kirche nicht als eine Person der Vergangenheit verehrt wird, sondern als derjenige geglaubt wird, der selbst in der Gemeinde handelt (Mt 18,20; Röm 8,14–17). Die Predigt ist andererseits auch mehr und etwas qualitativ anderes als eine individuelle religiöse Rede. Sie entsteht aus der Liturgie, aus dem gemeinsamen Hören und Beten der Gemeinde.

Das kann man sich am besten anhand der Lesungen klar machen. Im Normalfall sieht das Evangelische Gottesdienstbuch drei Lesungen vor: Eine aus dem Alten Testament, eine aus den neutestamentlichen Briefen („Episteln“) und eine aus den Evangelien; eine von diesen dreien ist in der Regel der Predigttext.

Mit dem Alten Testament erinnert die Kirche an die Geschichte Gottes mit Israel und hört zugleich auf die Heilige Schrift Jesu, ihres Herrn. Ohne Jesu Judesein würde man den historischen Zusammenhang des Lebens Jesu ignorieren (von antijudaistischen Verirrungen einmal ganz abgesehen). Wenn die Gemeinde das Alte Testament *mit Jesus* hört, wird sie dieses Buch Israels weder christlich vereinnahmen noch abwerten (als sei es durch das Evangelium „überholt“). Das Hören auf das Alte Testament mit Jesus ist ein Hören mit Israel, aber eben ein sehr spezielles, ein österlich-pfingstliches Hören mit Israel (nicht *als* Israel).

Die zweite Lesung ist aus den Episteln und in diesen zeigt sich, welche Wirkungen der Auferstandene Christus in der frühesten Kirche entfaltet hat, so dass er als Prophet (z. B. Röm 15,7; 1 Kor 6,17–20), Priester (z. B. Röm 5,1; 2 Kor 5,17–21) und König (z. B. Röm 14,7–9; 1 Kor 8,6) geglaubt wurde. Hört die Gemeinde das Alte Testament mit den Ohren Jesu, so hört sie die Episteln mit den Ohren der ersten Zeugen (Paulus schreibt davon, dass er dem Auferstandenen selbst begegnet ist, 1 Kor 15,8).

In diesem Zusammenhang bekommt die Lesung des Evangeliums ihren hervorgehobenen Stellenwert. Für sie trifft das in der „Torgauer Formel" (→ 3.2) zum Ausdruck Gebrachte in besonderer Weise zu: Der Herr selbst redet mit seiner Gemeinde. Spricht das Alte Testament aus der Zeit vor Ostern und berichtet die Epistel von der Begegnung der ersten Zeugen mit Jesus, so redet im Evangelium der Herr der Zeiten (Offb. 1,8; Offb. 22,6–21) selbst zu der Kirche in der Zeit. Die Lesung des Evangeliums konzentriert und fokussiert die trinitarischen Linien des Gottesdienstes: Die Kirche hört auf das sie konstituierende Wort Gottes durch den Sohn im Heiligen Geist.

Das Glaubensbekenntnis (das „Credo", lat. „ich glaube") kann entweder als Antwort auf die Lesungen oder auf die Predigt folgen. Es stellt das Verkündigte in den Zusammenhang des trinitarischen Glaubens der Kirche. Die Predigt ist zwar die persönliche Aneignung der biblischen Aussagen, geht aber zugleich vom gemeinsamen trinitarischen Glauben aus, wie er bereits in der Eröffnung und Anrufung (Teil A) zum Tragen kam. Mit dem Credo wendet sich das Subjektive zurück zum Objektiven, so dass die Spannung der evangelischen Predigt zwischen beiden Polen erneut deutlich wird.

Die Fürbitten, die sich in konzentrischen Kreisen von individuellen Anliegen über die Bitten für die Kirche hin zu Gebeten für Politik und Welt erstrecken, bilden das Scharnier zwischen Wort- und Mahlteil: Die Gemeinde feiert die Gemeinschaft mit Jesus Christus nicht selbstbezogen und egoistisch, sondern im Bewusstsein ihrer Verantwortung und Stellung in der Welt. In den Fürbitten zeigt sie sich als Kirche für andere. Wird kein Abendmahl gefeiert, leiten die Fürbitten schon über zu Entlassung und Segen (→ 5.5).

5.4 Im *Abendmahl* (Teil C) wird die liturgische Kommunikationsweise des Hörens und Sehens erweitert durch das Riechen, Fühlen und Schmecken. Die Gegenwart des Herrn wird in anderer Weise erfahren, indem man in der Regel seinen Sitzplatz verlässt und zur Kommunion geht. Dabei rückt die Gemeinschaft der Gottesdienstbesucher besonders in den Vordergrund. Die Kirche wird als das dargestellt, was sie nach der biblischen Metaphorik ist: der „Leib Christi" (1 Kor 12,13.27), die Art und Weise, wie Christus mit seinen Worten und Taten in der Welt wirken und erfahren werden kann.

Die liturgische Gestalt des Abendmahls ist ein kompliziertes Gefüge, das an dieser Stelle nur knapp erläutert werden kann (ausführlich dazu s. Meyer-Blanck 2020, 490–498). Die elementaren Bestandteile sind neben dem Essen und Trinken (Austeilung) der biblische Einsetzungsbericht (Mt 26,26–28; 1 Kor 11,23–25) und die entsprechenden Gebete. Geht man davon aus, dass sich die christliche Mahlpraxis bald nach Ostern als Fortsetzung der Mahlzeiten im Jüngerkreis herausbildete, wäre die einfachste (hypothetische) Form die folgende: Gebet / Vaterunser – Erinnerung an Jesu Mahl (Einsetzungsworte) – Austeilung – Gebet. Die Anfänge lassen sich nicht rekonstruieren. Auf jeden Fall wurden im Laufe der Zeit vor den Einsetzungsworten das Sanctus (dreimal Heilig, Jes 6,3; Offb 4,8) und vor der Austeilung das Agnus Dei (Christe, Du Lamm Gottes, Joh 1,29) eingefügt. Bis zum 4. Jahrhundert entfaltete sich dann das Gebet um die Einsetzungsworte herum besonders reichhaltig. Dieses Gebet mit den Einsetzungsworten, das seit dem 4. Jahrhundert immer vielfältiger und umfangreicher wurde, nennt man das „Hochgebet" bzw. das „Eucharistiegebet" („Eucharistie", griech. „Danksagung", diese ist die in der katholischen Kirche bevorzugte Bezeichnung für das Abendmahl). Mit den beiden Abendmahlsgesängen sind auch die fünf abendländischen Messgesänge komplett, wie man sie in allen Messkompositionen findet: Kyrie – Gloria – Credo – Sanctus – Agnus Dei.

Wegen des unterschiedlichen Amtsverständnisses ist es bis heute nicht möglich, dass Katholiken und Evangelische gemeinsam das Abendmahl feiern (→ § 7.3). So ist das Abendmahl nicht nur die Feier des in der Zeit gegenwärtigen Leibes Christi, sondern leider zugleich die Darstellung der – bis heute noch – getrennten Kirchen.

5.5 *Sendung und Segen* (Teil D) umfassen den Rückweg von der liturgischen Kommunikation, vom Beten, Hören und Feiern in den Alltag. In einem Gottesdienst ohne Abendmahl gehören zu diesem Teil die Abkündigungen, Fürbitten, Sendung und Segen. Auf die kirchliche und religiöse Bedeutung der Abkündigungen wurde bereits hingewiesen (→ 2.4). Sie bilden den materialen Hintergrund der Fürbitten. In ihnen werden nicht nur Veranstaltungsinformationen gegeben, sondern Hinweise auf das, was die Gemeinde gerade bewegt. Um die Gemeinde nicht zu ermüden, empfiehlt sich die Dreiteilung der Abkündigungen: Hinweise zum Gottesdienstverlauf in der Begrüßung, für das Kirchengebet Wichtiges (wie Taufen, Trauungen und Bestattungen) unmittelbar davor, Hinweise auf die kommende Woche vor der Entlassung.

Eine Besonderheit des evangelischen Gottesdienstes ist die Verwendung des aaronitischen Priestersegens aus 4 Mose 6,24–26 (benannt nach dem Priester Aaron). Während in der katholischen Messe der einfache trinitarische Segen üblich ist, sah Luther seit „Formula Missae“ 1523 und der „Deutschen Messe“ 1526 den aaronitischen Segen vor; dieser hat sich in den evangelischen Agenden des 19. und 20. Jahrhunderts immer mehr durchgesetzt. Luther hat den aaronitischen Segen in einer Predigt von 1527 trinitarisch ausgelegt (Meyer-Blanck 2020, 516f.). „Der Herr segne dich und behüte dich“ kann auf den Schöpfungsaspekt bezogen werden; „der Herr lasse sein Angesicht leuchten über dir und sei dir gnädig“ auf den Erlösungsaspekt und „der Herr erhebe sein Angesicht auf dich und gebe dir Frieden“ auf den Heiligungsaspekt des Segens. Wird der Gottesdienst mit dem trinitarischen Votum „Im Namen des Vaters und des Sohnes und des Heiligen Geistes“ eröffnet, ist eine trinitarische Klammer gegeben. Das erste und das letzte Wort geben zusammen an, was hier geschieht: Die im Namen Jesu versammelte Gemeinde feiert den dreieinigen Gott.

Wichtig ist, dass der Segen weder ein Gebet noch ein Zuspruch ist. Es handelt sich vielmehr um einen eigentümlichen liturgischen Sprechakt – um einen Zuspruch im Namen Gottes, der über den Zuspruch und die Bitte hinausreicht. Wer segnet, steht für das segnende Handeln des dreieinigen Gottes selbst ein, indem der Segen zeichenhaft auf die Gemeinde oder (wie bei Taufe, Konfirmation und Trauung) auf einzelne Menschen gelegt wird. Die Einleitung „wir wollen Gott um seinen Segen *bitten*“ ist also durchaus verfehlt – da müsste nämlich ein bittender Sprechakt folgen (nach dem Muster: „Gott wir bitten Dich: Segne und behüte uns“). Der Charakter des im Glauben gegründeten Zuspruches sollte nicht verschenkt werden. Die Kirche bittet nicht nur um den

Segen. Sie ist des Segens um Gottes willen gewiss. Sie lebt als die Gemeinschaft der Gesegneten.

Zusammenfassung

Der Gottesdienst kann zunächst als die Darstellung der sichtbaren Kirche verstanden werden. In der Liturgie wird deutlich, wer zur Kirche gehört, was dort geglaubt wird und wofür sich die Gläubigen engagieren. Da der christliche Gottesdienst seine Mitte in der Begegnung mit dem auferstandenen Herrn Jesus Christus hat, kann man ihn auch von den prophetischen, priesterlichen und königlichen Handlungsweisen Jesu Christi her interpretieren. Insgesamt feiert die Kirche den in ihrer Mitte geglaubten dreieinigen Gott, der sich in Israel, in der Geschichte Jesu und im Heiligen Geist gezeigt hat. Wie Gott von Jesus als der Vater geglaubt wurde, wird er mit Jesus als der Vater angebetet. Der evangelische Gottesdienst umfasst vier Schritte, mit denen sich die Gemeindeglieder aus dem Alltag zu Gott begeben (A), auf ihn hören (B) und seine Nähe feiern (C) und als Gesegnete in den Alltag zurückkehren (D).

§ 9 Kirchenmitgliedschaft und Lebensgeschichte

1. Kirchenmitgliedschaft zwischen Institution, Organisation und Volkskirche

1.1 Seit der Epochenwende um 1970 sind die Kirchenaustritte stark angestiegen, weil die traditionelle Bindung an die Kirche abnahm. Der Modernisierungsschub, der mit der Trennung von Wohnort und Arbeitsplatz sowie mit vermehrten Freizeitmöglichkeiten verbunden war, brachte auch in kleineren Orten immer mehr Alternativen zum kirchlichen Gemeindeleben. Der arbeitsfreie und schulfreie Samstag stellte den Sonntag in den Kontext des entstehenden Wochenendes und die zunehmende Mobilität tat das Ihre, um die Rahmenbedingungen des sonntäglichen Kirchgangs zu verändern. Die Bindung an die Kirche nahm mit der zunehmenden Prosperität der 1950er und 1960er Jahre ab, bis schließlich die kulturellen Umbrüche um das Schlüsseljahr 1968 einen Einschnitt markierten, der das gesamte gesellschaftliche Leben betraf. Das damalige kulturelle Bewusstsein war von dem Gedanken geprägt, dass die Gesellschaft als ganze sowohl analysierbar als auch lenkbar, also grundlegend reformierbar sei (Greifenstein 24f.). Die individuelle Verantwortung für die eigene soziale Bindung wurde zum Standard.

Um an die in diesem Buch verwendete Terminologie anzuknüpfen: Die Logik des Kirchenverhältnisses hat sich im letzten halben Jahrhundert von der Bindung an die *Institution* zur Bindung an die *Organisation* (→ § 2) gewandelt. Eine Institution ist fraglos gegeben und man hat zu ihr ein intergenerationell vorgegebenes Verhältnis, während das Verhältnis zur Organisation variabel ist und der individuellen Entscheidung unterliegt. In eine Organisation tritt man ein und tritt gegebenenfalls auch aus.

Diese Veränderung ist für die Kirchen von erheblicher Tragweite. Für den Bestand und die Arbeitsfähigkeit der Kirche ist die Mitgliedschaft möglichst vieler Menschen entscheidend, weil sich diese in Deutschland vor allem aus der Kirchensteuer finanziert. Auch wenn die Kirche über den eigenen Tellerrand hinaussehen will, wenn sie Kirche für andere sein und sich in den gesellschaftlichen Diskurs einmischen will (→ § 6.3), muss sie eine Organisation von einigem gesellschaftlichem Gewicht sein.

1.2 Die *Kirchensteuer*, die je nach Landeskirche 8 % oder 9 % der Lohn- bzw. Einkommenssteuer beträgt, wird von den staatlichen Finanzämtern eingezogen; diese erhalten dafür als Vergütung eine Pauschale in Höhe von zwei bis vier Prozent der erhobenen Steuereinnahmen. Eigene kirchliche Finanzämter würden zu einem höheren Verwaltungsanteil an der erhobenen Steuer führen. Die Kirchensteuer wurde im 19. Jahrhundert eingeführt, nachdem die Kirche durch die Säkularisation den größten Teil ihrer materiellen Basis verloren hatte. Im 19. Jahrhundert wurden auch Gebühren für Taufen, Trauungen und Bestattungen erhoben. Diese „Stolgebühr“ genannte Abgabe (von der bei Amtshandlungen zu tragenden Stola) wurde in Preußen (d. h. auch in Rheinland und Westfalen) erst 1892 abgeschafft. Vor der Einführung der einheitlichen Pfarrbesoldung handelte es sich um einen wichtigen Teil des pfarramtlichen Einkommens neben dem Ertrag des Pfarrlandes („Pfründe“). Rechtlich (wiederum gemäß Art. 137 WRV / 140 GG) könnte die Kirche die Stolgebühren jederzeit wieder einführen, und dieser Vorschlag ist in letzter Zeit auch – als Alternative zur Kirchensteuer – vereinzelt gemacht worden. Man wird allerdings feststellen müssen, dass eine solche fixe Gebühr zu Lasten der einkommensschwächeren Gemeindeglieder gehen würde.

Die Kirchen erhalten neben den Steuern auch *Staatsleistungen* als Ausgleich für das Vermögen, das durch den Staat im 16. und 17. Jahrhundert (Westfälischer Friede 1648) sowie im 19. Jahrhundert (Reichsdeputationshauptschluss 1806) vereinnahmt wurde. Diese Einnahmen machen etwa 5 % des Betrages aus, der durch die Kirchensteuer erzielt wird. Gegenwärtig mehren sich die politischen Stimmen, die für die Ablösung der Staatsleistungen eintreten, wie das bereits in der Weimarer Verfassung vorgesehen war (WRV 138) .

1.3 Seit der Einführung der Kirchensteuer hat es immer wieder Austrittswellen in besonderen Krisenzeiten gegeben. Zuerst war das in der Epoche der Migration vom Land in die Stadt an der Wende vom 19. zum 20. Jahrhundert der Fall (Nipperdey 118–123), dann nach dem kulturellen Umbruch von 1918/19, dann in der Zeit des Nationalsozialismus, in den Jahren um 1970 und schließlich 1989/90 in Ostdeutschland nach dem Ende des Staatssozialismus. Jede Welle brachte einen historisch bedingten Schwung mit sich, der zwar mit der Zeit abnahm, sich aber insgesamt verstetigte. Ereignisse wie der Missbrauchsskandal seit 2010 (→ § 12) haben den ohnehin gegebenen Trend zum Kirchenaustritt verstärkt und auf Dauer gestellt. Jedem Menschen – gerade auch kirchlichen Mitarbeitern – werden Fehler zugestanden, aber auf Vertuschungen durch die Institution reagieren Öffentlichkeit und Kirchenmitglieder zunehmend ungehalten und das heißt immer öfter: Menschen geben der Kirche den Abschied.

1.4 Seit langem ist jedoch die Beobachtung vertraut, dass der Austritt nur den letzten Schritt einer lange währenden Entfremdungsgeschichte von der Kirche darstellt. Zur Entfremdung kommt es besonders dann, wenn die Bindungswirkung der Kasualien schwindet. Als „Kasualien" (von lat. „casus", der „Fall") bezeichnet man seit dem 19. Jahrhundert die Gottesdienste zu persönlichen lebensgeschichtlichen Anlässen, also Taufe, Konfirmation, Trauung und Bestattung. Auch wer außer an Heiligabend sehr selten den Gottesdienst besucht und wer kein Angebot der Kirchengemeinde nachfragt, kann ethisch, rituell und glaubend zwar locker, aber deutlich und generationenübergreifend an seine Kirche gebunden sein. Durch die Kasualien kommt es immer wieder zu Kontakten mit der Kirche und ihrer Botschaft. Je größer die Familien sind, desto öfter ist das der Fall, während bei Ein-Kind-Familien die Kasualien (z.B. Taufen und Konfirmationen von Nichten und Neffen) deutlich geringer sind. Dadurch schwindet nicht nur die Vertrautheit mit Kasualien in der Elternrolle. Auch die Gelegenheit, Pate zu werden oder sonst als Verwandter an Gottesdiensten teilzunehmen, nimmt deutlich ab. Gerade deswegen steigt jedoch das Gewicht des einzelnen Kasualgottesdienstes für ein positives Verhältnis zur Kirche.

1.5 Trotz der abnehmenden Kirchenbindung und der zurückgehenden Mitgliederzahlen lässt sich weiter von einer *volkskirchlichen* Kirchenmitgliedschaft sprechen. Damit ist gemeint, dass innerhalb der Kirche Pluralität der religiösen Ansichten und der kulturellen Stile herrscht, so dass das „Kirchenvolk" eine ähnliche soziale Vielfalt abbildet wie die Gesamtbevölkerung. Diese Aussage muss selbstverständlich relativiert werden: Da der Anteil der Muslime und der Menschen ohne Zugehörigkeit zu einer Religionsgemeinschaft weiter steigt, ist der Begriff der „Volkskirche“ dann problematisch, wenn damit die Repräsentation der Bevölkerung durch die Kirche gemeint sein soll. Auf jeden Fall ist die Kirche weiterhin von interner Pluralität gekennzeichnet: Die Mitglieder gehören nicht nur bestimmten Altersgruppen oder sozialen Schichten an.

So ist der Begriff der „Volkskirche“ keinesfalls im Sinne der Interessen des *deutschen* Volkes zu interpretieren, wie das in dunklen Zeiten der deutschen Kirchengeschichte gemeint war. Das volkskirchliche Prinzip bedeutet nicht das Eintreten der Kirche für nationale Interessen. Es geht nicht um die kirchliche Orientierung am deutschen Volk (für „das Völkische“), wie das am schlimmsten bei den „Deutschen Christen“ in der Zeit des Nationalsozialismus der Fall war. Votiert man heute für die Volkskirche, dann ist damit die Offenheit der Kirche für verschiedene Menschen gemeint, die in unterschiedlicher Weise an Jesus Christus glauben und die nicht nur ihr eigenes Wohlergehen im Blick haben, sondern die am Schicksal des Volkes Gottes insgesamt Interesse haben, die also ihren Glauben im ökumenischen Horizont leben wollen. Die Redeweise des 2. Vatikanischen Konzils vom „Volk Gottes“ (→ § 7.2) hat diesen weiten ökumenischen Horizont.

Da der Begriff der „Volkskirche“ aus den genannten Gründen in mancher Hinsicht unangemessen ist, spricht man in der Gegenwart von der „Postvolkskirchlichkeit“, von der „Volkskirche im Übergang“ oder von der „Neuen Volkskirche“ (Beckmayer / Mulia 335–441). Präzise (wenn auch nicht gerade schön) kann man von der volkskirchlichen Art der Mitgliedschaft in den evangelischen Landeskirchen in Deutschland sprechen. Es handelt sich um ein volkskirchliches Verhältnis zur Kirche, wenngleich die Volkskirche ebenso im Schwinden ist wie die „Volksparteien“. Da das Verhältnis zur Kirche für die große Mehrheit durch die Kasualien geprägt ist und tradiert wird, sollen diese im Folgenden als Leitfaden für die Darstellung dienen. Dabei ist zu beachten, dass für viele auch andere Aktivitäten die Kirchenbindung fördern, etwa Musikgruppen (Chöre, Posaunenchöre), Jugendfreizeiten und Kirchentage.

2. Unverlierbare Zugehörigkeit zu Gott und Begründung der Kirchenmitgliedschaft: Die Taufe

2.1 Die Taufe hat im volkskirchlichen Kontext zunächst einen auf die Familie und Freunde bezogenen Charakter. Sie ist der Kristallisationspunkt für die gemeinsame Freude und die Sorgen, die die Eltern und die ihnen nahen Menschen miteinander angesichts der Geburt miteinander geteilt haben. Da die Geburt eines Kindes, zumal diejenige eines eigenen, mit der Unverfügbarkeit des Lebens konfrontiert, ist mit ihr auch die religiöse Thematik verbunden. Die klassischen Fragen aus Immanuel Kants Logikvorlesung drängen sich auf: Was können wir wissen? Was sollen wir tun? Was dürfen wir hoffen? Was ist der Mensch? Ob dabei auch religiöse Antworten hilfreich werden, hängt von der familiären Vorprägung und von den wichtigen sozialen Kontakten ab.

Herkömmlicherweise ist das Nachdenken über die Taufe der Ort, an dem die religiösen Fragen explizit zum Thema werden: Wo kommt der Mensch her? Was bedeutet die menschliche Entscheidungsfreiheit? Gibt es Gott und ist dieser für den Menschen ansprechbar? Allein die Entscheidung, ob man das Kind taufen lässt und wann (als Säugling, Kleinkind oder später, nach eigenem Wollen), führt auf die Thematik von Freiheit und Selbstbestimmung. Es wird deutlich, dass die eigene Selbstbestimmung immer sozial vermittelt ist, denn

Freiheit als die Möglichkeit, zwischen verschiedenen Optionen zu wählen, muss gelernt werden. Lernen kommt aber nie ohne signifikante Andere aus, von denen man Orientierungen übernimmt oder sich von diesen abgrenzt. Die eigene Muttersprache kann man wie vieles andere in der Selbst- und Weltwahrnehmung nicht frei wählen. Um die Freiheit zu gewinnen, muss man sich zunächst im Rahmen von Vorgaben bewegen.

2.2 Mit der Taufe ist auch die Mitgliedschaft in der Kirche verbunden. Bei der Kindertaufe (bis zur Religionsmündigkeit mit 14 Jahren) bedeutet das Ja der Eltern zur Taufe auch die vorläufige Entscheidung für die Mitgliedschaft des Kindes in der Kirche, die mit der Konfirmandenzeit und Konfirmation durch die eigene Entscheidung fortgesetzt bzw. revidiert werden kann. Der Charakter der Taufe als Sakrament bedeutet aber zugleich, dass die Zugehörigkeit zum dreieinigen Gott auf Dauer gegeben ist und dass die Zugehörigkeit zur unsichtbaren Kirche (zur Kirche als dem „Leib Christi") auf Dauer bestehen bleibt. Die mit dem Vollzug der Taufe zeichenhaft verkündigte und verbürgte Wirkung der Taufe wird mit der Entscheidung gegen die sichtbare (Institution bzw. Organisation) Kirche nicht hinfällig.

Mit den Worten des Kleinen Katechismus' Martin Luthers von 1529 (4. Hauptstück): Die Taufe „wirkt Vergebung der Sünden, erlöst vom Tode und Teufel und gibt die ewige Seligkeit allen, die es glauben, wie die Worte und Verheißung Gottes lauten." Die Taufe behält ihre Bedeutung für das Gottesverhältnis des Menschen auch unabhängig von seinem Verhältnis zur Kirche. Ihre Wirkung beruht nicht auf menschlichen Entscheidungen, sondern auf dem göttlichen Erbarmen. Die Wirkung der Taufe ist nicht abhängig von der menschlichen Entfremdung oder Entfernung von Gott („Sünden") und unterliegt keinen endgültig scheinenden

Grenzen („Tod und Teufel"). Sie gibt Anteil an dem, was in diesem Leben von niemand gesehen und bewiesen werden kann, weil alles auf den Glauben an „die Worte und Verheißung Gottes" ankommt. Die Gemeinschaft der Kirche ist notwendig, damit dieser Glaube lebendig bleibt und den Heranwachsenden verständlich wird. Bildhaft ausgedrückt: In die Taufe muss der Mensch im Verlaufe seines Lebens hineinwachsen. Die Bildungsarbeit der Kirche hat diesen Prozess zu begleiten, wobei in erster Linie, aber nicht nur an die Kindergarten- und Konfirmandenzeit zu denken ist.

2.3 In anthropologischer Betrachtungsweise bringt die Taufe zugleich zu Bewusstsein, dass über den sich frei entscheidenden Menschen – der seit der Aufklärung Ideal und Norm darstellt – immer schon entschieden ist. Niemand kann sich sein Land, seine Sprache und seine Eltern aussuchen. Es gibt keine völlige Selbstbestimmung. Jede(r) findet sich selbst immer schon in Lebensumständen vor, die prägend sind und jede(r) erlebt seine eigene Existenz als eine verdankte, geschenkte und unverfügbare. Die Taufe steht nicht nur für die Unverfügbarkeit des Lebens im Sinne des Gottesverhältnisses, sondern auch für die Tatsache, dass wir von anderen Menschen in umfassender Weise abhängig sind. Das gilt besonders am Beginn und am Ende des Lebens.

Wenn sich Eltern für die Taufe ihres Kindes entscheiden, verhalten sie sich, wie es dieser Einsicht entspricht. Sie treffen eine Entscheidung, wie sie das auch auf anderen Gebieten (Erziehung, Verhaltensnormen, Ernährung, Gesundheit) für richtig halten. Es ist selbstverständlich, dass das Kind später nicht alle Entscheidungen der Eltern für gut befinden wird. Aber einen eigenen Standpunkt wird es nur dann gewinnen können, wenn die Eltern mit ihrem jeweiligen Glauben erkennbar sind. Insofern entscheiden die Eltern mit der

Taufe, dass sie das Leben ihres Kindes vom Glauben her betrachten und dass sie dies weder verschweigen noch dem Kind vorenthalten wollen. Dem Kind wird damit der eigene Weg zum Glauben und zur Kirche nicht vorgeschrieben, sondern eröffnet. Gehen muss es ihn selbst – unabhängig von den Eltern, aber nicht ohne sie.

2.4 Feste und Feiern sind immer auch die Darstellung und Selbstdarstellung der feiernden Gemeinschaft. Das trifft auch für die Tauffamilien zu. Eine Taufe ist nicht nur ein religiöses, sondern auch ein soziales Fest. Mit der Pluralisierung der Familienformen und der Taufzeitpunkte ist der Zusammenhang „Taufe als Fest der jungen Familie“ komplizierter und auch fragwürdiger geworden. Nicht allen Eltern bzw. alleinerziehenden Müttern liegt daran, den eigenen familiären Status in der Öffentlichkeit zu feiern. Manche verfügen auch nicht über die nötigen finanziellen Ressourcen, um eine festliche Taufe auszurichten.

Weil die Taufbereitschaft auch aus solchen sozialen Gründen zurückgegangen ist, haben sich Kirchengemeinden bzw. Kirchenkreise und kirchliche Regionen in jüngster Zeit für große Tauffeste entschieden, bei denen viele Kinder getauft werden und die festliche Ausgestaltung (Räumlichkeiten, Essen, Kinderprogramm) die Sache der Kirche ist. So gab es im Kloster Loccum (Niedersachsen) 2007 das erste Tauffest, bei dem 62 Kinder im Alter von 4 Monaten bis 12 Jahren getauft wurden; seitdem hat diese Praxis an vielen Orten erfolgreiche Nachahmung gefunden. Das Tauffest ist ein überlokales Großereignis, das den Namen „Fest“ wirklich verdient. Es erhöht das Zusammengehörigkeitsgefühl und die Taufbereitschaft von Eltern und Familien.

2.5 Neben den Eltern und der Familie stehen bei der Taufe die Patinnen und Paten. Sie vertreten den Glauben der Kirche und werden darauf verpflichtet für das getaufte Kind da zu sein, für es zu beten, die Familie zu begleiten und an der religiösen Erziehung mitzuwirken. Die Aufgabe, anderen vom Glauben zu erzählen, setzt den eigenen Glauben voraus. Das Patenamt ist darum ein dezidiert kirchliches Amt. Es ist an die Kirchenmitgliedschaft und die Konfirmation gebunden und es wird in den Kirchenbüchern dokumentiert.

Von den Familien wird das Patenamt in der Regel stärker familiär gedeutet. In früheren Zeiten verstand man unter der Übernahme der Patenschaft vor allem die Zusage, das Kind bei sich aufzunehmen, falls den Eltern etwas passieren sollte. Heute steht die freundschaftliche Begleitung des Kindes und seiner Familie im Vordergrund. Während diese Funktion des Patenamtes dauerhaft ist, endet die kirchliche Verantwortung der Paten im strengen Sinne mit der Konfirmation. Das bezieht sich selbstverständlich nicht auf die Verbundenheit im Glauben und die Fürbitte, aber auf das eigene Verhältnis zu Glaube und Kirche.

3. Das mündige Verhältnis zur Kirche und die Antwort auf das Bekenntnis: Die Konfirmation

Die Konfirmation ist und bleibt ein volkskirchlich höchst erfolgreiches Phänomen. Sie steht in einzigartiger Weise für das Zusammenspiel der individuellen, kirchlichen und gesellschaftlichen Aspekte des evangelischen Christseins. Dabei wirft die Konfirmation zahlreiche theologische und pädagogische Problemstellungen auf und ist damit einer der interessantesten Gegenstände einer Theorie der Kirche.

3.1 Die Konfirmation lässt sich am einfachsten als die *Antwort* auf die eigene Taufe verstehen. Als Kinder waren die Täuflinge noch nicht in der Lage, ihr eigenes „Ja“ zur Taufe zu sagen, so dass die Eltern und Paten für sie den Willen zur Taufe und zur eigenen Weitergabe des Glaubens bekunden mussten. Die wesentlichen Inhalte des christlichen Glaubens, vor allem das Verständnis des dreieinigen Gottes, ist noch nicht zugänglich und erst recht das eigene Bekenntnis zu Gott, wie es seit der Frühzeit der Kirche zur Taufe gehört, kann im Kindesalter erst in Ansätzen erschlossen werden. Auch das Verhältnis zur Institution Kirche können Kinder noch nicht überschauen. Das gilt auch für Täuflinge im Schulalter, die schon eine deutliche Vorstellung von dem haben, was die Kirche ist. Trotzdem können sie noch nicht ausreichend ermessen, was die Mitgliedschaft in der Kirche und das Eintreten für den Glauben bedeuten. Mit dem Erreichen der Religionsmündigkeit im Alter von 14 Jahren (das in der Regel mit dem Konfirmationsalter identisch ist) wird hingegen vorausgesetzt, dass Konfirmierte (als werdende Erwachsene) den Glauben verstehen, zu ihrem eigenen Glauben stehen und eigenverantwortlich handeln können.

3.2 In der Geschichte der Konfirmation, vor allem seit der Aufklärung, sind das eigenständige Bekenntnis und das feierliche liturgische Versprechen der Konfirmierten besonders betont worden. Das Versprechen (vielfach „Gelübde“ genannt) bezog sich in der Regel (1.) auf das Bleiben in der Lehre der Kirche, (2.) auf ein verantwortliches christliches Handeln und (3.) auf den Besuch des Gottesdienstes sowie die Teilnahme am Abendmahl. Spätestens mit der Verstädterung und den modernen Arbeitsbedingungen im 19. Jahrhundert wurde deutlich, dass die Kirche damit ihren Jugendlichen etwas abverlangte, was sie so gut wie unmöglich halten konnten. Die ländliche Sitte des Kirchgangs brach in den Städten ab und verlor damit ihre unterstützende Kraft. Zudem mussten viele Jugendliche sogar am Sonntag arbeiten. Eltern und die eigenen Arbeitgeber („die Herrschaft") besuchten den Gottesdienst kaum und waren keine kirchlichen Vorbilder im Sinne des Konfirmationsversprechens. Um das Jahr 1900 wurde immer deutlicher, dass die Kirche ihre Jugendlichen mit dem Konfirmationsversprechen zur Unehrlichkeit verleitete.

Hinzu kamen entwicklungspsychologische Bedenken. Immer mehr verstärkte sich die Einsicht, dass man zwar mit der Konfirmation *de iure* religionsmündig wird, dass aber die Zeit der Selbstfindung in modernen Gesellschaften immer länger dauert und dass die Konfirmation darum nicht den Eintritt in das Erwachsenenalter, sondern den Beginn der Jugendzeit markiert. Im Konfirmandenalter beginnt erst die Phase der Ich- und Sinnsuche, der Welt- und Wertorientierung und damit auch das eigene Fragen nach dem Glauben. Wie kann man, so die berechtigte pädagogische Argumentation, jungen Menschen ein Ja zu Bekenntnis, Kirche und Gottesdienst abverlangen, obwohl diese doch selbst erst zu ahnen beginnen, wer sie sind, was sie mit ihrem Leben wollen und was sie glauben?

Immer wieder wurden darum Stimmen laut, die mahnten, die latente kirchliche Unehrlichkeit zu vermeiden und darum auf das Bekenntnis und das Versprechen der Konfirmandinnen und Konfirmanden ganz zu verzichten. Den theologischen Kern der Konfirmation sah man dabei vielfach in der *Fürbitte* der Gemeinde und in dem persönlich zugesprochenen *Segen*. Diese zweifache Akzentuierung hatte für sich, dass man die Jugendlichen damit nicht zur Unehrlichkeit verleitet und dass damit ein zentraler theologischer Gehalt betont wird, der auch im volkstümlichen Sprachgebrauch verankert ist: Landläufig wird die Konfirmation gern als „Einsegnung“ bezeichnet. Die Beschränkung der Konfirmationstheologie auf Fürbitte und Segen hat jedoch den Nachteil, die Konfirmierten auf eine rein *passive* Rolle zu beschränken (für sie wird gebetet und sie werden gesegnet). Dabei kommt zu kurz, dass es sich um einen neuen Jahrgang der Gemeindejugend und um künftige Kirchenmitglieder handelt, an denen die Institution Kirche großes Interesse hat: Was bringen diese in die Kirche ein und welche Veränderungen werden sie fordern?

Um sowohl die völlige Passivität als auch die Überforderung der zu Konfirmierenden zu vermeiden, ist es hilfreich, Bekenntnis und Gelübde klar zu unterscheiden. Das Bekenntnis markiert den aktuellen Stand im Glauben eines Menschen und bezieht sich auf die Gegenwart. Ein Gelübde dagegen bezieht sich auf das zukünftige Verhalten. Das lebenslange Versprechen eines ethischen und kirchlichen Verhaltens ist im Jugendalter kaum möglich. Aktuelle Glaubensaussagen dagegen entsprechen dem suchenden und sich vorsichtig vorantastenden Glauben von Jugendlichen. Die neuen Konfirmationsagenden sehen es darum vor, dass die Jugendlichen bei der Konfirmation das Apostolische Glaubensbekenntnis sprechen und dieses mit eigenen Fragen und Kommentaren für die Gemeinde versehen. Damit wird aus der *Verpflichtung* auf das Bekenntnis und dem *Gelübde* eines bestimmten kirchlichen Verhaltens die *Antwort* auf das Bekenntnis. Diese Antwort ist nicht vorformuliert, sondern entsteht durch die eigenständige Auseinandersetzung der Konfirmandengruppe mit dem Bekenntnis. Durch die Konfirmation nimmt die versammelte Gemeinde, die Kirche am Ort wahr, wie genau ein neuer Jahrgang von mündigen Kirchenmitgliedern zu Bekenntnis und Kirche steht. Denkbar und schlüssig ist es auch, wenn die Erwachsenen den

Konfirmierten versprechen, für Reformen offen zu sein und für eine jugend- und zeitgemäße Kirche sorgen zu wollen. Kurz: *Aus der Verpflichtung auf das Bekenntnis wird die Antwort auf das Bekenntnis und an die Stelle des Gelübdes der Jugendlichen tritt das Versprechen der Erwachsenen.* Inszeniert wird damit das evangelische Prinzip, wie es im Titel einer Schrift Martin Luthers von 1523 zum Ausdruck kommt: „Dass eine christliche Versammlung oder Gemeinde Recht und Macht habe, alle Lehre zu beurteilen und Lehrer zu berufen, ein- und abzusetzen: Grund und Ursache aus der Schrift" (Weimarer Ausgabe [WA] 11,408–416). Alle Getauften und Konfirmierten sind – wenn auch in verschiedener Weise – verantwortlich für die Lehre der Kirche.

3.3 Dieses Verständnis entspricht auch dem institutionellen Charakter der Konfirmation, denn diese verleiht wichtige Rechte als Kirchenmitglied. Es handelt sich um das Patenrecht sowie um das aktive und das passive Wahlrecht (auch wenn diese Rechte je nach Landeskirche erst mit dem Erreichen des Mindestalters von 16 oder 18 Jahren ausgeübt werden können). Auch die Zulassung zum Abendmahl (Admissio) wird mit der Konfirmation ausgesprochen. Da die meisten Gemeinden das Abendmahl bereits während der Konfirmandenzeit feiern, ist der Begriff der „Zulassung" vor allem im Sinne der eigenverantwortlichen Teilnahme zu verstehen. Nach der Konfirmation gibt es keine besonderen pädagogischen Annäherungen für die Jugendlichen mehr.

Als Konfirmierte haben die Jugendlichen Anteil an der Interpretation und Weitergabe des Glaubens, also an dem, was nach evangelischer Begrifflichkeit als das „allgemeine Priestertum" aller Getauften bezeichnet wird. Dieses Priestertum wird mit der Taufe konstituiert und durch den kirchlichen Unterricht vor der Taufe (bei

Erwachsenen) oder nach der Taufe (als Konfirmationsvorbereitung) erschlossen und mit Leben gefüllt.

Zu den mit der Konfirmation verliehenen Rechten und Pflichten gehört auch die Aufforderung, die Taufe in Notfällen vorzunehmen, wenn Lebensgefahr besteht und eine normale Taufe unmöglich ist. An diesem Punkt besteht allerdings eine Differenz innerhalb der evangelischen Kirchen: Die reformierten Kirchen halten die Taufe in Lebensgefahr („Nottaufe") nicht für angeraten, da diese Kirchen die unermessliche Größe der Gnade Gottes auch für Ungetaufte sowie die Entscheidung des Menschen betonen, sich taufen zu lassen. Die lutherischen Kirchen halten die Taufe im Notfall dagegen aufgrund des Befehles Christi (Mt 28,18–20) für geboten und betonen, dass das wirkmächtige Zeichen der Taufe dem schwachen Glauben von allen Beteiligten aufhilft. In den lutherischen Kirchen sind darum alle Konfirmierten gehalten, gegebenenfalls die Taufe im Notfall vorzunehmen; dazu ist lediglich das Übergießen mit Wasser und die Taufformel „Ich taufe dich im Namen des Vaters und des Sohnes und des Heiligen Geistes" erforderlich. Diese Taufe ist vom Pfarramt bestätigen zu lassen und gilt dann als vollgültige Taufe, die wiederum zur Konfirmation und zu allen kirchlichen Ämtern berechtigt. Auch wenn sie sehr selten vorkommt, illustriert die Taufe im Notfall sehr einprägsam das Priestertum aller Getauften und Konfirmierten.

4. Die Kirche und das gesegnete Haus: Die Trauung

4.1 Im volkskirchlichen Teilnahmeverhalten tritt nach der Konfirmation vielfach eine Pause ein: Im Jugend- und frühen Erwachsenenalter verlieren viele den Kontakt zur Kirchengemeinde (sieht man von den insgesamt doch wenigen in der Jugendarbeit nach der Konfirmation Engagierten ab). Erst mit der eigenen Partnerschaft und Familiengründung kommen Trauung, Taufe und Familiengruppen („Krabbelgruppen") wieder in den Blick. Soziologisch hat man im Hinblick auf den Gottesdienstbesuch von der „lebensgeschichtlichen Wanne" gesprochen, um den idealtypischen Rückgang im Jugendalter und den erneuten Anstieg in der Familienphase zu charakterisieren.

4.2 Dennoch ist die kirchliche Trauung der Kasualgottesdienst, der in den letzten Jahrzehnten den stärksten Rückgang bei der Nachfrage durch Kirchenmitglieder erfahren hat. Dafür können im Wesentlichen zwei Gründe geltend gemacht werden. *Zum einen* ist der soziale Zwang entfallen, überhaupt zu heiraten. Erst mit der Abschaffung des inzwischen antiquierten und völlig unverständlichen Kuppelei-Paragraphens im Jahre 1970 (seinerzeit § 180 StGB) wurde es üblich, dass nicht verheiratete Paare zusammenwohnen. Die Hochzeit markiert seitdem nicht mehr den Beginn des gemeinsamen Hausstandes, sondern sie ist jetzt die Feier der sozialen Einbindung des gemeinsamen Lebens in Familie und Freundeskreis. Ritualtheoretisch kann man sagen, dass die Hochzeit (inkl. der kirchlichen Trauung) von einem Übergangsritus („rite de passage") zu einem Bestätigungsritus („rite de confirmation") geworden ist. Eine Passageritus in den Status als Paar ist in der spätmodernen Gesellschaft unnötig geworden, während man einen Bestätigungsritus gern dann begeht, wenn man Lust, Zeit und Geld dafür hat und wenn die eigene soziale Einbindung zum Feiern herausfordert. *Zum zweiten* hat sich die Kirchenmitgliedschaft grundlegend verändert. Sprach man noch in den 1960er Jahren von evangelisch-katholischen „Mischehen", handelt es sich bei den gegenwärtigen evangelischen Trauungen gerade einmal bei gut der Hälfte um solche, bei denen beide Partner evangelisch sind: Unter den 41.983 evangelischen Trauungen im Jahr 2018 waren 19.866 Paare, bei denen ein Partner nicht evangelisch war (bei 21.958 Trauungen waren beide Partner evangelisch). Religiöse Pluralisierung und steigende Kirchenaustritte haben die Teilnahmestruktur an der evangelischen Trauung radikal verändert. Von daher ist es nicht überraschend, dass sich viele Paare überhaupt gegen eine kirchliche Trauung entscheiden.

Attraktiv ist die kirchliche Trauung aber weiterhin wegen der in Jahrhunderten herausgebildeten rituellen Kompetenz der Kirche. Die Dimensionen von Kontingenz und Transzendenz, von Unverfügbarkeit und Unbegreiflichkeit des Lebensglückes werden für viele Menschen von der Kirche Jesu Christi immer noch besser repräsentiert als von professionellen „Riten-Designern", die säkulare Zeichenhandlungen im Rahmen von „Traum-Hochzeiten" anzubieten suchen. Hinzu kommen die Kirchenräume als Orte von Erhabenheit und Transzendenz und die Kirchenmusik. Besonders die Musik J. S. Bachs erfreut sich einer breiten Rezeption auch im populären Kontext (vgl. etwa den Choral „Jesus bleibet meine Freude" aus Kantate 147). Außerdem ist mit der Hochzeit immer noch der festliche Klang der Orgel verbunden.

4.3 Wie die Konfirmation ist die Trauung theologisch am stärksten mit der Erfahrung des göttlichen *Segens* verbunden. Die Liebe als das Widerfahrnis, das den Menschen am stärksten berührt und das zugleich wie die eigene Gesundheit unverfügbar ist, macht den Charakter des geschenkten und dem Menschen zufallenden Lebensglückes besonders zugänglich. Darum ist es naheliegend, für die eigenen Lebenskräfte und das gemeinsame Lebensglück zu beten und sich segnen zu lassen. Gesundheit, Partnerschaft, gemeinsame Liebe und der Gedanke an die eigenen Kinder führen vor Augen, wie kostbar und wie gefährdet das eigene Lebensglück ist. Auf jeden Fall wird die Einsicht unausweichlich, dass das Prinzip der Autonomie bei dem, was wirklich zählt, deutlich begrenzt ist.

Kirchenrechtlich wird die Trauung in der evangelischen Kirche als ein *Gottesdienst anlässlich der Eheschließung* verstanden. Es handelt sich also um kein Sakrament (wie in der katholischen Kirche), sondern um Schriftlesung mit Predigt, Lied und Gebet aus einem besonderen Anlass. Nach dem Prinzip „sola scriptura" ist das Entscheidende die Botschaft des Evangeliums speziell für das Brautpaar in seiner Lebenssituation. Der Trauritus mit Traufragen, Ringwechsel und Segen ist die zeichenhafte Verdichtung des Evangeliums; der Ritus konzentriert den erbetenen und zugesprochenen Beistand Gottes in sichtbarer Weise.

4.4 Nachdem in Deutschland im Jahr 2017 die gleichgeschlechtliche Ehe eingeführt wurde (2019 gab es 52.000 gleichgeschlechtliche Eheschließungen), ist es in den evangelischen Landeskirchen zum Normalfall geworden, dass auch gleichgeschlechtliche Paare gesegnet bzw. getraut werden können. Damit herrscht für alle Beteiligten Rechtssicherheit. In der katholischen Kirche gibt es zurzeit eine heftige Auseinandersetzung, nachdem Papst Franziskus im März 2021 der Segnung homosexueller Paare eine deutliche Absage erteilt hatte. Einige wenige Priester segnen trotzdem auch homosexuelle Paare im Rahmen allgemeiner Segnungsgottesdienste, aber von einer Trauung ist diese Praxis weit entfernt.

4.5 Partnerschaft, Ehe und Trauung bedeuten lebensgeschichtlich den Abschied vom Individuellen. Psychologisch wird die Phase der selbstorientierten Identität durch die Phase der Intimität ergänzt bzw. ersetzt. Die Einsicht in die Sozialität allen Lebens tritt in den Vordergrund. Die kirchliche Trauung rückt die eigene soziale Einbindung in den Horizont der Gottesbeziehung und der Gemeinschaft der Glaubenden. Bildlich kann man sagen, dass mit der Eheschließung das gemeinsame *Haus* begründet wird und mit der Trauung das christliche Haus. Die Metapher des „Hauses“ impliziert, dass die Partnerschaft über die zwei verbundenen Menschen hinausreicht in die weitere Familie, die Nachbarschaft und den Freundeskreis; das gilt in besonderer Weise, wenn Kinder im Haus aufwachsen. Das Haus kann zum Ort des Glaubens und des Segens werden (Jos 24,15). Zu Hause lernt der Mensch die grundlegenden Lebensorientierungen und damit auch den Glauben an Gott kennen. Auch das Verhältnis zur Kirche bildet sich vor allem durch Anschauung und Imitation in der eigenen Familie. Auch für die künftige Kirchenmitgliedschaft wird hier das Fundament gelegt.

5. Unverlierbare Zugehörigkeit zu Gott und zur unsichtbaren Kirche: Die Bestattung

5.1 Was von der Trauung als Ritual gesagt wurde, gilt erst recht im Hinblick auf die Bestattung: Beim Tode eines geliebten Menschen wird die Fähigkeit der Kirche, mit dem Unbegreiflichen umzugehen und die damit verbundene rituelle Erfahrung besonders geschätzt. Der Tod eines nahen Menschen konfrontiert mit der eigenen Endlichkeit und macht für die Frage nach Gott aufmerksam. Das Spezifikum des Glaubens liegt überhaupt darin, dass die Gemeinschaft mit einem Menschen als durch die Gemeinschaft mit Gott vermittelt gilt. Da die Verbindung mit Gott nicht im Tod endet, ist auch die Verbindung mit dem Verstorbenen „im Herrn“ weiterhin gegeben. Christus ist der Herr auch über die Toten (Röm 14,7–9). Die Gemeinschaft der Kirche Jesu Christi reicht über den Tod hinaus.

5.2 Auch die Bestattung ist wie die Trauung ein Gottesdienst für Menschen in einer besonderen Lebenssituation. Das Evangelium von der Auferstehung Jesu (1 Kor 15,3b–5) und von der Auferstehung der Toten (1 Kor 15,12–20) entfaltet dabei seine besondere Aussagekraft: Die Hoffnung auf Christus bezieht sich nicht nur auf das irdische Leben (1 Kor 12,19). Dennoch wendet sich die Kirche mit der Auferstehungsbotschaft an die Lebenden. Das verkündigende und rituelle Handeln bei der Bestattung ist an den Hinterbliebenen orientiert. Seit der Reformation gilt in der evangelischen Kirche der Grundsatz, dass die verstorbene Person allein in Gottes Hand ist und dass die Kirche darum keine Handlungen an den Toten vorzunehmen hat, um deren Geschick zu beeinflussen; nicht zuletzt am Ablasswesen für die Toten hatte sich die Reformation entzündet.

Trotz dieses theologischen Grundsatzes ist die Bestattung aber phänomenologisch auch ein Handeln am Toten. Die Gemeinde versammelt sich um den zu bestattenden Sarg (oder die Urne). Die Pfarrerin gedenkt in der Predigt in ausführlicher Weise des verstorbenen Menschen und verneigt sich in der Regel auch zu Beginn und am Ende der Trauerfeier vor dem Sarg. Die Trauergemeinde folgt dem Sarg zum Grab und die Angehörigen und Freunde verabschieden sich mit einem Erdwurf oder mit Blumen. Nach den meisten Agenden (Ordnungen der Bestattung) wird der Verstorbene auch

„ausgesegnet" und dabei explizit angesprochen. Die Angehörigen empfinden es als besonders tröstlich, wenn die oder der tote Mensch noch einmal aufmerksam und liebevoll behandelt und gesegnet wird, als wäre er noch anwesend.

Man kann darum sagen, dass an den Angehörigen gehandelt wird, *indem* zeichenhaft an den Verstorbenen gehandelt wird: Sie werden in wertschätzender und achtsamer Weise verabschiedet. Von daher kommt es auch, dass das Lob des zu bestattenden Menschen die Hinterbliebenen am meisten tröstet. Positive Bemerkungen über das zu Ende gegangene Leben wirken wie ein letztes Geschenk an den Menschen, dem man nun nichts Gutes mehr tun kann und dem gegenüber man manches versäumt zu haben meint. (Nicht umsonst weiß der Volksmund, dass nirgendwo so viel gelogen wird wie bei der Beerdigung.)

5.3 Das evangelische Prinzip, die Bestattung primär als Verkündigung der Auferstehungsbotschaft an die Lebenden zu verstehen, ist angemessen. Und doch ist dieses Verständnis, wenn es mit aller Konsequenz angewendet wird, unzureichend. Denn zur Kirche gehören alle getauften Menschen und die Taufe ist nicht nur die Aufnahme in die sichtbare Kirche (als Institution und Organisation), sondern auch in die unsichtbare Kirche des Glaubens. Entsprechend ist die Bestattung die Verabschiedung aus der sichtbaren, aber *nicht* aus der unsichtbaren Kirche. Weil die Taufe nach Luthers Kleinem Katechismus „vom Tode und Teufel" erlöst, dürfen Tod und Bestattung nicht so verstanden werden, als ob sich die Kirche damit von den Toten trennen würde. Die Verstorbenen gehören zur Kirche als „Leib Christi". Darum darf und sollte die evangelische Kirche – fern aller Ablassmissbräuche – auch ihrer Toten gedenken, und zwar öfter als einmal am Toten- bzw. Ewigkeitssonntag.

In der katholischen Eucharistie kommen die verstorbenen Heiligen im Abendmahls-Hochgebet und damit an zentraler Stelle vor. Wenn die evangelische Gemeinde im Vorbereitungslied singt „Anbetung dir! Einst feiern wir das große Abendmahl mit dir“ (Ev. Gesangbuch 220), dann ist auch ihr der Gedanke nicht fern, dass das irdische und das himmlische Mahl und damit die Lebenden und die Verstorbenen eng verbunden sind. Die Zugehörigkeit zur Kirche Jesu Christi, die Kirchenmitgliedschaft im gefüllten Sinne des Glaubens ist unteilbar. Auch in der evangelischen Kirche sollte diese Zusammengehörigkeit mit den Verstorbenen (etwa in den Fürbitten) öfter angesprochen werden, denn für viele Hinterbliebene ist die Trauer keinesfalls mit dem Trauerjahr abgeschlossen.

Zusammenfassung

Auch wenn die Mitgliedschaft in der Kirche aufgrund der spätmodernen Säkularisierung und Pluralisierung nicht mehr selbstverständlich ist, sondern als Zugehörigkeit zur Organisation Kirche frei gewählt wird, kann die Art der Mitgliedschaft der meisten Menschen weiterhin als volkskirchlich offen bezeichnet werden. Viele Mitglieder fühlen sich der Kirche durchaus verbunden, auch wenn sie selten an Gottesdiensten und Veranstaltungen teilnehmen. Die eigene Kirchenbindung wird jedoch in der Regel anlässlich der lebensgeschichtlichen Gottesdienste zu Taufe, Konfirmation, Trauung und Bestattung lebendiger. Diese vier (als „Kasualien“ bezeichneten) Anlässe stehen in spezifischer Weise für die volkskirchliche Kirchenmitgliedschaft: Die Taufe markiert den Beginn der Mitgliedschaft und die unverlierbare Zugehörigkeit zu Gott, die Konfirmation das mündige Verhältnis zur Kirche, die Trauung betrifft nicht nur das Paar, sondern auch sein soziales Umfeld (das „Haus") und die Bestattung steht – in Analogie zur Taufe – für die unverlierbare Zugehörigkeit zur Kirche Jesu Christi.

§ 10 Geld verdienen mit Religion: Kirchliche Berufe

1. Religion, Geld und Beruf

1.1 Es ist auf den ersten Blick ganz normal, dass Pfarrerinnen und Pfarrer, Religionslehrerinnen und -lehrer, Gemeindepädagoginnen, Kirchenmusiker und Pflegekräfte in der Diakonie ihren Lebensunterhalt mit einer Tätigkeit verdienen, die man im weiteren Sinne als Verkündigung und Nächstenliebe bezeichnen kann. Wer seine Lebenszeit und Lebenskraft für die Kirche einsetzt, soll auch entsprechend dafür bezahlt werden. Drastisch bringt das der Apostel Paulus zum Ausdruck: „Du sollst dem Ochsen, der da drischt, nicht das Maul verbinden" (1 Kor 9,9; vgl. 5 Mose 25,4). Wer das Evangelium verkündigt, soll sich auch vom Evangelium nähren (1 Kor 9,14).

1.2 Auf der anderen Seite stehen Geld und Religion in einem grundsätzlichen Spannungsverhältnis. „Ihr könnt nicht Gott dienen und dem Mammon", sagt Jesus in der Bergpredigt und der zutiefst Glaubende sorgt sich nicht um Essen und Trinken (Mt 6,24f.). Hananias und Saphira kommen zu Tode, weil sie etwas vom Verkaufserlös eines Ackers zurückbehalten und nur einen Teil „den Aposteln zu Füßen legen" (Apg 5,1–11) und der Zauberer Simon wird von Petrus verdammt, weil er sich die Kraft des Heiligen Geistes mit Geld erkaufen will (Apg 8,18–24).

1.3 Diese starken Worte und Erzählungen bringen zum Ausdruck, was auch noch heute, unter eher unspektakulären volkskirchlichen Bedingungen, zutrifft: Man möchte sicher sein, dass der religiös Berufstätige vor allem aus religiösen Gründen handelt und nicht finanziellen Motivationen folgt. Das vorausgesetzte professionelle Interesse gilt übrigens nicht nur für kirchliche Berufe. Man fühlt sich besser aufgehoben bei einem Lehrer, der sich für junge Menschen einsetzt, bei einer Richterin, der es um das Recht geht, bei einem Arzt, der vor allem anderen helfen und sie heilen möchte. Bei allen Professionen, also Berufen, die mit menschlichen Angelegenheiten zu tun haben, möchte man das primäre Engagement für den Menschen spüren und ist dann auch bereit, für professionelles Handeln entsprechend zu bezahlen.

In den Berufsfeldern der „Professionen“ besteht eine grundlegende Spannung zwischen Sachinteresse und Verdienst. Bei religiösen Berufen ist das verstärkt der Fall, weil jeder religiös interessierte Mensch für sich selbst in Anspruch nimmt, Religion zu haben. Erst recht die evangelische Lehre vom Priestertum aller Getauften geht davon aus, dass Menschen mit religiösen Berufen nicht prinzipiell anders sind als die übrigen Gläubigen. Wenn sie also ihr Geld wert sein sollen (1 Kor 9,24), dann müssen die für die Kirche Tätigen was den Glauben angeht sachkundig, engagiert, persönlich erkennbar und glaubwürdig sein (das dafür bevorzugte Attribut lautet seit einigen Jahren „authentisch“). Sie sollen religiös sein wie du und ich, aber zugleich damit kenntnisreich, selbstkritisch und mehrperspektivisch umgehen können; kurz: Sie sollen nicht nur (wie alle Kirchenmitglieder) religiös, sondern umfassend religiös (auch multireligiös) gebildet sein. Das gilt für alle kirchlichen Berufe, wenn auch in recht unterschiedlicher Weise.

2. Predigen und Beten als Beruf: Das Pfarramt

2.1 Als der zentrale kirchliche Beruf gilt weiterhin das Pfarramt, in dem gegenwärtig EKD-weit etwa 18.000 Pfarrerinnen und Pfarrer arbeiten. Die erste Pfarrerin gab es 1958 in Lübeck, wobei in der EKD bis 1974 die Ehelosigkeit vorgeschrieben war. Inzwischen sind ein gutes Drittel der im Pfarramt Tätigen und 58 % der Pfarramtsstudierenden Frauen.

Das Pfarramt ist nach evangelischem Verständnis vor allem durch die Predigt gekennzeichnet. Der Glaube entsteht immer wieder neu aus der aktuellen Mitteilung und Darstellung des Evangeliums (→ §4) und deren Zentrum ist und bleibt nach evangelischem Verständnis die öffentlich zugängliche Auslegung der Bibel, die Predigt. Aus dem Hören der Predigt kommt der Glaube (Röm 10,17). Das Predigen steht im Mittelpunkt des öffentlichen Interesses am Pfarrberuf. Es gibt Ämter, die von dieser Aufgabe her bezeichnet werden: Dompredigerin, Universitätspredigerin, Frühprediger, Feldprediger etc.

2.2 Die Predigt ist auch im Selbstbewusstsein der meisten Pfarrerinnen und Pfarrer ein zentraler Punkt des beruflichen Selbstverständnisses. Viele haben das Empfinden, beim Predigen besonders identisch in ihrer Rolle zu sein und leiden gleichzeitig darunter, nicht genügend Zeit für die Predigtvorbereitung zur Verfügung zu haben (bzw. sie fühlen sich unwohl dabei, wenn sie sich zu wenig Zeit dafür nehmen). Die Lehre von der Predigt, die „Homiletik" (griech. *homilein*, sich unterhalten, kommunizieren, eine Ansprache halten), gilt bis heute als eine der zentralen Disziplinen in der evangelischen Theologie. Berühmte Gestalten, die die Kirche nachhaltig veränderten, wie Martin Luther, Friedrich

Schleiermacher und Karl Barth, waren zugleich bedeutende Prediger und Predigtlehrer (Meyer-Blanck 2021). In jüngerer Zeit wurde der Primat der Predigt als autoritative Verkündigung stark kritisiert. So wollte der Berliner Praktische Theologe Ernst Lange (1927–1974) die Predigt als Verständigung mit dem Hörer definiert wissen; diese homiletische Neuorientierung hat aber an der herausragenden Bedeutung der Predigt für das pfarramtliche Selbstverständnis wenig geändert: Pfarrerinnen und Pfarrer haben das „Predigen als Beruf" (Lange).

2.3 Damit ist selbstverständlich nicht das gesamte Pfarramt erfasst. Eher verhält es sich so, dass Unüberschaubarkeit und Diffusität der pfarramtlichen Aufgaben immer mehr zugenommen haben. Der Göttinger Praktische Theologe Manfred Josuttis (1936–2018) brachte das 1982 auf die prägnante Formel: „Der protestantische Pfarrer ist eine merkwürdige Zwitterfigur. Der Ausbildung und der Amtstracht nach tritt er auf als Gelehrter. Durch die Art seiner Dienstleistungen gehört er in die Reihe der Priester. In seinem theologischen Selbstverständnis möchte er am liebsten als Prophet agieren. Und die meiste Zeit verbringt er wahrscheinlich damit, die Rolle des kirchlichen Verwaltungsbeamten und des gemeindlichen Freizeitanimateurs zu spielen." (Josuttis 9) Dieses Zitat ist dann richtig interpretiert, wenn allen darin genannten Rollenzuschreibungen ein gewisses Gewicht beigemessen wird. An vielen Orten steht das Pfarramt auch für die heute plausible Art, die Tradition und die aktuelle Kultur anzueignen (*„Gelehrter"*). Die Stellung als *„Priester"* an den Wendepunkten der Biographie (→ § 9) ist für viele volkskirchliche Kirchenmitglieder das unmittelbar Einleuchtende am pfarramtlichen Beruf. Nimmt die Pfarrerin die biblische Botschaft – z.B. der alttestamentlichen Propheten und der Bergpredigt Jesu – ernst, dann kann sie nicht anders als auch *prophetisch* zu reden und eine prophetische Existenz zu leben (etwa angesichts der ungebremsten Waffenexporte und der hereinbrechenden Klimakatastrophe). Da aber die Kirchengemeinde auch verantwortlich *verwaltet* werden muss und die prophetische Predigt nicht automatisch für transparente Vorgänge in Personal- und Finanzangelegenheiten sorgt, ist der Pfarrer ein Glücksfall, der auch hier genau und kommunikativ zu agieren weiß. Und schließlich geht es darum, dass Menschen der Kirche ihre Zeit schenken – und das geschieht in ihrer Freizeit. Wer diese mit dem Geist Gottes in Verbindung zu bringen weiß, für den verliert das provokant klingende Wort „Freizeitanimateur" seine negativen Konnotationen.

Der Eindruck des Pluralen und Widersprüchlichen („Zwitterfigur") kann schließlich auch ins dezidiert Positive gewendet werden: Der Pfarrberuf lässt viel Spielraum zur persönlichen Gestaltung. Gottesdienste, Kasualien und Unterricht samt Vorbereitung füllen in der Regel nicht eine volle Arbeitswoche. Es bleibt Zeit, neben der individuellen Seelsorge auch spirituelle, pädagogische und kulturelle Initiativen in der Kirchengemeinde und am Ort zu entfalten. Von der Pfarrerin wird das individuelle Profil nicht nur akzeptiert, sondern erwartet und sogar verlangt. Sie soll nicht nur die anfallenden Aufgaben erledigen, sondern als Impulsgeberin mit eigenen Ideen zu erkennen sein.

Wie oben beschrieben wurde, ist das Predigen weiterhin das signifikante Merkmal der pfarramtlichen Profession. Die Predigerin steht für die öffentliche Mitteilung und Darstellung des Evangeliums, für die Botschaft der Kirche in ihrer exemplarischen und individuellen Aneignung. Doch phänomenologisch betrachtet ist die Predigt eigentlich nicht das Alleinstellungsmerkmal des Berufes. Die Predigt als Rede an ein Publikum ist keineswegs ein singuläres Professionsmerkmal, denn es gibt auch akademische Vorlesungen, Plädoyers bei Gericht, Parlaments- und Parteitagsreden von Politikern, Unterrichtsvorträge in der Schule und Festreden verschiedenster Art. Alle diese Redeformen sind der rhetorische Kontext der Predigt. Diese muss sich angesichts zunehmender rhetorischer Standards zu behaupten wissen (man denke nur an die zahlreichen gut gemachten Podcasts). Langweilige Reden werden immer weniger toleriert. Die protestantische Predigt fungiert nicht nur, wie seit Jahrhunderten, als die rhetorische Schule der Gesellschaft; sie muss sich auch ihrerseits an Art und Weise des öffentlichen Redens orientieren.

2.4 Kann die Predigt damit keineswegs als professionelles Alleinstellungsmerkmal des pastoralen Berufes gelten, wird man das aber vom persönlichen und öffentlichen *Gebet* sagen können. Alle anderen Kommunikationsformen (Unterrichten, Einzel- und Kleingruppengespräche, Moderation) kommen auch in den anderen Professionen (Ärztin, Jurist, Lehrerin) vor. Die Rede über Gott, von Gott und vor allem das Reden zu Gott, das Gebet ist dagegen das Kennzeichen allein des religiösen Berufes bzw. der Kommunikation in der Kirche. Auch von der Gemeindepädagogin und vom Kirchenmusiker wird man erwarten, dass sie (etwa bei Tisch oder zum Abendsegen) ein Gebet sprechen können.

Die Persönlichkeit der Pfarrerin soll durch ihre Berufssozialisation so gebildet sein, dass sie – spontan und in geprägter Sprache, persönlich und öffentlich, authentisch, aber nicht privat – situativ angemessen beten kann und dabei auch die beteiligten Menschen berücksichtigt. Darüber hinaus hilft es vielen Kirchenmitgliedern zu wissen, dass die Pfarrerin – über Gottesdienst und Seelsorge hinaus – für sie in ihren privaten Sorgen und Nöten betet. Insofern klingt es zwar viel geläufiger, im Hinblick auf das evangelische Pfarramt vom „Predigen als Beruf" zu sprechen, aber auch der Ausdruck „Beten als Beruf" hat einiges für sich.

2.5 Die reguläre Ausbildung für das Pfarramt erfolgt in zwei Phasen. In der universitären 1. Phase von mindestens 10 Semestern, in denen zuerst die alten Sprachen (Hebräisch, Griechisch und Latein) nachgewiesen bzw. nachgelernt werden müssen, sind die fünf Hauptfächer Altes und Neues Testament, Kirchengeschichte, Systematische und Praktische Theologie sowie als Ergänzung Philosophie und Religions- und Missionswissenschaft zu studieren; in der kirchlichen 2. Phase (Vikariat) lernt man die gemeindlichen Handlungsfelder, vor allem Gottesdienst, Unterricht und Seelsorge, durch Probehandeln und begleitende Praxisreflexion kennen. Hinzu kommt eine Phase verbindlicher Fortbildung in den ersten Amtsjahren. Diese 3. Phase ist deswegen von besonderer Bedeutung, weil sich in diesen Jahren der Habitus und die täglichen Routinen ausbilden, mit denen man die Praxisanforderungen bewältigt. Die meisten ändern nach den ersten drei bis fünf Jahren nicht mehr viel.

Durch die Nähe von Lehre und Forschung wird man in der universitären ersten Phase vor allem zum Wissenschaftler ausgebildet. Das Arbeitsfeld, für das man so am besten qualifiziert wird, dürfte in der Tat die Predigt sein. Die zweite Phase, das Vikariat, fördert vor allem die kommunikativen Kompetenzen. In beiden Phasen wird die spirituelle Seite des pfarramtlichen Berufes nur wenig berücksichtigt. Darum wurde in letzter Zeit vermehrt die Frage aufgeworfen, ob das geistliche Element im Pfarramt durch spezielle Kurse und persönliche Begleitung (durch einen „Spiritual") eigens gefördert werden soll, oder ob man darauf vertraut, dass sich die geistliche Entwicklung in und mit den theologischen Klärungsprozessen automatisch herausbildet.

Ich selbst habe immer dieser letzten Ansicht zugeneigt, weil der Gegenstand der pfarramtlichen Tätigkeit – Gottesdienst, Seelsorge und Unterricht – die eigene Frömmigkeit sowohl erfordert als auch fördert. Anders als mit eigener geistlicher Praxis ist das Pfarramt nicht zu bewältigen. Angebote „geistlicher Begleitung" sind mir darum immer als Redundanz vorgekommen; allenfalls für die ersten Amtsjahre scheinen sie mir angebracht zu sein. Aber ich weiß, dass das viele jüngere Kolleginnen und Kollegen anders sehen und dass darum viele Landeskirchen derartige geistliche Elemente in die Ausbildung eingefügt haben. Es mag auch sein, dass viele heutige Pfarrerinnen und Pfarrer nicht mit Formen geistlicher Praxis aufgewachsen und darum für die geistliche Begleitung dankbar sind.

Auf jeden Fall folgen die damit beschriebenen Entwicklungen der Einsicht, dass das Pfarramt nicht nur ein rhetorischer und pädagogischer Beruf ist. Auch das Beten gehört dazu und die Gebetspraxis mit und für andere setzt eigene Gebetserfahrungen voraus.

2.6 In der Regel erfolgt nach dem Vikariat die Entsendung und Beauftragung für die erste pfarramtliche Tätigkeit, die „Ordination". Sie beinhaltet das Recht zur freien Wortverkündigung und das Recht zur Leitung von sakramentlichen Feiern (Taufe und Abendmahl); man spricht hier traditionell – nicht eben schön – von der „Sakramentsverwaltung" (hergeleitet vom lateinischen Begriff der „administratio"). Das ist auf jeden Fall von Bedeutung, denn zur sakramentalen Praxis gehört seit den Anfängen der Kirche auch die Zulassung von Menschen zum Sakramentsempfang bzw. auch die Zurückweisung, wenn bestimmte Voraussetzungen nicht erfüllt sind. Positiver kann man sagen, dass die „administratio" (wörtlich: das „An-Dienen") die einladende, einfallsreiche und geordnete Hinführung von Menschen zur Teilnahme an den Sakramenten meint. Gerade dazu beauftragt die Ordination. Die Ordinationsrechte werden nicht nur für die jeweilige Gemeinde und einen bestimmten Zeitraum („pro loco et tempore") erteilt, sondern in der Regel lebenslang verliehen. Das Ordinationsdatum markiert darum einen berufsbiographischen Einschnitt.

2.7 Durch die Einbindung des Pfarramts in die Struktur des öffentlichen Dienstes sind die Amtsinhaber zumeist beamtet und damit gut abgesichert und gegenüber den Diakonen (Gemeindepädagoginnen), die im Angestelltenverhältnis tätig sind, privilegiert. Der Lebensunterhalt durch die Bestellung sowie Verpachtung des Pfarrlandes („Pfründe") und durch die Gebühren bei Amtshandlungen („Stolgebühren", von „Stola") ist durch die einheitliche Beamtenbesoldung abgelöst worden (in Preußen wurden die Stolgebühren 1892 abgeschafft).

2.8 In den letzten Jahrzehnten hat auch das Laienpredigeramt („Prädikant", „Prädikantin") einen erheblichen Aufschwung genommen. Diese Personen, bei denen es sich um besonders engagierte Gemeindeglieder handelt und die sich durch mehrjährige theologische und rhetorische Kurse vorbereiten, werden in einigen Landeskirchen ebenfalls (*pro loco et tempore*) ordiniert (so in der Ev. Kirche im Rheinland), in anderen Landeskirchen ist vorsichtiger von der „Beauftragung" die Rede (so in der Ev. Kirche von Westfalen). Zu diesem Amt gehört auch (im Unterschied zur Aufgabe der Lektoren, die gedruckte Lesepredigten vortragen) das Recht der freien Wortverkündigung und in der Regel auch das Recht der Sakramentsverwaltung.

2.9 Es bleibt zu erwähnen, dass es auch viele Pfarrstellen außerhalb des Gemeindedienstes gibt. Am bekanntesten sind die Pfarrämter in Kliniken, Gefängnissen und bei der Bundeswehr. Aber auch in der Bildungsarbeit der Kirche sowie in der Aus- und Fortbildung sind zahlreiche Funktionspfarrstellen (Dozenturen) vorhanden. Ein erheblicher Teil des Pfarrerstandes ist auch hauptberuflich im schulischen Religionsunterricht tätig (in Nordrhein-Westfalen besonders an den Berufskollegs / Berufsschulen). In Zeiten zurückgehender Kirchensteuereinnahmen sind die übergemeindlichen Pfarrämter besonders von Stellenkürzungen betroffen, weil den Gemeinden nach Ansicht der Mehrheit der Verantwortlichen Priorität zukommt.

3. Bildung, Begleitung von Gruppen und soziale Arbeit: Das gemeindepädagogische und diakonische Amt

3.1 Der Beruf der Gemeindepädagogin (des Gemeindepädagogen) bzw. des Diakons (der Diakonin) bildete sich neben dem Pfarramt heraus, weil sich das Profil von Kirche und Gemeinde seit der bürgerlichen Epochenschwelle um 1800 und seit der Gründung der „Inneren Mission" im Revolutionsjahr 1848 immer mehr pädagogisch und sozialdiakonisch entwickelte. Die neu entstehenden Aufgaben konnten vom Pfarrer nicht mehr erfüllt werden, so dass sich im 20. Jahrhundert der neue kirchlicher Beruf des „Diakons" etablierte. Dieser entsprach dem neuen pädagogischen und sozialdiakonischen Arbeitsschwerpunkt. Schon im Neuen Testament hatte das Amt des Bischofsassistenten und Armenfürsorgers die Bezeichnung „Diakon" (Phil 1,1) bzw. „Diakonin" (Röm 16,1) getragen.

Aufgrund der landeskirchlichen Struktur der evangelischen Kirchen in Deutschland sind die heutigen Berufsbezeichnungen und erst recht die Ausbildungswege (in der Regel das Studium an einer Fachhochschule) für den neuen pädagogischen und sozialen Beruf uneinheitlich (meistens „Diakon:in“ oder „Gemeindepädagog:in“). Das hängt auch mit der etwas verwickelten Geschichte zusammen: Beim diakonischen und gemeindepädagogischen Beruf verbinden sich verschiedene kirchliche Traditionslinien, die an dieser Stelle kurz ins Gedächtnis zu rufen sind.

3.2 Mit den soziokulturellen Umbrüchen seit dem 19. Jahrhundert veränderten sich die Kirchengemeinden stark. Der Wandel hatte eine zweifache Gestalt: Die Gemeinde reagierte *erstens* auf das wachsende Bedürfnis nach Gemeinschaft und *zweitens* auf die neu entstehenden sozialen Notlagen. Zunächst wurde der um 1800 zur Blüte kommende bürgerliche Lebensstil mit „Salons“ und „Lesegesellschaften“ auch für die kirchliche Praxis zum Vorbild. Das kulturelle Leben verlagerte sich von den Höfen des Adels in die Geselligkeit der Bürgerhäuser. Das Bedürfnis nach Begegnung und persönlichem Austausch und Gespräch nahm zu: Man las viel und sprach miteinander. Zugleich entstanden durch die Verstädterung bisher unbekannte leibliche und seelische Nöte. Familien lebten mit vielen Kindern in Ein-Zimmer-Wohnungen; die Kinder mussten zum Lebensunterhalt der Familien beitragen und waren entsprechend oft krank. In vielen städtischen Vierteln herrschten Armut und gesundheitlicher Notstand und in deren Folge wuchsen Kleinkriminalität und Prostitution.

Beide Entwicklungen führten zu einer grundlegenden Neuorientierung von Kirche und Kirchengemeinde, die im Laufe des 19. Jahrhunderts ein gemeinschaftsorientiertes und sozialdiakonisches Gepräge annahmen. Eine wichtige Rolle spielte dabei die Erweckungsbewegung: Viele zum lebendigen Glauben Gekommene wollten aus Nächstenliebe etwas für Andere tun und es bildete sich das, was man die „äußere" (zu Christus bekehrende) und die „innere" (diakonische) Mission nannte.

Bis zum Beginn des bürgerlichen Zeitalters hatte die kirchliche Gemeinschaft vor allem in der Begegnung beim sonntäglichen Gottesdienst und in den „Hausgemeinden", den häuslichen Gemeinschaften in den Großfamilien, bestanden. Ein „Gemeindeleben" im heutigen Sinne gab es nicht. Die alte Kirchengemeinde war vor allem der „Kleinverteiler der Staatsreligion" gewesen (Lück 25). Das änderte sich nun von Grund auf. Aus dem bloßen lokalen Zuständigkeitsbereich eines Pfarrers (des „Parochus", von griech. „par-oikos", Nachbar), aus der lokal bestimmten „Parochie", wurde im 19. und 20. Jahrhundert die Gemeinde als ein kommunikatives Zentrum mit Gruppen, Kreisen und Veranstaltungen. Nicht zuletzt die Unübersichtlichkeit der neu entstehenden allzu großen Parochien (→ § 2.1.3) am Ende des 19. Jahrhunderts führte zu dem Bestreben, Strukturen zu schaffen, in denen Menschen einander begegnen und einander bzw. anderen helfen konnten.

Das waren zunächst die kirchlichen Vereine, die von Laien, unabhängig vom Pfarramt, gegründet wurden. War das 19. Jahrhundert ohnehin die Epoche des Vereinswesens (man denke nur an die Sport-, Schützen- und Gesangvereine), wurde auch die Kirche davon erfasst. Man gründete kirchliche Vereine, um Personengruppen zu betreuen, die aufgrund der sozialen Entwicklungen von den ländlichen Großfamilien getrennt leben mussten und in Not gerieten: Kinder, Jugendliche, Arbeiter, Kranke, Frauen. Die karitativen Vereine hatten eine kommunikative Funktion nach innen und eine diakonische nach außen. (Auch die Vereine zur Bibelverbreitung sowie zur Äußeren Mission gehören in diesen Zusammenhang, kommen hier aber nur in zweiter Linie in Betracht, da sie übergemeindlich tätig waren.) Die Vereine bildeten insgesamt eine kirchliche Struktur, die von der verfassten Kirche unabhängig war; dieser Umstand war beim Ende der Staatskirche nach 1918 von Bedeutung.

3.3 Die Tätigkeit der Vereine wurde im Laufe der Zeit ebenso professionalisiert wie die pfarramtliche Verkündigung und im Laufe von 150 Jahren ging die Arbeit der Vereine ganz in der Gemeindearbeit auf. 1836 wurde von Friederike und Theodor Fliedner in Kaiserswerth das erste „Mutterhaus“ für Diakonissen (Diakonieschwestern) gegründet. Hier wurden junge Frauen für die Armenpflege, Krankenpflege, Kindererziehung und Betreuung von entlassenen weiblichen Strafgefangenen ausgebildet (Kessler 270). Auch junge Frauen, die nicht in der Gemeinschaft eines „Mutterhauses“, sondern mit einer eigenen Familie leben wollten, konnten diese Ausbildung durchlaufen; so entstand das Amt der „Gemeindeschwester“.

Ab dem Jahr 1900 wurden auch Männer für die Ausbildung zugelassen, so dass der Beruf des „Diakons“ bzw. des „Gemeindehelfers“ entstand (Kessler 271). Dieser Beruf hatte mit Katechismus- und Liedunterricht auch pädagogische Anteile und in manchen Landeskirchen (z. B. Hannover) entwickelte sich daraus das kombinierte Berufsbild des Kantors, Gemeindehelfers und Diakons, das in dieser Form bis etwa 1970 Bestand hatte. Während sich die musikalische Komponente in der Folgezeit ganz in das Kantorenamt verlagerte, blieb die Verbindung von Sozialarbeit und Gruppenpädagogik auch nach der Ausbildungsreform der 1960er und 1970er Jahre bestehen, als das Fachhochschulstudium (in kirchlicher Trägerschaft) der reguläre Berufszugang wurde. Man unterschied die im Fachhochschulstudium erworbene „theologisch-pädagogische" Qualifikation von der universitären „theologisch-hermeneutischen" Qualifikation der Pfarrerinnen und Pfarrer. Um 1980 tauchte erstmals die Berufsbezeichnung „Gemeindepädagoge" auf. In vielen Ausbildungsgängen ist daneben die Qualifikation als Sozialarbeiter:in oder Sozialpädagog:in möglich (Kessler 275–280).

Den Schwerpunkt der Tätigkeit bildet jedoch die pädagogische Arbeit mit Gruppen und Kreisen, so dass das Diakonische eher in den Hintergrund tritt. Viele Diakone bzw. Gemeindepädagoginnen beginnen ihre Berufstätigkeit dem Lebensalter entsprechend mit der Kinder- und Jugendarbeit und wechseln dann später in die Seniorenarbeit. Da die Erwachsenenbildung in der Gemeinde vielfach theologische Fragestellungen behandelt, liegt diese dagegen in der Regel in der Verantwortung der Pfarrerinnen und Pfarrer.

3.4 Das Verhältnis zwischen Pfarrer:innen und Diakon:innen ist oftmals durch Spannungen und Konkurrenz belastet. Dafür sind zwei Gründe geltend zu machen. *Erstens* sind beide Berufe für die Gemeindearbeit, für Angebote von Gruppen und Kreisen zuständig und machen einander Konkurrenz. Eine klare funktionale Trennung (z. B. die Diakonin ist nur in der Kinder- und Jugendarbeit tätig, der Pfarrer nur in der Erwachsenenarbeit) ist praktisch schwer durchzuführen, zumal es sich oft um dieselben Familien handelt. Anfallende Kasualien wie Taufen in jungen Familien müssen auf jeden Fall vom Pfarramt durchgeführt werden. *Zweitens* ist der Pfarrberuf der besser bezahlte und die Pfarrer:innen sind automatisch stimmberechtigt im Kirchenvorstand bzw. Presbyterium; als dessen Vorsitzende (was häufig vorkommt) sind sie auch die direkten Dienstvorgesetzten der Diakon:innen. Es erfordert darum einige Anstrengung, gut als Team aus verschiedenen Berufen zusammenzuarbeiten. An den Pfarrer:innen als den finanziell und administrativ besser Gestellten ist es, den anderen Berufen Raum zur freien Entfaltung zu geben.

4. Künstlerische Darstellung des Glaubens: Das kirchenmusikalische Amt

4.1 Musik ist ein unverzichtbarer Bestandteil des Gottesdienstes und des Gemeindelebens. Ebenso ist der kirchenmusikalische Beruf – neben der Schulmusik und dem Unterricht an der Musikschule – einer der wenigen, in dem sich (über den Konzertbetrieb hinaus) mit Musik ein ausreichender Lebensunterhalt verdienen lässt. Die Zahl der hauptamtlichen Stellen nimmt zwar mit dem Rückgang der Kirchenmitglieder ab, betrug aber im Jahre 2015 in den EKD-Kirchen immerhin noch 1925 (Voll- und Teilzeitstellen). Dabei handelt es sich allerdings nur um etwa 10 % der in der EKD tätigen Kirchenmusikerinnen und Kirchenmusiker – 90 % von ihnen üben ihren Dienst nebenamtlich aus. Die kirchenmusikalischen Veranstaltungen machten 2017 mit 7,6 Millionen Besuchern mehr als 50 % aller Gemeindeveranstaltungen neben den Gottesdiensten aus (Krummacher 428).

4.2 Aufgrund der hohen Wertschätzung der Musik durch Martin Luther kommt der Musik seit der Reformation ein besonderer Stellenwert zu. Seitdem wird die Musik nicht mehr durch Kleriker, sondern durch Laien im Kantorenamt ausgeübt. Klassisch evangelisch war die Verbindung von Unterricht an einer Lateinschule und der Leitung eines dort angesiedelten Knabenchores. Der Ausbau der Schulen im 16. Jahrhundert bildete die Basis der professionalisierten evangelischen Kirchenmusik und bis zum 18. Jahrhundert waren das Rektoren-, Kantoren- und Pfarramt durch die jeweils vorauszusetzende akademische Bildung füreinander durchlässig (KRUMMACHER 432; mit J. S. Bach wurde erstmals ein nicht akademisch gebildeter Musiker zum Leipziger Thomaskantor ernannt). Die Vorbereitung auf das Organistenamt erfolgte dagegen rein privat, bis es im 19. Jahrhundert zur Einrichtung von Konservatorien und Lehrerseminaren kam. Seitdem gehörte vielfach zum Dienst des „Hauptlehrers" an der Dorfschule auch das Organistenamt; diese Praxis war über die Mitte des 20. Jahrhunderts hinaus üblich.

Mit der bürgerlichen Epoche (→ 3.2) entwickelte sich die Kirchenmusik in den großen Städten zur Konzertmusik und der Kantor konnte zum Virtuosen und Kapellmeister werden. Die großen Klangkörper waren nun nicht mehr die schulischen Knabenchöre, sondern die bürgerlichen Gesangvereine, Singakademien und Oratorienchöre. Die Musikdidaktik der Kantoren wandelte sich zur Erwachsenenbildung. Die Chöre emanzipierten sich von der Mitwirkung an der Liturgie und profilierten sich als ein kultureller Faktor. Zugleich wurde das gottesdienstliche Singen der eigenständig verwalteten Chöre vielfach zur Ausnahme.

4.3 Erst im 20. Jahrhundert gründeten die Landeskirchen eigenständige kirchenmusikalische Ausbildungsstätten („Kirchenmusikschulen", seit etwa 1990 „Kirchenmusikhochschulen"). Daneben wurde die Ausbildung in Staatliche Hochschulen für Musik oder in die Universitäten integriert. Insgesamt sind gegenwärtig in Deutschland mehr als 70 Institutionen mit der haupt- und nebenamtlichen Kirchenmusikausbildung befasst (KRUMMACHER 441). Das Studium für die hauptamtlichen

B-Stellen und für die A-Stellen (mit hervorgehobenem künstlerischem Profil) erfolgt in einer achtsemestrigen Bachelor-Phase, die zur B-Prüfung und – nach erneuter Aufnahmeprüfung – in einer anschließenden viersemestrigen Masterphase zur A-Prüfung führt. Die nebenamtliche Ausbildung (C-Stellen und D-Eignungsnachweise)erfolgt im Rahmen eines Studiums oder berufsbegleitender Kurse.

4.4 Da der Kirchenvorstand Anstellungsträger und damit auch die vorgesetzte Instanz der Kirchenmusiker:innen ist, ergeben sich dieselben spannungsvollen Verhältnisse mit dem Pfarramt, wie das bei den Diakon:innen der Fall ist (s. o. 3.4). Von vielen Pfarrer:innen wird die Verkündigung des Wortes in den Lesungen und der Predigt für das „Eigentliche" des Gottesdienstes gehalten und die gottesdienstliche Musik für das begleitende Beiwerk.

Bei dieser Ansicht handelt es sich jedoch um eine fatale Fehlinterpretation der „Torgauer Formel". Theologisch ist nicht die Predigt als das „Wort" und die Musik als die „Antwort" zu verstehen. Es ist vielmehr daran zu erinnern, dass in *allen* Worten und Zeichen Christus zu hören ist (→ §8.3.2), so dass eine Hierarchisierung der liturgischen Zeichensprachen zu vermeiden ist. Die Musik ist eine eigenständige, für viele Menschen sogar die am tiefsten gehende Weise der Mitteilung und Darstellung des Evangeliums (→ § 14). Die Musik ist mehr als die Dienerin der Liturgie oder der Predigt.

4.5 Vor allem ist festzuhalten, dass es sich trotz unterschiedlicher professioneller (Orgeldienst, Verkündigungsdienst, Küsterdienst) und nichtprofessioneller *Funktionen* (Lektorendienst, Kollektendienst, Gemeindegesang) um ein und denselben *Dienst* am Evangelium handelt. Der eine Dienst (lat. „ministerium") des Betens, Feierns und Redens im Namen Gottes ist immer und für alle Teilnehmenden derselbe. Die Professionalität des *theologischen* Amtes, des Pfarramtes, besteht nicht zuletzt darin, diesen Zusammenhang der Dienste und Ämter lebendig und verständlich zu machen bzw. zu halten. Die theologische Kompetenz sollte also nicht dazu missbraucht werden, den Primat und die Superiorität von Pfarramt und Predigt zu behaupten, wie sie durch die finanzielle und administrative Höherstellung des Pfarramtes ohnehin in Geltung zu stehen scheinen. Kirchenmusiker:innen haben oftmals bessere liturgiegeschichtliche und hymnologische (gesangbuchkundliche) Kenntnisse als die Pfarrer:innen. Ihre liturgische Kompetenz darf nicht verschenkt werden. Unter Organisten kursierende Berichte von unmittelbar vor dem Gottesdienst zugesteckten Liederzetteln sind leider keine Einzelfälle.

Positiv formuliert: Gerade in seiner Funktion der Gemeindeleitung ist das Pfarramt dazu angehalten, die Eigenständigkeit, Wirksamkeit und den Zusammenhang der verschiedenen Dienste zu fördern, denn „es sind verschiedene Ämter, aber es ist ein Herr“ (1 Kor 12,5).

4.6 Einen spezifischen Aspekt der kirchenmusikalischen Professionalität wird man hingegen in der Unterscheidung und Zuordnung von konzertanter und liturgischer Logik sehen können. Als Konzertmusiker ist man an dem Primat von ästhetischer Perfektion und Qualitätsbeurteilung orientiert, als gottesdienstlicher Musiker an der Qualität der liturgischen Kommunikation. Im Gottesdienst kommt alles darauf an, dass die Zirkulation glaubender Erfahrung spürbar ist, und das kann auch bei ästhetischen Mängeln der Fall sein. Nicht in jedem Fall fördern sich musikalische Qualität und geistliche Dichte gegenseitig. Die Kirchenmusiker:innen haben die Aufgabe, pädagogisch-kommunikative und musikalisch-ästhetische Aspekte einander so zuzuordnen, dass das Konzertante die Liturgie stärkt und das Geistliche die konzertante Aufführung – und dass die Spannung zwischen liturgischer und konzertanter Logik erträglich bleibt. Den Kirchenmusiker:innen müssen beide Dimensionen des Musizierens vertraut sein.

5. Eingang und Ausgang: Der Küsterdienst

Eine nicht unerhebliche Rolle für die liturgische wie die konzertante Nutzung spielen der Zustand des Kirchenraums und die Art und Weise, wie man von diesem und in diesem empfangen wird. Besonders die Besucher, die an den Kirchgang wenig gewohnt sind, können sich beim Betreten einer Kirche unsicher und unwohl fühlen. Das Amt der Küsterin oder des Küsters (von lat. custos, Hüter, Aufseher) dient dazu, dem Kirchenraum eine einladende Qualität zu geben: Er muss temperiert, gelüftet, gereinigt, geschmückt, aufgeräumt und in kommunikativer Hinsicht einladend sein. Der Küster oder die Küsterin (andere Dienstbezeichnungen: Kirchendiener, Mesner, Sakristan, Sigrist) hat für die äußere Ordnung zu sorgen, die unwillkürlich als Zeichen der sachlichen Sorgfalt wahrgenommen wird. Zu dem Amt gehört auch die Funktion des Glöckners und in der Regel auch diejenige des Hausmeisters. Besonders gern werden darum von den Kirchenvorständen Männer oder Frauen eingestellt, die eine handwerkliche Ausbildung mitbringen und zu kleinen Reparaturen in der Lage sind.

In früheren Jahrhunderten war mit dem Amt des Dorfküsters zum Teil auch der Kantorendienst (in Kirchen ohne Orgeln) oder das Organistenamt verbunden und in Norddeutschland gab es bis zum Beginn des

19. Jahrhunderts noch die „Küsterschulen". Wilhelm Buschs „Lehrer Lämpel" aus „Max und Moritz" verkörpert diesen Dorflehrer, der zugleich Kantor, Organist und Küster war.

6. Religiöse Bildung in Schule und Kindergarten

Die Ausbildung für das schulische Lehramt an Volks- bzw. Haupt- und Realschulen hat sich im Laufe des 20. Jahrhunderts – mit dem Studium zunächst an den Pädagogischen Hochschulen und seit ca. 1970 fast durchgängig an den Universitäten – zunehmend professionalisiert und von der Kirche emanzipiert. Doch auch wenn es sich beim Religionsunterricht um ein schulisches Fach handelt, gibt es in den meisten Bundesländern die kirchliche „vocatio" (Berufung) für dieses Fach. In der deutschen religionsverfassungsrechtlichen (staatskirchenrechtlichen) Tradition spricht man von einer „gemeinsamen Angelegenheit" von Staat und Kirche („res mixta"). Religionslehrerinnen und Religionslehrer versehen – auch wenn das im Alltag nicht immer bewusst wird – inhaltlich ebenfalls ein kirchliches Amt (wenngleich sie staatlich besoldet werden). Es ist die Aufgabe der Pfarrämter und Gemeinden, die Nähe zu den Lehrerinnen und Lehrern zu suchen und deren Arbeit wahrzunehmen und zu nutzen, auch wenn diese nicht zum Engagement in der Gemeinde bereit sind.

Viele Kirchengemeinden haben die Trägerschaft eines evangelischen Kindergartens. Hier ist die Nähe zur Gemeinde unmittelbarer gegeben als beim Religionsunterricht. Auch die pädagogischen Fachkräfte im evangelischen Kindergarten haben einen kirchlichen Beruf. Das Pfarramt (oder auch die Gemeindepädagogin) ist verantwortlich für die Qualität der dortigen religionspädagogischen Arbeit.

7. Die äußere Ordnung: Kirchliche Verwaltungsberufe

Die Kirche bietet schließlich neben den bisher genannten Berufen in ihren Ämtern (Kirchenkreisämtern, Superintendenturen, Landeskirchenämtern, Konsistorien) viele Stellen in Verwaltungsberufen. Hierbei handelt es sich nur in zweiter Linie um theologisch zu begründende und zu profilierende Tätigkeiten. Darauf ist im folgenden Paragraphen über die kirchlichen Verwaltungsstrukturen einzugehen.

Zusammenfassung

Die evangelische Lehre vom allgemeinen Priestertum aller Getauften führt zu dem Grundsatz, dass für die Glaubenden im Prinzip alle Berufstätigkeiten christliche Berufe sind, in denen man der eigenen Überzeugung entsprechend handelt. Die kirchlichen Berufe im näheren Sinne sind diejenigen, die in der Institution Kirche, insbesondere in den Gemeinden, ausgeübt werden. An erster Stelle wird in diesem Paragraphen das Pfarramt beschrieben, weil es mit seiner theologisch-hermeneutischen Kompetenz die Aufgabe hat, alle Tätigkeiten vom Glauben her zu verstehen und dabei gleichzeitig allen Diensten und Funktionen die größtmögliche Freiheit und Professionalität zu ermöglichen. Das Pfarramt als das Amt der lokalen Leitung hat die verschiedenen Tätigkeiten füreinander transparent zu machen und einander näher zu bringen. Das bezieht sich auf die Ämter der Diakon:innen und Kirchenmusiker:innen ebenso wie auf die Küster:innen sowie die pädagogischen Berufe im Kindergarten und in der Schule. Auch die leitenden geistlichen Ämter (Superintendentur, Bischofsamt) sind nach evangelischem Verständnis nichts anderes als Pfarrämter mit Sonderauftrag.

§ 11 Gremien, Hierarchien und Behörden: Die „Amtskirche"

1. Amt und Religion, Glaube und Kirchenstruktur

1.1 Die Kirche kann theoretisch als Institution, Organisation und Inszenierung beschrieben werden (→ § 2), und sie hat als Körperschaft des öffentlichen Rechts eine entsprechende rechtsförmige Gestalt (→ § 5). Neben diese bereits behandelten Theorieperspektiven soll in diesem Paragraphen die praktische Wahrnehmung treten: Man begegnet Pfarrämtern, Superintendenturen, Kirchenkreisämtern, Kreis- und Landessynoden und Landeskirchenämtern. Die Leitung der Kirche erfordert nicht nur persönliche und seelsorgerliche, sondern auch grundsätzliche, strukturelle, finanzielle und politische Entscheidungen.

Der Begriff der „Amtskirche" hat in der Regel eher einen negativen Beiklang. Das liegt wohl daran, dass man der Amtskirche oftmals in ihrer einschränkenden Gestalt begegnet: Mittel werden gekürzt, Arbeitsbereiche zusammengelegt, Stellen gestrichen oder Amtshandlungen versagt (etwa die kirchliche Bestattung eines Ausgetretenen). Solche Entscheidungen rufen Unmut hervor, weil die Grundbotschaft des Evangeliums das Erbarmen ist, die bedingungslose Zuwendung zum einzelnen Menschen, auch abgesehen von prinzipiellen Erwägungen und Begründungen. Die Religion (und damit die Kirche) soll für den Menschen da sein – und nicht umgekehrt. Von der Kirche lässt sich dasselbe sagen wie von der Institution des Sabbats: Die Kirche ist um des Menschen willen gemacht und nicht der Mensch um der Kirche willen (vgl. das Jesuswort Mk 2,27). Wie also kann die Amtskirche sowohl menschenfreundlich als auch verlässlich und beständig sein? Allein die Verantwortung für die eigenen Mitarbeiter:innen und für die anvertrauten Steuermittel verlangt transparente Entscheidungswege und Amtszuständigkeiten, mit denen man sich auseinandersetzen und gegen die man gegebenenfalls den Rechtsweg einschlagen kann.

Darum ist die „amtliche" Seite der Kirche nicht nur ein notwendiges Übel, sondern im Gegenteil der Ausweis kirchlicher Freiheit sowie individueller Freiheit in der Kirche und gegenüber der Kirche. So sehr das religiöse Wesen der Kirche in der Kommunikation des Glaubens besteht, sich also nicht in feststehenden Sätzen und normierten Verhaltensweisen fassen lässt, so sehr steht die amtliche Struktur der Kirche für ihre Berechenbarkeit und für das Bestreben, nicht alles von der Sympathie und dem guten Willen der jeweiligen Verantwortlichen abhängig zu machen, sondern Verlässlichkeit und Erwartungssicherheit bei der Begegnung mit Menschen und der Kommunikation des Glaubens zu gewährleisten. Die Formalisierung von Handlungsabläufen macht unabhängig von persönlichen Zufällen (Karle 98). Nicht zuletzt steht die Amtskirche für den Anspruch, als Institution und Organisation öffentliche Kirche in der Gesellschaft zu sein (Huber 97–127).

Bei allem Ärger, den „amtliches" Verhalten auch im Einzelfall verursachen kann, sollte man den Zusammenhang mit der möglichen Eröffnung von Handlungsspielräumen im Blick haben. Im besten Falle schaffen Organisationsstrukturen Transparenz und dienen der individuellen Freiheit. Darum steht der Terminus der viel kritisierten „Amtskirche" programmatisch in der Überschrift dieses Paragraphen.

1.2 Von besonderer Bedeutung ist die Zuordnung von institutionell-organisatorischen Entscheidungen (über Finanzen, Stellen und Strukturen) einerseits und seelsorgerlich-religiösen Belangen andererseits. In diesem Zusammenhang ist immer wieder neu zu klären, inwieweit strukturelle („amtskirchliche“) Entscheidungen von glaubenden („geistlichen“) Erwägungen geprägt sein sollen bzw. inwieweit diese auf der Basis organisatorischer und finanzieller Vernunft getroffen werden sollen. Wie weit reicht die „geistliche Leitung“ bzw. wie verhält sich diese zu kirchenpolitischen Alternativen und Interessenkonflikten?

In dieser Frage gibt es zwei verschiedene Denkmodelle, die sich auf konfessionelle Traditionen zurückführen lassen. Nach dem eher *lutherischen* Entscheidungsstil folgen Glaubens- und Vernunfterwägungen einer deutlich anderen inneren Logik. Im Gefolge der wesentlich von Martin Luther geprägten Unterscheidung zwischen dem, was vom Menschen zu tun verlangt wird („Gesetz“) und demjenigen, was Gott für den Menschen tut („Evangelium“) wird die Entscheidung über strukturelle und finanzielle Fragen vor allem der menschlichen Vernunft („Gesetz“) zugeschrieben, während im Glauben (z. B. in Predigt, Seelsorge und Diakonie) dem unbegrenzten Erbarmen Gottes („Evangelium“) der Vorrang gebührt (→ § 5.3.9). Struktur- und Finanzentscheidungen sowie die Organisation der Kirchenverwaltung sind nach lutherischer Tradition eine Sache, Verkündigung und theologische Urteilsbildung eine andere. Wie in der Rechtfertigungslehre und in der Ethik Gesetz und Evangelium nicht vermischt werden sollen, so sind auch Predigt und Kirchenpolitik unabhängig voneinander zu betrachten.

Da dieses Denkmodell die theologische Kritik von Strukturen und kirchenpolitischen Entscheidungen schwächen bzw. verhindern kann, betont die *reformierte*

Tradition den Zusammenhang von theologischem Urteil und amtskirchlichen Strukturen. Mit dem 3. Artikel der Theologischen Erklärung von Barmen von 1934 („Barmen III“) wird betont, dass die Kirche „mit ihrer Botschaft wie mit ihrer Ordnung mitten in der Welt der Sünde“ zu bezeugen hat, dass sie allein von der Weisung Jesu Christi lebt. Danach gibt es keine kirchlichen Entscheidungen, die wesentlich mit der weltlichen Vernunft und unabhängig vom Glauben zu treffen wären.

Beide Traditionen haben ihre Vorzüge und Gefahren. Die lutherische Betrachtungsweise erleichtert das Leitungshandeln, weil nicht bei jeder kleinen Entscheidung die große Theologie von der Bibel über die Kirchengeschichte bis zur Dogmatik und ethischen Urteilsbildung bemüht werden muss. Die Gefahr besteht aber in der Selbstgenügsamkeit und der sich einschleichenden Unanfechtbarkeit von Strukturen („Eigendynamik“). Umgekehrt erinnert die reformierte Sicht mit Recht daran, dass die Kirche keine beliebige Organisation ist, sondern in allen Entscheidungen als „Geschöpf des Wortes“ (→ § 4) dem Evangelium verpflichtet bleiben und mit dieser Orientierung zu erkennen sein soll. Dabei liegt die Gefahr allerdings in unfruchtbaren Grundsatzdebatten, die die eigentlichen Beweggründe – etwa persönliche Konkurrenzen oder ein strukturelles Beharrungsvermögen – überdecken können.

2. Strukturieren, Entscheiden, Repräsentieren, Verwalten: Dimensionen amtskirchlichen Handelns

In Analogie zur staatlichen Gewaltenteilung in Gesetzgebung (Legislative, Parlamente), Regierungshandeln (Exekutive) und Rechtsprechung (Judikative) gibt es auch in der Kirche eine Balance zwischen demokratisch gewählten und von der Institution bestimmten und beauftragten Amtsträger:innen. Dabei sind die Funktionen der Gremien und Ämter auf den verschiedenen lokalen und regionalen Ebenen in analoger Weise geordnet.

2.1 Die Aufgabe des grundlegenden *Strukturierens* der Kirche übernehmen die gewählten parlamentarischen Gremien, die als das „synodale" Element bezeichnet werden (griech. „synodos", Zusammenkommen, Versammlung). Die 20 Landeskirchen haben jeweils eine Landessynode (in der Bremischen Kirche heißt diese Synode „Kirchentag"). Die Kirchenkreise haben eine Kreissynode und auf der Gemeindeebene gibt es die Gemeindeversammlung. Synoden tagen in der Regel ein- bis zweimal jährlich. In diesen sind die Theolog:innen in der Minderheit. Das synodale Prinzip geht auf die evangelische Vorstellung vom Priestertum aller Getauften zurück und bringt die „Grundüberzeugung von der elementaren Statusgleichheit aller Christinnen und Christen" zum Ausdruck (Karle 94).

2.2 Die aktuellen *Entscheidungen* werden von einer Art „Regierung" getroffen, bei deren Zusammensetzung auf ein Gleichgewicht zwischen theologischer Kompetenz (Pfarrer:innen) und Laienverantwortung geachtet wird. Dieses regierende Organ, das in der Regel monatlich zusammenkommt, ist auf der Ebene der Gemeinde der

Kirchenvorstand (anderer Name: „Presbyterium"). Der Kirchenvorstand übernimmt auch „parlamentarische" Aufgaben wie die Verabschiedung des Jahreshaushaltes oder die Einführung gemeindlicher Ordnungen (Taufordnung, Ordnung für die Konfirmandenarbeit, Läuteordnung). Die Pfarrer:innen sind qua Amt Mitglieder in diesem Leitungsgremium, da dem Pfarramt auch die Aufgabe der Koordination der gemeindlichen Handlungsfelder (Gemeindeleitung) zukommt.

Auf der Ebene des Kirchenkreises amtiert exekutiv der Kirchenkreisvorstand, in der Landeskirche die Kirchenleitung. Diese kann auch andere Bezeichnungen haben, z. B. wie in der Ev.-Luth. Landeskirche Hannovers „Kirchensenat" (bis 2019). Bemerkenswert ist die Entscheidung der Hannoverschen Landessynode vom Mai 2019, mit ihrer neuen Kirchenverfassung, die am 1.1.2020 in Kraft trat, ganz auf den Kirchensenat zu verzichten und dessen Aufgaben auf den Landesbischof und – im Sinne von mehr Subsidiarität – auf die unteren Ebenen zu verteilen (außerdem gibt es dort jetzt einen „Personalausschuss" für die Besetzung kirchenleitender Ämter).

Im Bereich der Evangelischen Kirche in Deutschland (EKD) ist das exekutive Organ der Rat der EKD. Die Vorsitzende dieses Gremiums, seit November 2021 Annette Kurschus, Präses der Ev. Kirche von Westfalen, gilt in der Öffentlichkeit und den Medien als ranghöchste evangelische Geistliche in Deutschland. Der Rat der EKD wird von der EKD-Synode gewählt und bestimmt aus seiner Mitte den Ratsvorsitz.

2.3 Versteht man die Kirchenleitung vor allem als die Leitung durch Predigt, Sündenvergebung und rechte Lehre („sine vi, sed verbo" → § 4.4.2), dann ist deutlich, dass die Träger:innen des geistlichen Amtes auch abgesehen von ihrer Tätigkeit in den Leitungsgremien eine hervorgehobene Rolle spielen. Das oftmals kritisierte Profil der evangelischen Kirche als „Pastorenkirche“ hat ihre Wurzel und ihre teilweise Berechtigung in der Tatsache, dass die Auslegung der Bibel im Hinblick auf die aktuelle Gestaltung rechter christlicher Praxis an erhebliche Voraussetzungen geistiger und geistlicher Bildung geknüpft ist. Um die „Leitung durch das Wort“ zu ermöglichen, muss die Kirche ihre Pfarrer:innen (→ §10.2) einem anspruchsvollen und langwierigen Bildungsprozess unterziehen. Diese sind schließlich die Personen, die das Christsein glaubwürdig zeigen und repräsentieren sollen. Sie sollen sprachfähig sein, den Glauben zu erläutern und mit aktuellen geistigen und kulturellen Herausforderungen ins Gespräch zu bringen. Die Aufgabe der Repräsentation mit der geistig-geistlichen Durchdringung des Evangeliums haben auf der mittleren Leitungsebene die Superintendent:innen, auf der oberen die Regionalbischöf:innen (bzw. die Generalsuperintendent:innen) und schließlich die Landesbischöf:innen.

2.4 Ein großer Teil der Arbeit einer gut funktionierenden Amtskirche umfasst schließlich die professionelle Verwaltung. Rechnungen und Gehälter müssen bezahlt, Mitarbeitende müssen eingestellt und begleitet werden (Fürsorgepflicht), Kirchenbücher müssen – im Hinblick auf die „Amtshandlungen“ Taufe, Trauung, Konfirmation und Bestattung – geführt und Beschlüsse der leitenden Gremien umgesetzt werden. Dafür gibt es das Pfarrsekretariat oder Gemeindebüro auf der lokalen und das Kirchenkreisamt auf der regionalen Ebene sowie die Landeskirchenämter auf der Ebene der Landeskirche. (In Berlin trägt die oberste Verwaltungsbehörde weiterhin den seit der Reformationszeit üblichen Namen „Konsistorium“, in anderen Landeskirchen heißt sie „Oberkirchenrat“, „Kirchenkanzlei“ „Kirchenverwaltung" oder „Landeskirchenrat".) In den Kollegien der Landeskirchenämter sind etwa gleich viele juristische und theologische Oberkirchenrät:innen beschäftigt; an der Spitze der Behörde steht meistens ein:e Jurist:in. In der Regel gibt es mindestens je ein Dezernat für Ausbildung, für Theologie / Ökumene / Mission und für Bildung.

2.5 Zur Verwaltung im weiteren Sinne gehört auch die *kirchliche Gerichtsbarkeit,* die in innerkirchlichen Rechtsfragen zu entscheiden hat. Dies betrifft Personalangelegenheiten, Disziplinarsachen und Lehrbeanstandungsverfahren. In den kirchlichen Gerichten sind juristische und theologische Kompetenz verbunden; die Mitglieder der Spruchkammern werden von den Synoden gewählt bzw. von der Kirchenleitung ernannt.

3. Die Ortsgemeinde als basale Gestalt von Kirche

3.1 Die Kirchengemeinde am Ort steht für den elementaren Zusammenhang von Glaube und Alltagsleben. Für die große Mehrheit der Kirchenmitglieder entscheidet es sich hier, ob sie ein Verhältnis zur Kirche und zu anderen glaubenden Menschen außerhalb der Familie finden. Glaube ist wesentlich in der Kommunikation unter körperlich Anwesenden lebendig – das hat besonders die Pandemie 2020 und 2021 schmerzlich bewusst werden lassen. Die Kirche ist so stark wie es ihre Basis in den Ortsgemeinden ist. Kirchenkreise und Landeskirchen sind wichtige Verwaltungs- und Profilierungsinstanzen, doch sie bleiben abhängig von der Qualität der Mitteilung und Darstellung des Glaubens am Ort. Die Ziele der Organisation Kirche werden an der Basis umgesetzt; sie lassen sich kaum von oben steuern (Karle 114).

Die Gestalt der Ortsgemeinde mit einem Kirchenvorstand, Gruppen und Kreisen entwickelte sich erst seit der Mitte des 19. Jahrhunderts. Zuvor hatte es sich lediglich um lokale Bezirke der Obrigkeit zur lückenlosen geistlichen Versorgung der Bevölkerung, um „Parochien" (→ § 10.3.2) gehandelt. Für die hannoversche Landeskirche ist diese Entwicklung zur „wirklichen" und „lebendigen" Gemeinde ausführlich beschrieben worden (Cordes 9–45). Diese Entstehung der Gemeinde als Ort der Glaubenskommunikation hing wesentlich mit den soziokulturellen Veränderungen und mit der Erweckungsbewegung am Anfang des 19. Jahrhunderts zusammen.

3.2 Das lokale Pfarramt ist für die überwiegende Mehrheit der Kirchenmitglieder die Schlüsselinstanz für die Wahrnehmung der Kirche. Es ist auch für den eigenen Glauben weitaus relevanter als der Kirchenvorstand und die Gemeindeversammlung. „Die Ortsgemeinde, der Pfarrer bzw. die Pfarrerin und das lokale Kirchengebäude – diese Trias steht den Mitgliedern in der Regel vor Augen, wenn sie nach Kirche gefragt werden." (Karle 124) Im Pfarramt hat die Amtskirche ein menschliches Gesicht. Das zeigt sich besonders bei den Kasualien (→ § 9), weil sich dort die Kirchenmitgliedschaft in der eigenen Lebensgeschichte als plausibel erweist – oder auch nicht. Die glaubenden Lebensdeutungen können nicht vom Pfarramt vorgegeben werden, sondern müssen von den Gemeindegliedern selbst gefunden werden. Dennoch besteht die entscheidende pfarramtliche Aufgabe darin, den Glauben vom Leben und das Leben vom Glauben her transparent zu machen. Pfarrer:innen können den Glauben nicht vorgeben oder übertragen, aber sie können ihn zeigen.

3.3 Neben den Ortsgemeinden gibt es andere Formen von kirchlicher Gemeinschaft in „Funktionsgemeinden“ wie Studierendengemeinden (ESG, Ev. Studierendengemeinde), Jugendkirchen, Citykirchen und Anstaltsgemeinden, etwa im Krankenhaus. Auch auf Jugend- und Familienfreizeiten, in ev. Akademien und bei Fortbildungen (besonders für Religionslehrer:innen) bilden sich Gemeinschaften mit geistlichem Leben, die man als „Kirchengemeinden auf Zeit“ bezeichnen kann. Das trifft auch für den ev. Kirchentag zu, der alle zwei Jahre stattfindet. An ihm nehmen viele Engagierte aus den Ortsgemeinden teil, aber auch manche, die im Alltag ohne gemeindliche Anbindung leben. Auch für diese Gemeindeformen ist die „face-to-face“-Erfahrung entscheidend und nicht ersetzbar.

4. Der Kirchenkreis als kirchenamtliche Mittelebene

4.1 Die mittlere Ebene kirchlichen Handelns ist vor allem dazu da, durch kollegialen Austausch und Zusammenarbeit vergleichbare Arbeitsbedingungen in einer Region zu ermöglichen. Außerdem können so Projekte realisiert werden, die für die einzelne Gemeinde organisatorisch oder finanziell zu aufwendig wären, wie z. B. größere Konfirmandenfreizeiten („Konfi-Camps“), Mitarbeiterschulungen für die Jugendevents (durch den Kreisjugenddienst) oder größere musikalische Ereignisse (Chorfest, Kreisposaunenfest). Gemeinsame Themen werden bei der *Kirchenkreissynode* / beim *Kirchenkreistag* (Parlament) verhandelt und vom *Kirchenkreisvorstand* umgesetzt.

4.2 Absprachen der hauptamtlichen Mitarbeiter:innen werden bei der in der Regel einmal monatlich tagenden *Pfarrkonferenz* getroffen. Diese von der Superintendentur organisierten Zusammenkünfte dienen auch der gemeinsamen Fortbildung. Eine gut geleitete und durch ein kollegiales Team vorbereitete Pfarrkonferenz ist der Ort für die theologische Arbeit (z. B. gemeinsame Predigtvorbereitung) und für den Austausch von Ideen.

4.3 Der / die *Superintendent:in* (bzw. der / die Dekan:in) führt die Aufsicht im Kirchenkreis und hat den Vorsitz im Kirchenkreisvorstand. Die wichtigste Aufgabe dieses Amtes ist die geistliche und organisationsbezogene Begleitung der Gemeinden. Die Aufsicht (griechisch „epi-skope“, daher stammt das Wort „Bischof“) wird vor allem in der Form der Beratung wahrgenommen. Die Aufsicht soll in den einzelnen Gemeinden die Perspektive der Gesamtkirche zur Geltung bringen.

Das wichtigste „bischöfliche“ Instrument im Kirchenkreis ist die *Visitation* (lat. Besichtigung, Besuch) der Gemeinden. Diese wird in der Regel durch ein fachlich differenziertes Team unter der Leitung des / der Superintendent:in durchgeführt und findet in der Regel alle sechs Jahre statt. Die Visitation ist für die Gemeinde eine Art von intensivierter Gemeindeversammlung und Gemeindeberatung, bei der (in der Regel etwa eine Woche lang) die Formen und Inhalte der eigenen Glaubenskommunikation wertschätzend und kritisch weiterführend bilanziert werden. Dazu gehört auch ein Blick auf die Beziehungen der Gemeinde zu den lokalen kommunalen Einrichtungen. Die Visitation ist mit alledem ein anspruchsvolles und zeitintensives Stück Arbeit: Für die Vorbereitung erstellt die Gemeinde einen Bericht, nach der Visitation berichtet die Aufsicht führende Person an die Kirchenleitung; am Ende der Visitation können Zielvereinbarungen stehen. Insgesamt dient die Visitation dem Ziel, dass die Kirche „in ihrer geschichtlichen Realität den Attributen der geglaubten Kirche, insbesondere der Apostolizität und der Einheit, entspricht." (MUNSONIUS 192)

4.4 Zur Abwicklung der finanziellen und administrativen Aufgaben gibt es im Kirchenkreis (bzw. für mehrere benachbarte Kirchenkreise) ein *Verwaltungsamt* (früher: Kirchenkreisamt oder Rentamt), das für die Personalverwaltung, die Rechnungsführung und das Haushaltswesen sowie für die Bau-, Grundstücks- und Friedhofsverwaltung der Gemeinden und ihrer Einrichtungen (z. B. Kindertagesstätten) zuständig ist.

5. Die Landeskirche als Amtskirche und Bekenntniskirche

5.1 Die 20 evangelischen Landeskirchen in sind aus der ehemaligen territorialen Gliederung Deutschlands hervorgegangen, sind aber nicht mit den seit 1945 entstandenen Bundesländern identisch. Sie umfassen recht unterschiedlich große Gebiete und Mitgliederzahlen: Die Landeskirche Anhalts hat 28.000 Gemeindeglieder, Schaumburg-Lippe 48.000 – in der rheinischen und der hannoverschen Kirche sind es dagegen je etwa 2,4 Millionen (also etwa fünfzigmal so viele).

5.2 Die Landeskirchen sind die obersten Verwaltungs- und Aufsichtseinheiten der evangelischen Gemeinden in Deutschland. Sie haben gemäß der Tradition des Rechtsgrundsatzes von 1555 (Augsburger Religionsfriede) bzw. 1648 (Westfälischer Friede) ein lutherisches, reformiertes oder ein uniertes (d. h. ein sowohl lutherisches als auch reformiertes) Bekenntnis. Die lutherischen Landeskirchen führen ihr Bekenntnis auch im Namen (Hannover, Bayern, Nordkirche, Sachsen, Braunschweig, Schaumburg-Lippe); ein Spezialfall ist die „Ev. Kirche in Mitteldeutschland" (EKM), die 2009 aus der Vereinigung der beiden Landeskirchen in Thüringen und der Kirchenprovinz Sachsen (in Sachsen-Anhalt) hervorgegangen ist: Sie nennt sich nicht „lutherisch", gehört aber zur VELKD und hat in der UEK einen Gaststatus (s. u. 6.).

Was die Bindung an ein Bekenntnis angeht, bildet die Bremische Ev. Kirche die Ausnahme: Sie ist eine Territorial- und Verwaltungseinheit, ist aber als Landeskirche an kein spezifisches Bekenntnis gebunden; stattdessen sind die einzelnen bremischen Gemeinden entweder lutherisch, reformiert oder uniert. Das Amt des Superintendenten und das Instrument der Visitation gibt es in der Bremischen Kirche nicht, da die Gemeinden in Bezug auf das Bekenntnis autonom sind (visitiert wird lediglich innerhalb des lutherischen Gemeindeverbandes).

Die Evangelische Kirche in Deutschland (s. u. 6) ist dagegen ein Zusammenschluss der Landeskirchen zum Zweck der Kooperation. Eine Aufsicht über die Landeskirchen bzw. eine Visitation der Landeskirchen durch die EKD gibt es nicht.

6. Die Zusammenschlüsse von Landeskirchen

6.1 Die *Evangelische Kirche in Deutschland (EKD)* wurde 1945 gegründet und gab sich 1948 eine Grundordnung. Sie ist die in der Öffentlichkeit bekannteste Dachorganisation der deutschen Landeskirchen. Ihr gehören alle 20 Landeskirchen an. Die EKD ist im ökumenischen Gegenüber der Partner für die katholische Deutsche

Bischofskonferenz und der Gesprächspartner der politischen Gewalten und Parteien. Dazu dient das Amt eines Bevollmächtigten des Rates der EKD bei der Bundesrepublik Deutschland und der Europäischen Union. Da sich die EKD (besonders die jeweils Anfang November tagende EKD-Synode) auch zu tagespolitischen Fragen äußert, wird ihr (und dem Ratsvorsitzenden als Repräsentanten) viel öffentliches und mediales Interesse entgegengebracht.

Die EKD hat nach Art. 6,1 ihrer „Grundordnung“ die Aufgabe, die „Gemeinschaft unter den Gliedkirchen“ zu vertiefen. „Sie wirkt dahin, dass die Gliedkirchen, soweit nicht ihr Bekenntnis entgegensteht, in den wesentlichen Fragen des kirchlichen Lebens und Handelns nach übereinstimmenden Grundsätzen verfahren.“ (Art. 6,2) Von der EKD erlassene Kirchengesetze bedürfen der landeskirchlichen Zustimmung, um dort Geltung zu haben.

Organe der EKD sind neben der Synode (Legislative) der Rat (Exekutive) und die Kirchenkonferenz. Diese ist das föderale Organ, in das jede Landeskirche zwei Personen entsendet (40 Mitglieder). Synode, Rat und Kirchenkonferenz sind einander nebengeordnet, so dass eine gute Abstimmung erforderlich ist. Auch der / die Vorsitzende des 15köpfigen Rates hat keine eigenständigen Entscheidungsbefugnisse, er ist nur *primus inter pares* (Munsonius 158). Da die EKD ein Zusammenschluss von Landeskirchen mit verschiedenen Bekenntnissen ist (s.o. 5.), hat sie selbst kein Bekenntnis. Es ist darum theologisch strittig, ob die EKD selbst Kirche ist oder eine Arbeitsgemeinschaft von eigenständigen Kirchen. Ein Versuch, die Augsburgische Konfession (Confessio Augustana, CA) von 1530 als gemeinsames Bekenntnis aller EKD-Kirchen zu verankern, war nicht von Erfolg gekrönt.

6.2 Schon im 19. Jahrhundert hatte es im Zusammenhang der Unionsbestrebungen (s. u. 6.3) und der Wiederentdeckung des Luthertums Bemühungen gegeben, die lutherischen Landeskirchen zu vereinigen. Eine Vorstufe war die von konservativen Lutheranern vorbereitete und 1868 erstmals tagende „Allgemeine Evangelisch-Lutherische Konferenz" (AELK), die ab 1927 „Lutherisches Einigungswerk" hieß. Erst nach der Naziherrschaft schlossen sich die lutherischen Landeskirchen in ganz Deutschland im Juli 1948 auf der Verfassunggebenden Generalsynode in Eisenach zur *„Vereinigten Evangelisch-Lutherischen Kirche Deutschlands" (VELKD)* zusammen.

Die heutige VELKD hat eine Generalsynode, eine Kirchenleitung, eine Bischofskonferenz und einen leitenden Bischof sowie ein Verwaltungsamt. Die Gliedkirchen wissen sich „in ihrer Verkündigung und Sakramentsverwaltung wie auch in ihrer Ordnung, Leitung und Verwaltung sowie im gesamten Handeln" an das lutherische Bekenntnis gebunden (Art. 1,2 der Verfassung, Munsonius 189). Ihre gemeinsamen Bekenntnisschriften sind vor allem die Confessio Augustana und der Kleine Katechismus Martin Luthers von 1529. Die VELKD ist selbst Kirche und kann Gesetze für ihre Gliedkirchen erlassen.

6.3 Neben der VELKD gibt es innerhalb der EKD die Gemeinschaft der Kirchen mit uniertem Bekenntnis, die *„Union evangelischer Kirchen in der EKD" (UEK)*. Ihr gehören die 12 nichtlutherischen Landeskirchen der EKD an. Die UEK ging 2003 aus der nach 1945 entstandenen „Ev. Kirche der Union" (EKU) hervor.

Auch ihre Wurzeln reichen ins 19. Jahrhundert zurück, als die Unionen zwischen reformierten und lutherischen Gemeinden begannen. Nachdem das konfessionelle Denken von Aufklärung und Pietismus relativiert worden war, lag der Gedanke der Union nahe. Preußen kam die Vorreiterrolle zu, da es dort ein reformiertes Herrscherhaus und eine mehrheitlich lutherische Bevölkerung gab. Außerdem war König Friedrich Wilhelm III. (Regierungszeit 1797–1840) mit einer lutherischen Frau verheiratet (Luise von Mecklenburg-Strelitz, 1776–1810) und konnte mit ihr nicht gemeinsam zum Abendmahl gehen. Zur 300. Wiederkehr des Thesenanschlags erließ der König im September 1817 einen Aufruf zur Vereinigung der lutherischen und reformierten Kirche nicht nur im äußeren Sinne, sondern „in der Einigkeit der Herzen nach echt biblischen Grundsätzen“. Am 31. Oktober 1817 feierten der König und seine Familie in der Potsdamer Hof- und Garnisonkirche das Abendmahl und vollzogen damit die Vereinigung der reformierten und der lutherischen Gemeinde. Auch an anderen Orten kamen reformierte und lutherische Gemeinden zu gemeinsamen Gottesdiensten zusammen.

Es folgten weitere Unionen mit einem gemeinsamen Bekenntnis („Bekenntnisunion“) in der Pfalz 1818 und in Baden 1821; in anderen Ländern wie in Rheinhessen (1822) und Anhalt (1827) bildeten sich lediglich „Verwaltungsunionen“, bei denen die Gemeinden an ihren unterschiedlichen Bekenntnissen festhielten. Nach 1945 schlossen sich die unierten Kirchen zur „Evangelischen Kirche der Union“ und zur „Arnoldshainer Konferenz“ (AKf) zusammen; EKU und AKf vereinigten sich 2003 zur „Union evangelischer Kirchen in der EKD“ (UEK). Zu ihr gehören alle nicht-lutherischen Landeskirchen. Außerdem haben die lutherischen Landeskirchen von Oldenburg, Württemberg und Norddeutschland sowie der Reformierte Bund einen Gaststatus in der UEK.

6.4 Die Strukturen der Landeskirchen sowie von VELKD und UEK innerhalb der EKD sind für die Gemeindeglieder schwer zu durchschauen. Bekannt sind neben der Ortsgemeinde am ehesten die eigene Landeskirche und die EKD; die Bekenntnisbindung der eigenen Gemeinde und der Landeskirche sind entweder unbekannt oder werden kaum mit Glaubensinhalten verbunden. Erst recht die Zusammenschlüsse UEK und VELKD spielen im Alltag der Gemeinden kaum eine Rolle. Um die Strukturen etwas zu vereinfachen, wurden 2007 das Kirchenamt der VELKD und das Amt der UEK in das EKD-Kirchenamt in Hannover integriert. Außerdem konnte für die Mitglieder der Synoden (EKD und VELKD, EKD und UEK) Personenidentität hergestellt werden (man spricht vom „Verbindungsmodell“, MUNSONIUS 160f.).

6.5 Über die EKD hinaus gibt es die „Gemeinschaft Evangelischer Kirchen in Europa“ (GEKE). Dazu gehören die Evangelischen Kirchen, die die „Leuenberger Konkordie“ von 1973 unterzeichnet haben und miteinander in Kanzel- und Abendmahlsgemeinschaft verbunden sind. Die Lutheraner haben sich darüber hinaus im „Lutherischen Weltbund“ (148 Mitgliedskirchen, Sitz in Genf) zusammengeschlossen, die Reformierten in der „Weltgemeinschaft Reformierter Kirchen“ (230 Mitgliedskirchen, Hauptsitz Hannover). Zum „Ökumenischen Rat der Kirchen“ (ÖRK) in Genf schließlich gehören 350 Mitgliedskirchen – nicht aber die römisch-katholische Kirche.

Zusammenfassung

Die Amtskirche baut sich von unten nach oben auf, denn die Ortsgemeinden stellen auch für die Organisation und Verwaltung der Kirche die basale Instanz dar.

Auf allen kirchlichen Ebenen (Gemeinden, Kirchenkreise, Landeskirchen, landeskirchliche Zusammenschlüsse) gibt es synodale (legislative), exekutive und repräsentative Gremien. Die Gestalt der Amtskirche dient vor allem dazu, den Kirchenmitgliedern sowie außerkirchlichen Partnern Transparenz, Erwartungssicherheit und Vergleichbarkeit zu garantieren. Erst diese ermöglichen ein größtmögliches Maß an Freiheit für alle Beteiligten. Sollen sich Predigt und Seelsorge ganz an den Bedürfnissen der verschiedenen und einzelnen Menschen orientieren, sorgt die Organisation der Amtskirche für vergleichbare Bedingungen an verschiedenen Orten. Das ist nicht zuletzt aufgrund der zunehmenden Mobilität von Bedeutung.

§ 12 Macht und Sexualität in der Kirche

Die gemeinsame Thematisierung von Macht und Sexualität in der Kirche kann nach den schrecklichen Enthüllungen der Fälle von sexuellem Missbrauch in den beiden großen Kirchen nicht überraschen. Das Thema Sexualität gehört nicht nur in den Kontext von Liebe, Ehe und Partnerschaft, sondern auch in denjenigen von kommunikativer und amtlicher Macht. Weil dabei das Erleben von Ohnmacht und erlittener Aggression im Vordergrund steht, ist in den letzten Jahren die Kategorie der „sexualisierten Gewalt" üblich geworden. Es hat sich in erschreckender Weise herausgestellt, dass viele kirchliche Mitarbeiter ihre Vertrauensstellung gegenüber Abhängigen, insbesondere gegenüber Kindern und Jugendlichen, zu Gewalttaten missbraucht haben.

Für die realitätsnahe Beschreibung der Kirche in der Gegenwart ist es darum notwendig, Missbrauch nicht nur als individuelle Verfehlung zu betrachten, sondern dazu systemische Überlegungen anzustellen: Wie kommt es dazu, dass sich Gewalt gegen anbefohlene Schutzbedürftige und Schwache richtet und die Kirche damit in den schlimmsten performativen Selbstwiderspruch gerät (Mt 18,6)? Das hängt sicher damit zusammen, dass die Kirche ein Ort der Kommunikation (→ § 4) und des Vertrauens, ja bisweilen der seelsorgerlichen und pädagogischen Intimität ist, wo Amtsträger Macht über andere gewinnen. Wer ein kirchliches Amt bekleidet, muss sich darum mit der eigenen Sexualität und dem eigenen Machtstreben laufend auseinandersetzen.

1. Vertrauen, Macht und Machtmissbrauch in der Kirche

1.1 Berufe, in denen man eng mit Menschen zusammenarbeitet, bringen besondere menschliche Befriedigung, aber gerade deswegen auch spezielle Gefährdungen mit sich. Das gilt für alle so genannten „Professionen“, in denen die Kommunikation einer Sache (Recht, Gesundheit, Bildung, Religion) untrennbar mit der Kommunikation von Menschen verbunden ist. In allen Professionen entsteht ein besonderes Vertrauensverhältnis, weil dort nicht eine bloße Sache verkauft oder verhandelt wird, sondern der andere Mensch (Klient, Patient, Schüler) im Mittelpunkt steht. Wer in solchen Berufen arbeitet, beginnt zunächst das Vertrauen des Gegenübers zu gewinnen und eine Beziehung aufzubauen. Umgekehrt: Wer sich in diesen Bereichen einer anderen Person anvertraut, begibt sich in eine mindestens partielle Abhängigkeit. Die angemessene Balance von Nähe und Distanz gehört zu den Schlüsselqualifikationen in professionellen Berufen. Angst vor Nähe ist ebenso schädlich wie die Verwechslung eines beruflichen und eines freundschaftlichen Verhältnisses.

1.2 Die spezifische Weise von Macht in der kirchlichen Kommunikation kann als „Deutungsmacht“ beschrieben werden: Eine Person (häufig eine Hilfe suchende Person) gibt einem Amtsträger (Pfarrerin, Diakon, Sozialarbeiter, Religionslehrerin) Anteil an den eigenen Gedanken, Sorgen und Ängsten, um Begleitung und Hilfe zu erfahren. Dazu gewährt sie der helfenden Person teilweise tiefe Einblicke in die eigene Seele. Die als Helfer angesprochene (Amts-)Person bietet Deutungen an und gibt Handlungsalternativen zu erwägen. Auch wenn das – der modernen Seelsorgetheorie entsprechend – wenig oder gar nicht direktiv geschieht, gewinnt die helfende Person Einfluss auf die Lebensdeutung und Lebensführung der Hilfe suchenden Person: Es bildet sich Deutungsmacht heraus. Gerade das Grundverständnis der Lebensbegleitung verschafft größeren Einfluss als z. B. das ältere Grundbild der Verkündigung.

Unter „Deutungsmacht" kann man die zugeschriebene Möglichkeit verstehen, Deutungen vorzunehmen und anderen anzubieten. Das ist in Predigt, Unterricht und Seelsorge zweifellos der Fall. Es handelt sich um eine abgeleitete Form von Macht, die nicht direkt, sondern indirekt dadurch wirkt, dass dem anderen die Macht zur Deutung des eigenen Lebens eingeräumt wird. Mit der klassischen Definition Max Webers (1864–1920) kann man Macht als die Möglichkeit definieren, „innerhalb einer sozialen Beziehung den eigenen Willen auch gegen Widerstreben durchzusetzen, gleichviel worauf diese Chance beruht" (Wirtschaft und Gesellschaft, § 16; zit. nach Meyer-Blanck 65). In der gegenwärtigen Politikwissenschaft wurde dazu die Unterscheidung zwischen „hard power" und „soft power" entwickelt (Meyer-Blanck 66). Die erste wirkt durch Druck, Ausübung und Androhung von Gewalt, die zweite durch Attraktion und Sympathie. Diese Überlegungen lassen erkennen, wie leicht zugeschriebene Deutungsmacht in das Aufzwingen des eigenen Willens und damit auch in den sexuellen Missbrauch übergehen kann.

1.3 Es ist darum sinnvoll, den professionellen (pädagogischen oder seelsorgerlichen) Missbrauch als Vorstufe des sexuellen Missbrauchs anzusehen. Die Tendenz zum professionellen Missbrauch ergibt sich dann, wenn ein pädagogisches Verhältnis in ein familiäres, freundschaftliches, intimes und schließlich in ein erotisches Verhältnis abgleitet. Die 2010 an die Öffentlichkeit gekommenen Vorfälle in der Odenwaldschule in Heppenheim / Bergstraße sind ein erschreckendes Beispiel für diesen Zusammenhang. Schon das dortige Zusammenleben von Lehrenden und Jugendlichen in „Familien" war ein Fehlgriff. Es ist die Aufgabe von Pädagogik und Seelsorge, anderen Menschen ein selbstbestimmtes Leben zu ermöglichen – und nicht, diese in persönliche (private) Abhängigkeit von Autoritätspersonen zu bringen. Bereits dieses fehlgeleitete Bestreben muss als pädagogischer Missbrauch bezeichnet werden. Nicht zu vergessen ist dabei, dass die Pädophilie in der deutschen Reformpädagogik eine gewisse Tradition hatte (Angenendt 225). Der „pädagogische Eros" und die „Knabenliebe" gingen – unter der Berufung auf antike Ideale – allzu leicht eine Verbindung ein.

Mitarbeitenden in der Kirche muss deutlich sein, dass die dort angemessene Kommunikation trotz aller persönlichen Nähe nicht primär familiär oder freundschaftlich ausgerichtet ist. Sie ist nicht an persönlicher Sympathie orientiert, sondern an der guten Nachricht, dem Evangelium für alle Menschen und alle Welt (→ § 4.3). Da persönliche Beziehungen in der Kirche aber sehr wohl einen der Freundschaft (Joh 15,14f.) und Familie (Mt 12,46–50) analogen Charakter annehmen können, sind an diesem Punkt besondere professionelle Sorgfalt und ein kritisches Verhältnis zum eigenen Handeln notwendig. Kirchliche Mitarbeiterinnen und Mitarbeiter sind ohnehin stark an Nähe, Beziehung und Verstehen orientiert.

1.4 Die besondere Herausforderung ist deswegen gegeben, weil die in der Seelsorge und in kirchlichen Gruppen begleiteten Menschen keine asexuellen Wesen sind; besonders in Pubertät und Adoleszenz gehört die Ausbildung der sexuellen Identität zu den Herausforderungen, die am meisten persönliche Energie und damit auch pädagogische Begleitung erfordern. Wer in der Kirche tätig ist, muss darum selbst eine situativ flexible und auf sehr verschiedene Menschen beziehbare, aber gleichwohl auch konsistente und erkennbare Einstellung zum Verhältnis von Sexualität und Glaube gefunden haben.

2. Sexualität in der Geschichte des Christentums

2.1 In vielen Religionen und Kulturen findet sich die Entgegensetzung von religiöser Kultfähigkeit und Sexualpraxis (Josuttis 172). Im antiken Griechenland mussten Männer wie Frauen für die Zeit der Priesterschaft keusch leben, wobei häufig ein negatives Frauenbild vorherrschte: Die Frau galt als „beherrscht von tierischer Sexualgier und Gefräßigkeit" (Angenendt 40). Der Mann im antiken Rom verkehrte neben der Ehe mit Sklavinnen und Hetären, während die Frau beim außerehelichen Verkehr ehrlos (infamis) und damit schutzlos wurde (Angenendt 43). Neu in der römischen Kaiserzeit war das stoische Konzept der Ehe als beiderseitiges Einverständnis, das auch den Ehebruch des Mannes verurteilte; von daher stammt das Prinzip „der Konsens macht die Ehe" („consensus facit matrimonium"); entsprechend einfach war in Rom aber auch die Auflösung der Ehe. Das stoische Konsensprinzip der Ehe hat sich im Christentum als besonders wirksam erwiesen.

2.2 Sexualität und Unreinheit werden auch im Alten Testament miteinander verbunden. In den Gesetzesvorschriften heißt es, dass der unwillkürliche Samenerguss wie die Menstruation eine kultische Verunreinigung

(„Pollution“ von lat. polluere, beschmutzen) bedeuten (3 Mose 15,16–33; 3 Mose 22,4–6). Die Jungfräulichkeit vor der Ehe muss nach der Hochzeitsnacht bewiesen werden (5 Mose 22,13–21). Ehebruch soll mit der Steinigung beider Partner geahndet werden (5 Mose 22,22). Homosexueller Verkehr wird mit dem Tode bestraft (3 Mose 18,22; 3 Mose 20,13). Diese Vorschriften sind prohibitiv und rigide, um die eheliche Sexualität und die Familie zu schützen. Das Buch des „Hohen Liedes Salomo“ gehört als Zeugnis der Freude an der Leiblichkeit und erotischen Anziehung zwischen Mann und Frau dazu.

2.3 Für Jesus gab es keine unreinen Frauen, denn er ließ sich von einer blutflüssigen Frau berühren (Mk 5, 25–34) und von einer Prostituierten küssen (Lk 7,37–50). Überhaupt war Jesus offensichtlich gegenüber dem Gedanken der kultischen Verunreinigung sehr skeptisch: Der Mensch kann sich nicht durch Äußeres verunreinigen – vielmehr macht dasjenige den Menschen unrein, was aus seinem Herzen kommt (Mk 7,14–23). Diese Sichtweise hat in den ersten christlichen Generationen erkennbaren Anklang gefunden: Alles Geschaffene wird geheiligt durch das Wort Gottes und Gebet (1 Tim 4,1–5, geschrieben um das Jahr 100). Paulus verurteilt wie das Alte Testament die Homosexualität eindeutig und scharf; er wird dabei nicht zuletzt an die Beziehung zu abhängigen Kindern und Jugendlichen gedacht haben (1 Kor 6,9; Röm 1,26f.). Die Knabenliebe galt im Judentum als die für die Heiden typische Verfehlung, die dem Schöpfungsauftrag zuwiderläuft (1 Mose 1,28).

Die Scheidungsmöglichkeit wird durch Jesus erschwert, wobei Männer und Frauen gleichgestellt werden (Mk 10,2–12). Jesus radikalisiert das Verständnis des Ehebruchs, indem er schon den begehrlichen Blick als „Ehebruch im Herzen" bezeichnet (Mt 5,28). In der Jesusbewegung werden Familienbande um des nahen Reiches Gottes willen deutlich relativiert (Mk 10,28–31). Geschwisterlichkeit steht gegen Familiarität.

2.4 Bei Paulus findet sich die folgenreiche Rangordnung von Sexualpraxis (Ehe) und Ehelosigkeit. Die Ehe ist gut, um Unzucht (porneia) zu vermeiden (1 Kor 7,2) – aber es ist darüber hinaus „gut für den Mann, keine Frau zu berühren" (1 Kor 7,1). Zwar finden sich in 1 Kor 7 auch zahlreiche andere, realistische sowie Mann und Frau einander gleichstellende Ratschläge zur Sexualpraxis (7,2–7) und zur Ehe zwischen Christen und Nichtchristen (7,10–16). Schön ist auch die Formulierung, es sei besser, zu heiraten als zu „brennen" (1 Kor 7,9 – das Verb pyroustai leitet sich von pyr, Feuer, her). Am meisten durchgesetzt haben sich im Laufe der Kirchengeschichte aber der erste Satz des Kapitels und die eindeutige Bewertung: *Besser* ist es, ohne Frau (und das heißt: ohne Sexualität) zu leben. Damit wurde eine deutliche Hierarchie begründet: Für die „besseren" Christen, also für die Kleriker, gehört es sich, ohne sexuelle Praxis zu leben (bzw. asexuell zu sein). In der Westkirche hat sich die Ehelosigkeit der Priester schon am Ausgang der Antike als Ideal bzw. Norm herausgebildet, bis sie auf dem 2. Laterankonzil 1139 dogmatisiert wurde. In der Ostkirche hat sich daraus die Unterscheidung zwischen Pfarrern und Bischöfen gebildet: Letztere müssen unverheiratet sein. Generell kann man das Prinzip des Zölibats so charakterisieren: Wer sich beherrschen kann, darf herrschen. Sexualverzicht und Machtzuwachs gehören zusammen – eine gefährliche Koinzidenz, wenn die Selbstbeherrschung übermenschlich wird. Der Paderborner katholische Pastoraltheologe Herbert Haslinger (geb. 1961) schreibt dazu: „Sexualität und Macht bilden zwei Stränge des Weiheamtes, die sich zu einem schier unentwirrbaren Problemknoten verschlungen haben." (HASLINGER 173)

2.5 Schon im frühen Christentum bildete sich das Ideal der Ehelosigkeit heraus – ganz anders als im Judentum und in der antiken Umwelt. Die platonische Skepsis gegenüber dem leiblichen Sein verband sich schnell mit den kulturübergreifenden Vorstellungen von der Unreinheit durch sexuelle Handlungen und dem paulinischen Prinzip 1 Kor 7,1. Die Verheißung Jesu in Mk 4,8 von der vielfachen Frucht des Ackers wurde als der gestaffelte Lohn im Himmel gedeutet: Den hundertfachen Lohn werden die Jungfrauen und Asketen bekommen, den sechzigfachen die Witwen und den dreißigfachen die Verheirateten (ANGENENDT 74).

Einen tiefen Einschnitt bedeutete auch die Lehre Augustins (354–430) von der Erbsünde. Für ihn nimmt die sexuelle Lust den Geist und Verstand des Menschen gefangen, so dass dieser nach dem Sündenfall zum Sklaven des sexuellen Begehrens (concupiscentia) wird. Jeder Mensch zieht sich allein durch die Geburt diese grundlegende Verfehlung, die Erbsünde zu. Seit Augustin berief man sich dazu immer wieder auf Ps 51,7 („Siehe, ich bin als Sünder geboren, und meine Mutter hat mich in Sünden empfangen"). Die darin enthaltene Gesinnung der umfassenden eigenen Verfehlung und des Willens zur Buße wurde nun kausal auf die Tatsache von Zeugung und Geburt bezogen und wurde so zu einem Kristallisationspunkt christlicher Sexualfeindlichkeit, die sich bis in die Moderne gehalten hat. Auch der einflussreichste Theologe des Hochmittelalters, Thomas von Aquin (1225–1274), hielt es mit der Lehre von der Geistwidrigkeit der Sexualität. Schon Küsse und Umarmungen um des Lustgewinns willen sah er als schwere Sünde an (ANGENENDT 175).

Ein weiterer Punkt bei Augustin ist die Hervorhebung des männlichen Samens. Man meinte, dass dieser bereits den lebensfähigen Menschen enthielte („Homunculus-Theorie“); demgegenüber betrachtete man die Frau nur als den Nährboden zum Aufwachsen. Diese Theorie passte zu einer Theorie der patriarchalen Erbfolge: Für das Kind sah man allein die Vaterschaft als maßgeblich an. Damit galt zugleich die „Samenvergeudung“ durch Onanie, durch homosexuellen oder empfängnisverhütenden Verkehr als Mord und damit als schwere Sünde. Auch dieses Grundverständnis hat sich bis in die Beichtanleitungen des 20. Jahrhunderts gehalten (ANGENENDT 206).

Im Mittelalter war der Verkehr nur zur Zeugung von Nachwuchs erlaubt – alles andere galt als schwere Sünde. Durch den Willen zum Kind wurde die Sündhaftigkeit der Lust aufgehoben („Waagetheorie“). Dabei war der Verkehr in der Nacht zum Sonntag generell verboten, ebenso drei Tage vor dem Kommunionempfang und in der gesamten Fastenzeit (ANGENENDT 93). Die Einschätzung der Sexualität als kultisch verunreinigend, grundsätzlich sündig und in den meisten Erscheinungsweisen verboten konnte nicht ohne Folgen bleiben. Noch die Enzyklika „Humanae vitae“ Papst Pauls VI. von 1968, die die Verwendung von Antikonzeptiva verbot („Pillen-Enzyklika“), hielt fest, dass jeder eheliche Verkehr auf die Zeugung hingeordnet sein muss (ANGENENDT 217). Spätestens damit entstand der bis heute nicht mehr zu überbrückende Hiatus zwischen katholischem Lehramt und Kirchenvolk.

2.6 Die Reformation bedeutete auch in Fragen von Sexualität und Ehe einen tiefen Einschnitt. Durch seine eigene Heirat setzte Luther an die Stelle des Ideals eines sexuell enthaltsamen Klerikers dasjenige des Pfarrers als Modell sexuellen und familiären Lebens. Die Ehe galt von nun an nicht mehr als ein Sakrament, das wie die anderen sechs Sakramente (Taufe, Firmung, Abendmahl, Buße, Priesterweihe, Krankensalbung) das Heil vermittelt. Für Luther und die Reformation ist die Ehe eine Institution, die um der Ordnung in der gefährdeten Welt willen da ist. Die Ehe wird entsakralisiert zu einem „weltlich Ding", das der Welterhaltung in der gefallenen Schöpfung dient.

Nach der Rückkehr von der Wartburg 1522, also drei Jahre vor seiner eigenen Heirat im Juni 1525, verfasste Luther die Schrift „Vom ehelichen Leben". Darin beschreibt er den Zeugungstrieb als natürliche menschliche Anlage. Es handele sich bei der Aufforderung zur Fruchtbarkeit (1 Mose 1,28) darum nicht um ein Gebot, sondern um ein Leben gemäß der Natur. Gott hat die Menschen so geschaffen, dass sie sich mehren müssen; wenn man dem wehren wolle, komme es zur Hurerei oder zu anderer Sünde (WA 10,2, 276). Gerade die Enthaltsamkeit (1 Kor 7,2) führe zur Gefahr der Hurerei (292). Der Mensch habe Gottes Schöpfungswerk nicht zu schelten und böse zu nennen (293 f.). Zustimmend zitiert Luther Prediger 9,9: „Genieße das Leben mit deinem Weibe, das du liebhast, solange du das eitle Leben hast" (297). Wer nicht ehelos leben will, der heirate früh – Luther empfiehlt die Hochzeit des Mannes mit 20 und der Frau mit 15 Jahren (303). Er beschließt diese Schrift mit dem wirkungsgeschichtlich folgenreichen Ps 51,7: Gewiss gehe es auch in der Ehe nicht ohne Sünde ab. Aber Gott verschont die Menschen aus Gnade, weil die eheliche Ordnung sein Werk ist. Hier bewährt sich die Rechtfertigungslehre: Ehe und Sexualität sind nicht sündiger als das ganze Leben überhaupt und die Ehe steht in besonderer Weise unter der Gnade des Schöpfers.

An seinen Freund Georg Spalatin schrieb Luther 1525, kurz nach seiner eigenen Heirat: „Du sollst, wenn

Du mit Deiner Catharina schläfst und sie umarmst, dabei so denken: Dieses Menschenkind, dieses wunderbare Geschöpf Gottes, hat mir mein Christus geschenkt" (Angenendt 155). Damit wurde zugleich ein Freiraum für die Neubewertung der Sexualität geschaffen und der evangelische Pfarrer wurde zum Vorbild der Balance zwischen Sexualität und Sozialität. Man wird das dahingehend zu verstehen haben, dass in der christlichen Ehe der begehrliche „Eros" von der bergenden und selbstlosen „Agape" (1 Kor 13; 1 Joh 4) umfangen und veredelt sein soll, ohne dass man beide als unvereinbare Gegensätze anzusehen hat. Ohne Agape wird der Eros gewalttätig und ohne Eros verliert die Agape ihr Feuer, während beide zusammen das höchste sexuelle Glück ausmachen.

Dennoch breiteten sich auch im Protestantismus Sexualfeindlichkeit und Prüderie aus. Gerade der Aufschwung der wissenschaftlichen Medizin in der Aufklärungszeit führte zur Perhorreszierung von Onanie und Homosexualität, indem man beiden schwere gesundheitliche Folgen zuschrieb. Einen anderen Akzent setzte das romantische Konzept der Liebesehe um 1800, ausgelöst u.a. durch Goethes „Leiden des jungen Werther" von 1774. Doch das 19. Jahrhundert, das durch die Industrialisierung auch die Heiratsmöglichkeit für viel mehr Menschen als zuvor mit sich brachte, nahm in der „Biedermeier" genannten Zeit bis 1850 und schließlich im Kaiserreich einen ganz und gar prüden Charakter an. Theodor Fontane hat in seinen Romanen die damit verbundene Unfähigkeit zu lieben und die doppelte Moral, die keineswegs nur kirchlich war, aber kirchlich gefördert wurde, meisterhaft geschildert. Die Frau verlor durch den Ehebruch ihre Ehre – der Mann nicht („Effi Briest", 1895/96).

3. Schöpfungsgabe und Gefährdung: Evangelische Einstellungen zur Sexualität

3.1 Die evangelische Kirche sucht in der Gegenwart den Ruf der Sexual- und Lustfeindlichkeit loszuwerden. In einer Publikation aus dem Jahr 2015 heißt es: „Verstehen wir Sexualität – trotz aller Ambivalenzen und mitunter Gefährdungen – als Gabe Gottes, dann ist sie in seinem Schöpferhandeln verankert und für uns Menschen etwas elementar Positives." (Dabrock u.a. 10f.) Damit gehe es „nicht zuletzt um die Wahrnehmung des Lustvollen in der Sexualität" (ebd. 12). Anzumerken ist, dass diese Publikation zunächst als offizielle „Denkschrift" der Evangelischen Kirche in Deutschland (EKD) geplant war, dann aber lediglich als private Publikation der Autorinnen und Autoren erscheinen konnte – offensichtlich sollte die Darstellung auch „fragwürdiger Formen von Sexualität" (Pornographie und Cybersex, Sadomasochismus, Prostitution, 115–141) doch lieber nicht im kirchlichen Namen erfolgen.

3.2 Vor allem zur Homosexualität hat die evangelische Kirche ihre Einstellung und Praxis in der letzten Generation grundlegend verändert. Noch 1982 wurde „im Anschluss an einen konkreten ‚Fall' einigermaßen heftig erörtert", ob man Menschen, die Homosexualität praktizieren, zum kirchlichen Dienst zulassen kann (Josuttis 171). Eine kirchliche Verlautbarung von 1980 sah Homosexualität „weitgehend als therapiebedürftig" an (Josuttis 177f.). Das Fazit dazu lautete: „Was die Äußerungen der Kirchenleitung letztlich so beschwerlich macht, ist die Tatsache, dass sie im Grunde nur die gesellschaftlichen Vorurteile im kirchlichen Jargon reproduzieren." (Josuttis 186) Inzwischen sind homosexuelle Pfarrerinnen und Pfarrer selbstverständlich geworden – einschließlich des Zusammenlebens mit dem Partner im Pfarrhaus. Disziplinarverfahren wegen Dienstvergehens bei Scheidung, die noch vor einer Generation gang und gäbe waren (Josuttis 171), finden sich inzwischen so gut wie nicht mehr. Mit der Einführung der gleichgeschlechtlichen Ehe im Juni 2017 steht auch einem Gottesdienst zur Eheschließung eines schwulen Paares in der evangelischen Kirche nichts mehr entgegen.

3.3 Zwar steht seit den Enthüllungen im Jahre 2010 die sexualisierte Gewalt durch Mitarbeiter der katholischen Kirche im Vordergrund der medialen Aufmerksamkeit, doch die Gefahr von Straftaten besteht bekanntlich überall da, wo sich große Nähe, Vertrautheit und situationsbedingt intime Kommunikationsformen herausbilden. Familie, Seelsorge und gemeinsam verbrachte Freizeit können zum Ort sexualisierter Gewalt werden; auch in der evangelischen Kirche sind immer wieder Fälle bekannt geworden, die mehr Aufarbeitung erfordern, als im Rahmen individueller Straf- und Disziplinarverfahren möglich sind. Auch in den evangelischen Landeskirchen müssen die systemischen Zusammenhänge in den Blick kommen. Nach der EKD-Synode 2018 wurde darum der Forschungsverbund „**ForuM** – **For**schung zur Aufarbeitung von sexualisierter Gewalt **u**nd anderen **M**issbrauchsformen in der evangelischen Kirche und Diakonie in Deutschland" gegründet, der 2023 einen Bericht vorlegen soll.

3.4 Die angemessene Einstellung gegenüber der Sexualität kann nur aus der Mitte der evangelischen Theologie erfolgen. Es geht um die Rechtfertigung des fehlbaren Menschen (des „Sünders") im Hinblick darauf, dass er mit seiner Sexualität geboren wird, als solcher lebt und schuldig werden kann – und dass er gerade im Wissen darum verantwortlich handeln soll.

Die menschliche Sexualität ist eine Schöpfungsgabe. Man wird mit ihr in diese Welt gesetzt, ohne sie gewählt zu haben – ebenso wenig wie Geschlecht und Aussehen. Anders als die menschlichen Grundbedürfnisse nach Essen, Trinken, Schlafen und personaler Anerkennung, ohne deren Befriedigung man bald zu Tode kommt, ist die Praktizierung von Sexualität nicht überlebenswichtig; sie ist aber ein lebenswichtiges Charakteristikum des Menschen, das wesentlich für ein erfülltes Leben ist.

Psychologisch und philosophisch formuliert: Die Sexualität ist Ausdruck des menschlichen Begehrens, mit der Welt und anderen in Kontakt zu treten und mit einem Menschen zu verschmelzen. Das Begehren gehört zum Leben. Es ist die Gestalt unserer Lebensdynamik: Nur ein gänzlich kranker Mensch begehrt nichts (mehr). Das Begehren kann auch in sublimierter Form zutage treten, etwa in dem Begehren nach Wissen, schönen Dingen, Kulturgenuss und asexueller Kommunikation mit anderen. Der sexuell praktizierende Mensch wird, wenn er denn verantwortlich handelt, sein Begehren auch in sublimierten Formen ausleben, weil er weiß, dass das personale und sexuelle Begehren immer einen Eingriff in die Lebenssphäre des anderen bedeutet, auf den man in der Regel verzichtet (Mt 5,28). Es ist jedoch nur für wenige Menschen der richtige Weg, auf die sexuelle Praxis und das sexuelle Begehren ganz zu verzichten bzw. dieses zu unterdrücken (1 Kor 7,7).

Keinesfalls kann es angehen, die menschliche Sexualität mit der Sünde gleichzusetzen. Das Verbot des Dekalogs „Du sollst nicht begehren“ (2 Mose 20,17; 5 Mose 5,21) richtet sich nicht gegen das Begehren als solches, sondern gegen die Verletzung der Lebenssphäre des Nächsten. Das unverantwortliche Begehren ist verboten – und es überrascht nicht, dass die sexuelle Verfehlung zweimal erwähnt wird (im 6. und im 10. Gebot). Zwar unterliegt die Sexualität in der Schöpfung nach dem Paradies der Zweideutigkeit und Widersprüchlichkeit – aber das gilt auch für andere Schöpfungsgaben wie die menschliche Intelligenz, Moral und Kultur: Diese können sämtlich unter schädlichen („sündigen") menschlichen Einfluss geraten. Auch die Sexualität ist wie alles menschliche Begehren nicht als solches sündig, sondern nur dann, wenn es die Lebensmöglichkeiten von anderen schädigt. Dieses Grundverständnis geht auf die reformatorische Theologie zurück.

Prägnant formuliert die Historikerin Lyndal Roper über Martin Luther: „Was auch immer er war, er war kein Spaßverderber. Sexualität war in seinen Augen sündig, doch nicht mehr, als alle unsere Handlungen sündig sind" (Roper 535). Zwar bezog sich auch Luther immer wieder auf den theologiegeschichtlich einschlägigen Vers Ps 51,7 (→ 2.6); doch Luther hat diesen Psalmvers weder kausal noch speziell im Hinblick auf die Sexualität verstanden (gegen Angenendt 157. 176). Geburt und Empfängnis sind nicht die Ursachen der Sünde, sondern sie sind das Symbol der Unentrinnbarkeit der Sündhaftigkeit allen Tuns. Die menschliche Sexualität ist wie alles menschliche Tun rechtfertigungsbedürftig, aber nicht verboten. Das Leben kann man nicht verbieten, sondern nur leben.

4. Zölibat und sexueller Missbrauch in der katholischen Kirche

4.1 Der Zwangszölibat für die katholischen Pfarrer (von lat. caelebs, allein lebend) ist mindestens mitverantwortlich für die fatale Meinung, die sexuelle Praxis sei das weniger Christliche und eine spirituell minderwertige Lebensform. Anstelle der Einsicht, dass *jede* menschliche Praxis der Gefahr des Sündigens unterliegt, wird durch die implizite Fortschreibung von 1 Kor 7,1 (→ 2.4) das sexuelle Begehren von vornherein und als solches für sündig und der Verzicht darauf als gottgefällig deklariert. Noch einmal Herbert Haslinger (→ 2.4): „Je deutlicher Sexualität im Bewusstsein der Menschen als Sphäre des Niederen, Verwerflichen, Wertlosen eingraviert ist, umso mehr können die zölibatären Träger des Weiheamtes im Habitus des Erhabenen, Höherwertigen und Sakrosankten auftreten.“ (Haslinger 181) Die „Freiheit von der Frau“ bringt Erhabenheit und Macht mit sich (183), wobei besonders die „Macht des intimen Raumes“ die Möglichkeiten des pädagogischen und des sexuellen Machtmissbrauchs begünstigt (186 f.). Die abgewertete und abgewehrte Sexualität bricht dann in unkontrollierter, verheerender Weise durch. Die Psychoanalyse nennt das mit Recht die „Wiederkehr des Verdrängten“.

4.2 Das Dilemma der römisch-katholischen Kirche besteht darin, dass inzwischen zwar viele wissen, dass die Zölibatsverpflichtung Männer in das kirchliche Amt bringt, die sich mit der eigenen Sexualität nur unzureichend auseinandergesetzt haben. Die Forderung, „die Verpflichtung der Weiheamtsträger zum Zölibat zu beenden“ (Haslinger 194), wird zwar in Deutschland immer lauter, aber sie hat in der katholischen Weltkirche gegenwärtig keine Chance. Die abwertende Rede über die Sexualität, besonders auch über die Homosexualität, wie sie in dem jüngsten Verbot der Segnung homosexueller Paare durch die vatikanische Glaubenskongregation im März 2021 zum Ausdruck kommt, verbindet sich mit der überhöhten Priesterautorität. Diese Umstände mögen zwar nicht ursächlich für sexualisierte Gewalt sein – aber sie begünstigen „im Fall der Fälle die

Möglichkeiten von Missbrauch und Vertuschung und die entsprechenden Versuchbarkeiten" (Mertes 24).

Ohne jegliche Häme kann aus evangelischer Sicht nur besorgt gefragt werden: Wie lange hält die römisch-katholische Kirche in Deutschland diese Widersprüche und ihre leider nur zu berechtigte grundsätzliche Infragestellung noch aus, ohne in ihrem Bestand gefährdet zu sein?

Zusammenfassung

Hängen Sexualität und die Ausübung von Macht überhaupt eng zusammen, so müssen sie erst recht im Hinblick auf die Kirche eng korreliert werden, weil diese ein Ort von Kommunikation (→ §4), Beziehung und seelsorgerlicher Intimität ist, an dem die professionelle Balance zwischen notwendiger Nähe und schützender Distanz die basale Voraussetzung allen Handelns darstellt. Lernen und Lehren, Feiern und Helfen schaffen Situationen, in denen man Macht über andere Menschen gewinnt und somit die Gefahr von sexualisiertem Machtmissbrauch droht. Das Christentum hat in Antike und Mittelalter die Ehelosigkeit der Ehe vorgezogen, die Sexualität an die Zeugung gebunden und die Empfindung von sexueller Freude und Lust kaum gewürdigt. Luther beendete die Geringschätzung der Sexualität und betrachtete die Ehepartnerin als Gottesgeschenk. Die Christenheit insgesamt hat sich lange Zeit mitschuldig daran gemacht, dass sie homosexuell Liebende verachtete und kriminalisierte und dazu naiv auf Bibelstellen zurückgriff, die aus ihrem antiken Kontext heraus verständlich, aber keineswegs verbindlich sind für Menschen, die an das Evangelium Jesu glauben und sich darum selbst der Barmherzigkeit bedürftig wissen.

Die erzwungene Ehelosigkeit für katholische Priester ist sicher nicht monokausal für die Entstehung von sexualisierter Gewalt verantwortlich zu machen; dennoch behindert der Zwangszölibat in zu vielen Fällen die freie und selbstverantwortliche Ausbildung von menschlich und spirituell reifen Persönlichkeiten.

§ 13 Die Kirche im Dorf: Kirchengebäude und Kirchenraum

Beim Wort „Kirche" denken die meisten Menschen – vor allem die weniger Kirchennahen – vor allem an die Pfarrerin oder den Pfarrer der eigenen Kirchengemeinde. Fast genauso oft aber steht für die Institution Kirche das Kirchengebäude, das in der Regel gut und weit sichtbar ist. In Gegenden, die von der Abwanderung in die Städte betroffen sind, ist die Kirche am Ort vielfach zu einem Ort der Identifikation mit dem eigenen Dorf geworden und wird gerade auch von Menschen geschätzt, die nicht Mitglieder der Kirche sind. So können Kirchengebäude als „Kulturkirchen" zu Kristallisationspunkten neuer lokaler Identität zwischen Glaubenspraxis und künstlerischen Interpretationen werden (Schäfer-Streckenbach). Das Kirchengebäude ist ein Bindeglied zwischen der Institution Kirche und kulturellen Aktivitäten an einem Ort. Das gilt nicht nur für die Kulturkirchen. Viele Menschen, besonders auch Jugendliche, schätzen die Stille und Weite des Kirchenraumes gerade dann, wenn kein liturgisches oder pädagogisches Angebot gemacht wird. Dem Kirchenraum wird vielfach eine spirituelle Qualität zugemessen, so dass man von „Spuren" der Gottesbegegnung im buchstäblichen wie im metaphorischen Sinn sprechen kann (Raschzok). Zugleich ist das Kirchengebäude nicht nur ein Zeugnis architektonischer Kunst, sondern auch der Ort, an dem man der kirchlichen Kunst (→ § 14) und der Kirchenmusik begegnet (→ § 15). Auch die touristische Begegnung mit Kirchen erschließt vieles aus der christlichen Tradition. Die Wahrnehmung und die Beschreibung des Kirchenraumes führen ästhetische, architektonische und theologische Überlegungen zusammen.

1. Der geheiligte Raum: Grundlinien eines evangelischen Verständnisses des Kirchenraumes

1.1 Wie in diesem Buch bereits ausführlich beschrieben wurde, versteht sich die evangelische Kirche als das Resultat der Mitteilung und Darstellung des Glaubens, als Geschöpf der Predigt des Evangeliums (*creatura verbi*, → § 4). In traditioneller Ausdrucksweise: Die Predigt ist das kirchengründende Ereignis und Geschehen. Aus dem gemeinsamen Hören und Verstehen der Bibel als lebensbestimmende Überlieferung (als „Heilige Schrift") entsteht eine Gemeinschaft, die trotz aller sozialen und milieubezogenen Unterschiede und Grenzen durch ihren Glauben verbunden ist (Gal 3,28). Predigt und Gottesdienst (→ § 8) sind nicht die einzigen und für manche nicht einmal die wichtigsten Ereignisse, in denen dies erfahrbar wird; aber sie sind doch das Symbol, das einigende Band für sehr verschiedene Christenmenschen. Wem selbst der Glaube und das Gebet etwas bedeuten, wird einer Kirche Sympathie und Ehrfurcht entgegenbringen, weil hier Menschen ihre verborgene Sehnsucht, ihre tiefste Angst und ihre feste Hoffnung zum Ausdruck gebracht haben. Kurz: In der Kirche ereignet sich Kirche. Darum ist die Institution Kirche zwar nicht mit dem jeweiligen Kirchengebäude identisch. Aber jene wird in diesem lebendig.

1.2 Für die Tradition des evangelischen Kirchenverständnisses ist es entscheidend, dass dieses den Kirchenraum von der spirituellen Ereignisqualität her wahrnimmt, beschreibt und beurteilt. Ein Kirchenraum ist der Raum, in dem gebetet, gehört und gefeiert wird. Darum ist nicht der Raum als solcher von hervorgehobener religiöser Qualität, sondern es ist die glaubende Ingebrauchnahme, die einen Raum heiligt (vgl. 1 Tim 4,4f.). Das Gebet der Gläubigen hinterlässt Spuren im Raum. Der Ort des Gebets lässt den Beter nicht gleichgültig. Der Raum macht die zahllosen Gebete der Schwestern und Brüder vergangener und zukünftiger Epochen gleichzeitig – der Raum „appräsentiert" und verdichtet den Glauben der *communio sanctorum* nicht nur über gegenwärtige Grenzen, sondern auch über die Zeiten hinweg. In dieser phänomenologischen Beschreibung ist zugleich der Gedanke enthalten, dass der Kirchenraum auch die Häuser der Gemeindeglieder als Häuser der Gottessehnsucht und der Anrufung des Herrn gegenwärtig hält (appräsentiert). Die Dresdner Frauenkirche mit ihren zahlreichen Zugängen verdeutlicht, dass die Kirche der Ort ist, an dem sich die verschiedenen Hausgemeinden versammeln. Der Kirchenraum dient dazu, die Freude und die Hoffnung der Menschen am Ort gemeinsam vor Gott zu bringen.

Im konfessionellen Geist des 19. Jahrhunderts wurde dieser Gedanke vom „Wiesbadener Programm für den Kirchenbau" (1891) konsequent auf den Punkt gebracht:

> „1. Die Kirche soll im allgemeinen das Gepräge eines Versammlungshauses der feiernden Gemeinde, nicht dasjenige eines Gotteshauses im katholischen Sinne an sich tragen. 2. Der Einheit der Gemeinde und dem Grundsatze des allgemeinen Priesterthums soll durch die Einheitlichkeit des Raums Ausdruck gegeben werden. Eine Theilung des letzteren in mehrere Schiffe sowie eine Scheidung zwischen Schiff und Chor darf nicht stattfinden." (Zitiert nach Herbst 213).

Dieses Programm wurde in der Reformationskirche in Wiesbaden, der so genannten „Ringkirche" (1892–1894), so umgesetzt, dass man die Plätze in der Art eines Auditoriums hörsaalartig auf den Kanzelaltar und die Orgel ausrichtete (Abb. bei Volp 387).

1.3 Man kann demnach von einem funktionalen Kirchenverständnis sprechen: Dem Kirchenraum wird keine dingliche, seinshafte („ontologische") Heiligkeit zugeschrieben; er ist vielmehr heilig, weil er geheiligt wird durch die geistliche Praxis der versammelten Menschen. In klassischer theologischer Ausdrucksweise: Der Raum wird zur Kirche durch Wort und Sakrament. Es geht nicht primär um spirituellen Genuss, sondern um die Christusnachfolge. Der ehemalige Präses der Evangelischen Kirche im Rheinland Peter Beier (1934–1996) hat das 1993 so zum Ausdruck gebracht: „Die Gemeinde Jesu Christi steht nicht zwischen Welt und Überwelt, sondern ihr Raum ist der Raum, den der Schatten des Kreuzes schlägt. [...] Der Ort Gottes in dieser Welt heißt Golgatha. Sakrale Überbauten verleugnen den Gekreuzigten." (Beier 41) Und in seiner Predigt zur Wiederingebrauchnahme des Berliner Doms, jener Kirche, die für viele wie keine andere als Symbol der Einheit von Thron und Altar im Kaiserreich gilt, formulierte Beier: „Das Evangelium braucht keine Dome. Das liebe Evangelium kriecht in jeder Hütte unter und hält sie warm." (Predigt über Jes 6,8–11, zitiert nach Meyer-Blanck 1999, 164)

Diese zugespitzten Formulierungen entsprechen dem funktionalen Verständnis Martin Luthers, der die Bedeutung des Kirchenraumes in seiner Torgauer Kirchweihpredigt von 1544 (→ § 8.3.2) deutlich relativiert hatte: Das Wichtigste sei es, am Sonntag überhaupt zum gemeinsamen Hören und Beten zusammenzukommen – und könne das nicht unter einem Dach oder in einer Kirche sein, „so geschehe es auf einem freien Platz unter dem Himmel, oder wo Raum dazu ist" (Weimarer Ausgabe [WA] Bd. 49, 592). Für wichtig hält Luther aber einen *öffentlichen* Versammlungsort: Die Gemeinde soll nicht in heimliche Winkel gehen und sich dort verstecken (vgl. Apg 26,26).

1.4 Nach diesen grundlegenden, eher nüchternen Bemerkungen muss jedoch hinzugefügt werden, dass ein Kirchenraum auch nach evangelischem Verständnis mehr und etwas anderes ist als ein beliebiger Versammlungs-, Gebets- und Predigtraum. Gewiss hat es immer wieder den Versuch gegeben, den Gottesdienstraum so schlicht wie möglich zu gestalten, um die als etwas Innerliches vorgestellte Frömmigkeit nicht durch Äußerlichkeiten abzulenken. Nicht nur die reformierte Tradition ist hier zu nennen, sondern auch der „Betsaal" der Herrnhuter Brüdergemeinde (Volp 373). Zuletzt haben die Erfahrungen mit den Mehrzweckräumen in Gemeindezentren, wie sie für die 1970er Jahre charakteristisch waren, gezeigt, dass die große Mehrzahl der Gottesdienstbesucher einen künstlerisch gestalteten Raum mit sakraler Anmutung bevorzugt. Das trifft vor allem auf die Kasualien (→ § 9), speziell auf Trauungen zu. Damit die Liturgie als Unterbrechung des Alltags erfahren werden kann, soll die Differenz zum Alltag schon beim Betreten des Gotteshauses deutlich werden.

Ein Kirchenraum kann religiöse Empfindungen auch außerhalb von Gottesdienst und Kirchenkonzert ermöglichen, indem er allein aufgrund seiner räumlichen Anmutung an Erfahrungen der Transzendenz heranführt. Er kann der Suche nach Gott im eigenen Leben und dem eigenen Gebet den Weg bereiten. Die ästhetische Wendung in der Theologie der letzten Jahrzehnte hat es ermöglicht, auch der evangelischen Wahrnehmung des Raumes neue Impulse zu geben. Der Kirchenraum selbst ist – wie Wort und Kunst in ihm – ein religiöses Zeichen. Er wird zum Bedeutungsträger, weil er die Erfahrung von Größe, Weite und Stille ermöglicht, wobei das – anders als in der Natur – meistens im Kontext von Zivilisation und Geschäftigkeit geschieht.

Besonders beim Betreten einer Kirche in der Stadt verändern die sich plötzlich einstellende Verlangsamung und Geräuschabnahme die Selbstwahrnehmung. Jeder Raum ist ein körperumgebendes Zeichen, das sich aufdrängt und dem man nach dem Betreten nur durch die Anstrengung des Ignorierens oder durch das Verlassen entgehen kann. Im Normalfall macht der Raum etwas mit dem eintretenden Menschen. Dabei handelt es sich gewiss um keinen magischen Vorgang; aber mit einer Kirche kommt der Mensch nicht nur in irgendeinen Raum, sondern er tritt in eine jahrhundertealte Gebrauchsgewohnheit der Aktivitätsreduktion und des konzentrierten Wahrnehmens ein. Der Mensch ist ein geistiges, Bedeutungen generierendes, ein symbolisierendes Wesen und der Kirchenraum setzt Impulse, sich sinnproduktiv zu betätigen.

Fühlt man sich durch die Größe und Zeitgebundenheit einer Kirche auch nicht zum Gebet eingeladen, so doch immerhin dazu, die Grenzen und Grundbedingungen des eigenen In-der-Welt-Seins zu realisieren. Der Blick in ein gotisches Hallengewölbe zieht mich von mir selbst weg in die Höhe und konfrontiert mich gerade so, im Entrissen-Werden, mit mir selbst. Ich bin ein zeitliches Ich, das nicht über seinen eigenen Anfang verfügt und das zur Wahrnehmung seiner eigenen Bestimmung aufgefordert ist, ohne diese umfänglich zu begreifen. Wie schwer ist das Woher der menschlichen Freiheit zu verstehen und wie unermesslich ist der Grund der eigenen Lebensgeschichte (vgl. Ps 139,17)! Ich bin ein winziger Teil in der Folge der Generationen und dazu aufgerufen, meine Existenz in Freiheit zu gestalten und zu verantworten (vgl. Ps 139,23f.). Wenn auch nicht notwendig die Frage nach Gott, so provoziert das Hohe, das Gestaltete und das von vielen anderen mit Leben Gefüllte des Kirchenraums dazu, sich mit dem Grund der eigenen Freiheit zu beschäftigen. Kirchen bergen ein Potential an Sinn.

Das damit ermöglichte Erleben ist durchaus der Naturerfahrung vergleichbar – wie das schon der französische Lyriker Charles Baudelaire (1821–1867) zum Ausdruck brachte: „Die Natur ist ein Tempel, in dem lebende Säulen manchmal undeutliche Worte erklingen lassen; / darin schreitet der Mensch durch einen Wald von Symbolen, die ihn mit vertrauten Blicken erspähen." Der Mensch liest diesem Text zufolge nicht nur die (naturalen) Zeichen, sondern er *wird* gelesen („erspäht") und erkannt (vgl. 1 Kor 13,12). Die körperumgebenden Zeichen versetzen den Menschen in eine aktivische Passivität, wie sie auch für das Erleben von Gebet und Liturgie charakteristisch ist. Bei der Entgegensetzung von Naturerleben und Gottesdienst sollte man demnach durchaus zurückhaltend sein. Wenn manche Menschen sagen, dass sie Gotteserfahrungen eher im Wald als in der Kirche machen, dann sollte man ihnen nicht trotzig widersprechen, sondern sich um intensivere Erfahrungen in Liturgie und Kirchenraum bemühen.

1.5 Damit bleibt es insgesamt beim evangelischen Prinzip des „geheiligten Raumes", der erst durch Wort und Gebet (1 Tim 4,4f.) zu dem wird, was er ist: Raum der Gotteserfahrung. Evangelischer Glaube ist ein Geschehen in der Zeit, das nicht durch dinglich heilige Gegenstände oder Orte konserviert werden kann, weil es sich immer wieder neu ereignet. Entscheidend ist die mich jetzt, in diesem Moment überzeugende glaubende Gewissheit, die durch signifikante Zeichen unterstützt, aber nicht garantiert werden kann. Der Glaube ist kein Besitz, sondern muss jeweils neu gewagt werden. Der Kirchenraum verdichtet aber Glaubenserfahrungen verschiedener Menschen und Generationen. Im Idealfall verbinden sich das Gedenken der Früheren, die aktuelle Empfindung von Transzendenz sowie die plausible Mitteilung und Darstellung von Wort und Sakrament, so dass es zur Reaktivierung des eigenen lebensgeschichtlichen Glaubens kommt.

1.6 Eine in der Gegenwart zunehmende Besonderheit stellen ehemalige Kirchenräume dar, die entwidmet wurden und inzwischen als Restaurants oder Hotels bzw. als Wohnraum genutzt werden. Auch diese Räume behalten die Spuren ihres früheren sakralen Gebrauches, verlieren diese aber mit der Zeit, während die Raumanmutung des Hohen und des dem Menschen Entzogenen erhalten bleibt. Die evangelische und die katholische Kirche hat spezielle Entwidmungsliturgien geschaffen, um den Übergang aus der sakralen in die weltliche Nutzung angemessen zu markieren.

2. Die Kanzel im Fokus evangelischer Kirchenraumgestaltung

Da sich die evangelische Kirche wesentlich als Kommunikation (→ § 4) versteht und den Gottesdienst (→ § 8) als Mitteilung und Darstellung des Glaubens ansieht, haben die Orte von Wort und Sakrament eine hervorgehobene Bedeutung auch für den evangelischen Kirchenbau.

2.1 Im Prinzip sind evangelische Kirchen vor allem Predigtkirchen. Die Kanzel ist darum bestimmend für die räumliche Anordnung. Die Gemeinde sammelt sich um das Wort, das nach reformatorischer Tradition immer das aktuell ausgelegte, also das gepredigte Wort ist. In seiner Schrift „Von der Ordnung des Gottesdiensts in der Gemeinde“ von 1523 benannte Luther drei mittelalterliche liturgische Missbräuche: Man habe Gottes Wort zum Schweigen gebracht, man habe unchristliche

Fabeln zugelassen und man habe den Gottesdienst als ein gutes Werk angesehen. Um diese Missbräuche zu beseitigen, solle in jeder Zusammenkunft „Gottes Wort gepredigt und gebetet" werden – und sei es noch so kurz. Dann folgt der künftige, bis heute wirkungsvolle evangelische Spitzensatz: „Darum: wo nicht Gottes Wort gepredigt wird, ists besser, dass man weder singe noch lese noch zusammenkomme" (Weimarer Ausgabe [WA] 12,35, Orthographie modernisiert). Das „biblische Wort" ist nicht identisch mit dem vorgelesenen Text; es muss vielmehr lebendig werden, indem es auf die aktuelle Situation der Gemeinde bezogen wird.

Diese Fokussierung des Wortgeschehens auf die Predigt hat leider zu einer Vernachlässigung des Gebets geführt. Wenn das Entscheidende im Gottesdienst die Predigt und nicht das Gebet ist, dann wird der Kirchenraum außerhalb der Liturgie (ohne Verkündigung) tendenziell funktionslos. Während katholische Christen die Kirche zum persönlichen Gebet während der Woche aufsuchen (etwa zur Anbetung des Allerheiligsten im Tabernakel), ist das individuelle Gebet in der Kirche unter Evangelischen eher ungewohnt. Das führt dazu, dass evangelische Kirchen während der Woche zumeist geschlossen sind. Viele evangelische Gemeinden suchen dies gegenwärtig zu ändern, weil die geschlossene Kirche für das allgemeine Priestertum ein zutiefst kontraproduktives Zeichen darstellt.

2.2 Eine besondere Zuspitzung des Grundsatzes der Predigtkirche ist der „Kanzelaltar", wie er in der Zeit Aufklärung und des Rationalismus (am Ende des 18. Jahrhunderts) aufkam. Die Kanzel ist dabei ein Bestandteil der Altarwand und wird unmittelbar über dem Altar platziert, so dass der Prediger sowohl vom Kirchenschiff aus wie von den Emporen gesehen werden kann. Viele Kirchen aus dieser Zeit haben diese Anordnung bis

Marienkirche in Göttingen 1774 nach Paul Graff, Geschichte der Auflösung der alten gottesdienstlichen Formen, Bd. 2, Göttingen 1939, dort hinter S. 64

heute. Die Schlosskirche in Bonn enthält ebenso einen Kanzelaltar wie viele Kirchen nördlich von Bremen (z. B. in Lilienthal, Grasberg und Bramstedt).

Die Positionierung der Kanzel über dem Altar wird von manchen heutigen Pfarrer:innen kritisch gesehen. Einige lehnen es ab, sich selbst nicht nur „über die Gemeinde", sondern auch „über den Altar" zu stellen – und „über die Köpfe hinweg" zu predigen. In der Tat betont das Raumprogramm mit dem Kanzelaltar den hervorgehobenen Stellenwert des Predigens, über dem Ort des Gebets und der Mahlfeier. Andererseits entscheidet sich der demütige oder hochmütige Gestus einer predigenden Person nicht an der Stellung im Kirchenraum. Zudem wird man in einer vollen Kirche beim Predigen an erhöhter Stelle einfach besser gesehen. Und schließlich ist es auch ästhetisch unbefriedigend, wenn ein liturgischer Ort nicht mehr bespielt wird. Die Predigt vom Lesepult („Ambo“) ist von daher keine gute Alternative. Und wer predigt, muss sich ohnehin den großen Erwartungen stellen, die von evangelischen Christenmenschen damit verbunden werden – das zeigen jedenfalls alle empirischen Untersuchungen zum evangelischen Gottesdienst. Ein Gottesdienst soll nach der großen Mehrheit der Befragten vor allem eine gute Predigt enthalten (was immer das auch sein mag). Eine letzte Bemerkung zum Kanzelaltar: Man kann ihn auch positiv dahingehend interpretieren, dass Wort und Sakrament als eng zusammengehörend gesehen werden, wobei die Predigenden auf dem Fundament des gemeinsamen Gebets und der Mahlfeier stehen und darum als Gemeindeglieder mit besonderem Auftrag wahrgenommen und gehört werden.

2.3 Das „Eisenacher Regulativ“ für den Kirchenbau von 1861 bestimmte explizit, die Kanzel dürfe „weder vor noch hinter oder über dem Altar, noch überhaupt im Chore stehen“; ihr angemessener Platz sei an einem Pfeiler zwischen Chor und Kirchenschiff (Herbst 211). Hier orientierte man sich an den hochmittelalterlichen Kirchbauten, man denke an die großen Kathedralen, etwa in Freiburg oder Straßburg. Das „Eisenacher Regulativ“ widersprach also diametral den Prinzipien der Aufklärungszeit ein Jahrhundert zuvor. Doch nur 30 Jahre später hieß es im „Wiesbadener Programm für den Kirchenbau", die Kanzel als „derjenige Ort, an welchem Christus als geistige [sic] Speise der Gemeinde dargeboten" werde, sei „mindestens als dem Altar gleichwertig zu behandeln." Die Kanzel solle hinter dem Altar stehen und mit der Orgel- und Sängerbühne „organisch verbunden werden" (Herbst 213). Die Platzierung der Kanzel im Kirchenraum ist die Schlüsselfrage des evangelischen Kirchenbaus.

2.4 In der katholischen Kirche hat sich seit dem 2. Vatikanischen Konzil (1962–1965, → §7.2.1) eine andere Choreographie des Predigens ergeben. Um die Rolle der Bibel und des Wortes in der katholischen Messe zu stärken, soll der „Tisch des Gotteswortes reicher bereitet" werden (Liturgiekonstitution „Sacrosanctum Concilium" 1963, Nr. 51 [=SC 51]). Auch die Predigt „wird als Teil der Liturgie selbst sehr empfohlen" (SC 52). Seitdem werden in der Messe mehr und verschiedenere biblische Texte gelesen und gepredigt als vor dem Konzil. Weil dabei Wort- und Mahlfeier in enger Beziehung zueinander gesehen werden, hat es sich eingebürgert, das Lesepult (den „Ambo", den erhöhten Ort, von griech. anabainein, hinaufsteigen) von der Metapher „Tisch des Wortes" her zu verstehen. Weil sich die Dramaturgie der Messe zwischen Altar und Ambo vollzieht, bleibt heutzutage die Kanzel in der katholischen Messe zumeist unbenutzt. Hier gilt dasselbe wie das oben zum Kanzelalter Gesagte: Ein verwaister liturgischer Ort ist ästhetisch verstörend und eine menschenfreundliche Rede entscheidet sich nicht an der Höhe der Kanzel. Darüber hinaus befindet sich ein Prediger auf der Kanzel einer mittelalterlichen Kirche in der Regel mitten in der Gemeinde, während er am Ambo viel weiter von ihr entfernt ist.

3. Der Ort des Gebets, des Gedenkens und des Mahles: Evangelische Theologie des Altars

Kommt der Kanzel im evangelischen Kirchenraum auch eine besondere Aufmerksamkeit zu, ist dennoch unbestritten, dass der Altar sein architektonisches und liturgisches Zentrum darstellt. Das „Wiesbadener Programm" schreibt über den Altar: „Alle Sehlinien sollen auf denselben hinleiten." (Herbst 213) Gilt die Kanzel als der Ort der Verkündigung und der Selbstvergegenwärtigung des Herrn in seinem aktuell lebendig werdenden Wort, so ist im Altar die Präsenz des dreieinigen Gottes in seiner Gemeinde symbolisiert: Er lässt sich suchen (Jer 29,12–14) und anrufen (Ps 50,15), und obwohl er sich nicht an Orte und Häuser binden lässt (1 Kön 8,27), verspricht er doch, inmitten derer zu sein, die sich in seinem Namen versammeln (Mt 18,20). Dieser Glaube an die *praesentia Dei* in Wort und Sakrament ist das Herzstück einer evangelischen Theologie des Altars.

Religionsgeschichtlich und kirchengeschichtlich kann der Altar in dreifacher Weise bestimmt werden: Er kann als der Ort des Opferns (*ara*), des Gedenkens (*tumba*) und des Mahles (*mensa*) betrachtet werden. Für die evangelische Auffassung sind diese grundlegenden Bestimmungen nur in bedingter und modifizierter Weise zum Verständnis heranzuziehen. Es dominiert das Verständnis des Altars als Ort des Gebets und des Mahls.

3.1 In vielen Religionen ist es üblich, dass den Göttern Opfer dargebracht werden, um mit diesen in Kontakt zu treten bzw. zu bleiben. Im 3. Buch Mose (Kap 1–7) wird ausführlich beschrieben, wie die Priester die verschiedenen Opfer darbringen sollen, wie sie z.B. ein „Gedenkopfer in Rauch aufgehen lassen auf dem Altar als ein Feueropfer zum lieblichen Geruch für den Herrn" (3 Mose 2,2). Das Opfer wird als eine Wohltat für Gott verstanden, das die Verbindung von Himmel und Erde lebendig hält. Der Verkehr mit Gott hat etwas zutiefst Anthropomorphes, indem Gott als Kommunikationspartner gedacht wird, der sich an dem lieblichen Geruch freut. Der Altar als *ara* ist der Ort, an dem Gott und Mensch einander im Opfer begegnen.

Für das evangelische Verständnis ist dieser Aspekt schwierig, weil der Gottesdienst dadurch als ein gutes Werk missverstanden zu werden droht (s.o. 2.1). Seit der Reformation wurde vor allem der Gedanke zurückgewiesen, dass der Priester durch sein liturgisches Handeln das Kreuzesopfer Christi wiederholt, reinszeniert oder erneut in Geltung setzt: Das Opfer Christi ist ein für allemal geschehen (Hebr 10,11–18), so dass diesem von keinem Menschen etwas hinzufügt werden kann. Im Gottesdienst kann des Opfers Christi gedacht werden, aber kein Priester kann Gott etwas opfern.

Es gibt nur eine Ausnahme: Ein angemessenes Opfer ist das Lob- und Dankopfer (*sacrificium laudis*), das auf das Opfer Christi antwortet: „Dankbare Lieder sind Weihrauch und Widder, an welchen er sich am meisten ergötzt" (so der Choral „Die güldne Sonne", Ev. Gesangbuch 449, 3). Opferaltar (*ara*) ist der evangelische Altar insofern, als dort in den verschiedenen Gebeten – vom Psalm bis zur Fürbitte – Gott Lob und Dank dargebracht wird.

3.2 Der Altar ist zweitens der Ort, an dem in Gebet und Erinnerung der Gemeinschaft mit den früheren Christen gedacht wird. In katholischen Kirchen wird dies dadurch symbolisiert, dass sich im Altar als einer Art von Grab (*tumba*) Reliquien befinden. Am Ort des Gebets sind die Heiligen als hervorgehobene Zeugen und Geschwister im Glauben nicht nur geistig und gedanklich, sondern auch dinglich und körperlich anwesend. Für das evangelische Verständnis ist von diesem Gedanken die Verbundenheit der Generationen im Gebet zu übernehmen. Dazu sind keine Reliquien erforderlich, wohl aber der Blick über die eigenen Sorgen und Zweifel hinaus. Menschen in wesentlich bedrohlicheren Zeiten – man denke nur an das „3. Reich" und an Dietrich Bonhoeffer (1906–1945) – haben fröhlich und unbeirrt geglaubt und sind der heute betenden Gemeinde verbunden. Auch der Menschen aus der eigenen Gemeinde und Familie kann im Gebet gedacht werden. Der Altar als *tumba* bewahrt die versammelten Menschen vor der Fixierung auf sich selbst und die eigene Zeit.

3.3 Der Altar ist drittens der Ort des Mahles, die *mensa,* an der das Brot des Lebens (Joh 6,35) geteilt wird. Hier geschieht das, was Christus der Gemeinde zu seinem Gedächtnis zu tun aufgetragen hat (1 Kor 11,24f.). Nach diesem Verständnis ist der Altar der Esstisch, der in manchen reformierten Gemeinden gar nicht fest installiert ist, sondern nur zur Mahlfeier hereingetragen wird; bei dieser Praxis werden die beiden anderen Deutungen des Altars als *ara* und *tumba* explizit vermieden. Das auch „Altarsakrament" genannte Abendmahl macht den Liturgen und der Gemeinde in besonderer Weise bewusst, dass sie nicht von der eigenen Gläubigkeit und den eigenen Ideen leben, sondern durch den in ihrer Mitte geglaubten Herrn.

3.4 Die Ausstattung und Gestaltung des Altars hatte schon der preußische König Friedrich Wilhelm III. (Regierungszeit 1797–1840) in seiner Agende von 1822 festgelegt (Herbst 171): In der hinteren Mitte des Altars ist das Kruzifix zu platzieren, davor die große Bibel (Altarbibel). Damit sind auf dem Altar die beiden evangelischen Grundsätze „Christus allein“ und „allein die Schrift“ symbolisiert. Daneben spricht man in der evangelischen Kirche noch von den Prinzipien „allein durch die Gnade“ und „allein durch den Glauben“ (Röm 3,28); seit dem 19. Jahrhundert wird der evangelische Glaube gern mit diesen vier „allein“-Formeln charakterisiert. Das Prinzip „allein die Schrift“ ist für die Gemeinde mit der aufgeschlagenen Altarbibel im Zentrum stets gegenwärtig.

Auf dem Altar sollen an den Seiten des Kruzifixes nach der preußischen Agende von 1822 die beiden „Leuchter mit brennenden Wachskerzen“ stehen (vgl. Joh 8,12). Man kann die Leuchter als Zeichen für die beiden biblischen Testamente ansehen. Auf manchen Altären stehen auch zweimal drei Kerzen, so dass man den dreieinigen Gott in beiden Testamenten mit den Leuchtern verbinden kann. Auf jeden Fall sollen Christus und das Wort, die Gnade und der Glaube im Zentrum des Gottesdienstes stehen.

Die vom Betrachter aus rechte Seite des Altars wird auch als die „Epistelseite“ und die linke als die „Evangelienseite“ bezeichnet, weil dort in der römischen Basilika zwei Ambonen standen, wo die Epistel (vom hinter dem Altartisch stehenden Bischofsthron aus links, also vom Betrachter aus rechts) und das Evangelium (vom Bischof aus rechts) gelesen wurden. Diese Unterscheidung ist allerdings mit der Verwendung nur eines Lesepultes nicht mehr üblich. Doch war in einigen Gemeinden bis vor wenigen Jahren die Sitte verbreitet, die Lesungen als „Altarlesungen“ zu halten, die Epistel von der linken, das Evangelium von der rechten Seite des Liturgen.

Ein Punkt gesonderten Nachdenkens ist die Zelebrationsrichtung. Wenn die Liturgin nicht hinter dem Altar, also der Gemeinde und dem Altar gleichermaßen zugewandt zelebrieren kann, sollte sie vor dem

Altar stehen und sich beim Gebet zu diesem umwenden. Damit ist die gemeinsame Hinwendung von Liturgin und Gemeinde zu Gott besser symbolisiert als bei der dauerhaft der Gemeinde zugewandten Position vor dem Altar. Dabei droht der Altar funktionslos und bedeutungslos zu werden. Er ist dann nicht mehr der Ort der hervorgehobenen *praesentia Dei*. Unschön ist es, wenn der Altar zur Buch- und Kopienablage wird, von der sich der Liturg durch eine kurze Wendung nach hinten bedient.

3.5 In dezidiert reformierten Gemeinden findet sich in Entsprechung zum biblischen Bilderverbot (2 Mose 20,4) kein Kruzifix auf dem Altar, sondern allenfalls ein schlichtes Kreuz (ohne den Korpus des Gekreuzigten). Entsprechend bestimmte das „Eisenacher Regulativ", den Altar habe ein Kruzifix zu bezeichnen, „soweit nicht confessionelle Gründe entgegenstehen" (Herbst 211). Friedrich Wilhelm III., der ja von Hause aus selbst reformiert war (→ § 11.6.3), hatte an diesem Punkt – wie überhaupt mit seiner königlichen Agende – weniger Vorsicht walten lassen und das Altarkruzifix als evangelische Norm dekretiert.

4. Das Taufbecken und der Anfang des Glaubens

4.1 Der Taufstein (bzw. das Taufbecken) befindet sich in der Regel ebenfalls im Chorraum bzw. in Altarnähe, so dass er sich während des Gottesdienstes im Blickfeld der Gemeinde befindet. Es ist aber auch möglich, dass die Taufstätte in einer gesonderten Kapelle oder in einer Vorhalle des Hauptportals ihren Platz hat (so das „Eisenacher Regulativ", Herbst 211). Der Taufort hat in einem normalen Gottesdienst ohne Taufen in der Regel keine liturgische Funktion. Das ist insofern schade, als die Taufe für den Anfang des eigenen Glaubens steht. Sie erinnert *erstens* daran, dass der Glaube kein eigener Entschluss und kein eigenes Verdienst ist. Andere Menschen sind es, die uns zur Taufe gebracht oder motiviert haben. Theologisch spricht man vom Heiligen Geist, der mit der Taufe verliehen wird. Die Taufe macht *zweitens* deutlich, dass man mit dem eigenen Glauben immer wieder neu anfangen muss, indem man sich daran erinnert, dass man von Gott berufen ist und ein entsprechendes Leben führt. Glaube und Christsein sind kein erworbener Status oder Besitz, sondern stehen immer wieder erneut auf dem Spiel. Die Taufe erinnert daran, dass auch der frömmste Mensch ein Anfänger in Sachen des Glaubens bleibt.

4.2 Liturgisch spielt die Taufe im Gottesdienst keine wichtige Rolle. Eine gute Möglichkeit ist es darum, das Glaubensbekenntnis vom Taufbecken aus zu sprechen und dieses mit den Worten einzuleiten: „Wir gedenken unserer Taufe und bekennen unseren Glauben." Damit ist zugleich deutlich, dass das Glaubensbekenntnis von seiner Herkunft her ein Taufbekenntnis ist. In der antiken Kirche wurde es den (erwachsenen) Täuflingen vor der Taufe mitgeteilt und dann während der Tauffeier gesprochen. Wenn die Liturgin zum Sprechen des Glaubensbekenntnisses an das Taufbecken tritt, wird dieser leicht vergessene Zusammenhang deutlich. Auch choreographisch kommt damit eine kleine Variation in den Gottesdienst: Es werden nicht nur der Platz am Altar und die Kanzel bespielt. Das Sakrament des individuellen Anfangs rückt in der Mitte des Gottesdienstes, im Kontext von Lesungen und Predigt in den Mittelpunkt der Aufmerksamkeit – also dort, wo es um das individuelle Verstehen und Tun des Evangeliums geht.

Zusammenfassung

Nach evangelischem Verständnis ist der Kirchenraum ein besonderer Ort, weil dort in Wort und Gebet, in Taufe und Abendmahl der Glaube an Jesus und das Evangelium lebendig ist. Der Raum wird geheiligt durch Wort und Sakrament. Darüber hinaus soll der Kirchenraum so gestaltet werden, dass er auch außerhalb des Gottesdienstes Transzendenzerfahrungen eröffnet und zum Gebet einlädt. Stille, Größe und Höhe des Raumes lassen erleben, dass die wesentlichen Ereignisse im Leben dem Menschen entzogen sind und dass sich die eigene Existenz als eine verdankte erschließt. Die Kanzel als der Ort der Verkündigung spielt im evangelischen Kirchenraum eine hervorgehobene Rolle. Damit soll aber nicht die predigende Person in den Mittelpunkt gerückt werden, sondern vielmehr die Tatsache unterstrichen werden, dass das glaubende Individuum unvertretbar ist und dass sich der Glaube jeweils aktuell einstellen muss. Der Altar ist der Ort des Gebets, des Gedenkens und des Mahles und der Taufstein der Ort der Erinnerung an den Anfang des eigenen Glaubens. Insgesamt sind die Kirche am Wohnort und der Innenraum des Kirchengebäudes Zeichen für die Präsenz Gottes im Alltagsleben, auch über das Maß des Glaubens der jeweiligen Menschen in einer Gemeinde hinaus.

§ 14 Schönheit und Gewissheit: Kunst und Kirche

Im letzten Paragraphen war mit dem Kirchenbau und seinem Inneren bereits von den kirchlichen Künsten die Rede. Viele Kirchen sind nicht nur Räume des Gebets und der Liturgie, sondern auch Kunsträume, ja geradezu Museen. Man denke nur an den Matthäus-Zyklus Caravaggios im Seitenschiff der Kirche San Luigi dei Francesi nahe der Piazza Navona in Rom, an die von Michelangelo mit dem Jüngsten Gericht ausgemalte Sixtinische Kapelle im Vatikan oder an Michelangelos berühmte Moses-Statue in der Kirche San Pietro in Vincoli in Rom, die für Sigmund Freud 1914, am Vorabend des 1. Weltkriegs, zum Schlüssel für das Verständnis der europäischen Kultur wurde (Krüger / Meyer-Blanck 79–98). Kirchen sind bis heute wichtige künstlerische Orte. Dem Guten und dem Wahren sucht der Mensch durch das Schöne Ausdruck zu verschaffen.

Jahrhundertelang hat sich die Kunst der kirchlichen Botschaft untergeordnet und ihr gedient, aber spätestens seit dem frühen 19. Jahrhundert haben sich Kunst und Religion unabhängig voneinander entwickelt oder sind in Konflikt miteinander geraten. Die Kirche kann heute der Kunst gegenüber weder dominant noch ignorant auftreten, sondern sie muss neue Gesprächsfäden knüpfen. Dass diese Mühe aber lohnend ist und der Kirche neue Möglichkeiten bietet, die eigene Tradition selbst besser zu verstehen und anderen zu erschließen, ist die dem Folgenden zugrunde liegende Überzeugung.

In diesem Paragraphen soll das Verhältnis der Kirche zu den Künsten theoretisch geklärt werden, bevor der Musik als einer in der evangelischen Kirche besonders geschätzten Kunst ein eigener Paragraph gewidmet wird (→ § 15). Anders als in den Abschnitten zur gottesdienstlichen, baulichen und musikalischen Kunst geht also jetzt primär um den kirchlichen Kontext der bildenden Künste.

1. Zwischen Illustration und Autonomie

Grundsätzlich folgt die Kunst in der Kirche einer doppelten Logik, aus der sich fruchtbare, aber auch störende Spannungen ergeben können. Kunst im Raum der Kirche ist eine Art Fenster zur gesellschaftlichen und kulturellen Wirklichkeit. Sie kann der Kirche dabei helfen, ihre Glaubensgewissheiten den aktuellen geistigen Strömungen auszusetzen, um das Eigene neu verstehen und zeitgemäßer formulieren zu können. Die kirchliche Auseinandersetzung mit dem Zeitgeist muss zugleich offen und profiliert sein, um eine Begegnung auf Augenhöhe zu ermöglichen.

1.1 Werden bildende Künste (Malerei, Bildhauerei, Licht- und Installationskunst) im kirchlichen Raum verwendet, dann stehen sie *erstens* im Kontext der kirchlichen Botschaft und des kirchlichen Auftrages, das Evangelium zu verbreiten und es im Lebenszusammenhang heutiger Menschen lebendig zu halten. Wird dieses inhaltsbezogene Prinzip jedoch zu stark betont, dann droht die Kunst zur bloßen Illustration bereits feststehender theologischer Inhalte herabzusinken. Dabei wird die Stimme der Kunst letztlich neutralisiert, so dass weder ihr selbst noch dem Evangelium gedient ist, weil dieses eine aktuelle und keine zuvor fixierbare Botschaft darstellt. Der Kunst muss die Möglichkeit eingeräumt werden, etwas Eigenes zu sagen. Darum ist bei der Verwendung von Kunst im kirchlichen Kontext vor allem nach der Qualität zu fragen und „nicht nach einer Übereinstimmung mit dem System der kirchlichen Auftraggeber" (Volp 499). Negativ formuliert: Gerade wenn die Kirche der eigenen Botschaft wenig zutraut, wird sie geneigt sein, diese durch Sicherungsmaßnahmen zu stützen und die Kunst zu gängeln, wobei aber letztlich die religiöse und die ästhetische Kommunikation gleichermaßen zum Erliegen kommen.

1.2 Der Kontext der jeweiligen Kultur impliziert, dass alle Künste gegenwartsbezogen sind und sich mit aktuellen geistigen und ästhetischen Strömungen auseinandersetzen. Darum gilt *zweitens*, dass Künstler und ihre Künste eigenen Gesetzen folgen, die nicht aus dem Glauben herzuleiten sind und mit kirchlichen Traditionen in Spannung stehen können. Die Kunst ist nicht die Dienerin der Kirche oder anderer gesellschaftlicher Mächte, sondern sie folgt ihren eigenen Eingebungen und Zielen. Seit dem letzten Drittel des 18. Jahrhunderts versteht sich die Kunst immer mehr als autonom.

Das war schon bei Johann Wolfgang v. Goethe (1749–1832) und seinem Verständnis der Dichtkunst der Fall. Diese sollte keinen Zweck außerhalb ihrer selbst haben, und sei dieser noch so moralisch hochstehend oder staatlich willkommen. Die Kunst steht seit Klassik und Romantik für ihre eigenen Gefühle und Gemütszustände und muss diese nicht mit moralischen Nützlichkeitserwägungen begründen (wie das besonders in der späten Aufklärung der Fall gewesen war).

Doch auch das Prinzip der künstlerischen Autonomie kann problematisch werden, wenn dadurch der eigene Anspruch und Kontext unklar oder verschleiert werden. Autonomie sollte etwas anderes sein als bloße Selbstbezüglichkeit. Kunst steht immer in geistigen, sozialen und kulturellen Kontexten. Sie muss sich – genauso wie die Religion – der Tatsache stellen, dass sie bestimmte Entwicklungen unterstützt und andere hindert. Kunst und Religion sind niemals wertneutral. Darüber hinaus wirken beide aufeinander. Religion begegnet im Gewand der Kunst und Kunst kann religiöse Bedürfnisse erfüllen.

1.3 Daraus ergibt sich *drittens* die Aufgabe, ästhetische und religiöse Erfahrung, künstlerische und religiöse Praxis aufeinander zu beziehen. Dazu sollten beide Sphären zunächst für sich betrachtet werden, bevor sie zueinander ins Verhältnis gesetzt und in einen Dialog gebracht werden. Das kann auch bedeuten, dass zunächst nur die Schwierigkeiten oder Unmöglichkeiten eines Dialoges benannt werden, weil die beiden Erfahrungsbereiche – jedenfalls momentan – zu disparat sind. Es gehört zu einer guten Praxis, das Gespräch nicht ohne die Differenzen bzw. oberhalb von diesen zu führen, sondern mit den Differenzen und durch diese hindurch. Das gilt für die ökumenische und interreligiöse Begegnung ebenso wie für diejenige mit der Kunst. Wird das Evangelium als eine stets der eigenen Erfahrung vorausliegende, nicht vorab zu definierende Lebenswirklichkeit verstanden und die Kunst als offene Suche nach Existenzdeutungen, dann ist die Beziehung zwischen beiden ebenfalls offen und vielversprechend. Die Alternative einer lediglich illustrierenden Funktion oder einer selbstgenügsamen Autonomie der Kunst kann so überwunden werden.

Im Idealfall wird die Mitteilung und Darstellung des Evangeliums in der Kirche durch die Kunst herausgefordert, neue und ungewohnte Lebensdeutungen zu wagen und umgekehrt die Kunst, sich an die Auseinandersetzung mit dem zu begeben, was den Menschen zutiefst betrifft und sich ihm grundsätzlich entzieht, mit der Transzendenz, der Religion und dem Göttlichen. Kunst und Verkündigung leben gleichermaßen davon, dass sie situativ herausgefordert und für die Lebensdeutung in Anspruch genommen werden. Sie repräsentieren das, was dem Leben Glanz gibt.

2. Ästhetische und religiöse Erfahrung

2.1 Kunst und Glaube stehen auch deswegen in einer – im Idealfall fruchtbaren – Spannung, weil sie eng miteinander verwandt sind. Sie haben gemeinsam, dass sie nicht nützlich sind, sondern übernützlich. Der Mensch muss nicht glauben und er muss sich nicht mit Kunst umgeben, um zu überleben. Man kann seine Aufgaben als Staatsbürger, als Berufstätiger und als Familienmitglied umfassend erfüllen, ohne über ästhetische oder religiöse Erfahrung zu verfügen. Nicht jeder Mensch ist religiös – wenngleich sich jeder mit den Fragen beschäftigen muss, auf die die Religionen eine Antwort haben; nicht jeder Mensch ist künstlerisch veranlagt – wenngleich sich jeder am unerklärlichen Wohlgefallen an schönen Dingen erfreuen und den Drang verspüren wird, etwas Empfundenes in Wort, Ton oder Bild auszudrücken. Jeder Mensch ist ein potenzieller Künstler – so die Überzeugung von Joseph Beuys (1921–1986), weil das innere Bild entscheidender ist als das daraus später entstehende äußere Bild (Steinmeier 36).

Kunst und Religion sind also insofern verwandt, als sie für das stehen, was über unsere unmittelbaren physischen und psychischen Bedürfnisse hinausgeht und was den Menschen als ein geistiges, sinnbildendes Wesen auszeichnet. Im Grunde ist der Mensch schon mit seiner Sprache Künstler, indem er sein In-der-Welt-Sein nicht nur im Sinne von Informationen wiedergibt, sondern dieses gestaltend darstellt. Schon in der Sprache ahmt der Mensch die Welt nicht nur nach, sondern erschafft sich seine Welt: Sprache ist nicht nur nachbildende Mimesis, sondern auch gestaltende Poiesis. Jedes sinnbildende Sprechen ist Poesie, aus der Empfindung kommende Gestalt. Beschäftigt sich die Poesie mit dem tiefsten Grund der Möglichkeit, sich frei in der Welt bewegen und zurechtfinden zu können, dann wird sie religiös, indem sie das Woher und das Jenseits des sprachlichen Daseins thematisch werden lässt (Ps 8,5–7). Religion und Kunst sind die beiden Weltzugänge, in denen das Dasein gedeutet und der Vorgang des Deutens als solcher thematisch wird (Meyer-Blanck 2009a, 33).

2.2 So nahe Religion und Kunst als Erzeugnisse menschlicher Sinnbildung auch verwandt sind, so sind die religiöse und die ästhetische Erfahrung dennoch unterschieden: „Die vorzügliche ästhetische Erfahrung ist die des Gefallens. [...] Die vorzügliche religiöse Erfahrung ist die des Ergriffenseins." (Gräb 112) Gewiss kann einen auch Kunst existenziell ergreifen und Religion kann einem gefallen, aber dann ist das jeweilige Werk schon in einem anderen Kontext interpretiert bzw. zu einem anderen Medium geworden. So kann eine Mariendarstellung rein ästhetisch gefallen oder religiös ergreifen (oder beides); und für viele Bach'sche Choralvorspiele gilt dasselbe. Religiös ist die Erfahrung des schlechthinnigen Getragenseins und Gefordertseins, ästhetisch ist die Erfahrung der Berührung und Begeisterung von einem poetischen Gegenstand.

2.3 Das Adjektiv „ästhetisch" wird im zweifachen Sinne verwendet: 1. im Sinne der Wahrnehmung selbst, der „Aisthesis" (Wahrnehmung), 2. im Sinne der Theorie der Wahrnehmung, der „aisthetike theoria". Ästhetische Wahrnehmungen und Erfahrungen sind spezifische Weisen von Wahrnehmung. Nicht jede Wahrnehmung (z.B. der Temperatur im kalten Kirchraum oder der Nummern auf der Liedertafel) ist als „ästhetisch" zu bezeichnen. Die ästhetische Erfahrung lässt sich aber von bestimmten Phänomenen her genauer charakterisieren (vgl. zum Folgenden MEYER-BLANCK 2009b, 66f.). Ganz allgemein lässt sich die Erfahrung des Schönen als ein Geschmacksurteil ohne „das mindeste Interesse" beschreiben (KANT 117 = B 7 / A 7): „Schön ist das, was ohne Begriff allgemein gefällt." (KANT 134 = B 32 / A 32)

Wie lässt sich diese Erfahrung näher umschreiben? *Erstens* fokussiert ästhetische Erfahrung die Aufmerksamkeit und blendet andere Wahrnehmungen aus. Man beschreibt sie von daher auch oft als eine Form von „Sich-selbst-Vergessen". Damit schafft die ästhetische Erfahrung *zweitens* eine veränderte Zeiterfahrung; biblisch gesprochen: In der ästhetischen Erfahrung werden „Chronos" und „Kairos" unterschieden. Die verlaufende Zeit wird von einer qualitativ anderen Zeit eingeholt, überdeckt oder ganz verdrängt. Auf diese Weise wird vielfach die Versenkung in Kunstwerke beschrieben: Man vergisst Zeit und Ort. Die ästhetische Erfahrung unterbricht so *drittens* den Reflexionszusammenhang von zweckrationaler und mittelorientierter Wahrnehmung und Planung. Sie verhilft dem Menschen zu einer anderen Prioritätensetzung in seinen Lebensorientierungen. Das Schöne lässt sich wie die Liebe weder fixieren noch bezahlen. *Viertens* kann ästhetische Erfahrung die Wahrnehmung der eigenen Wahrnehmung *als* Wahrnehmung umfassen. Das ist dann der Fall, wenn wir merken, dass sich die eigenen Prioritäten verschieben. Dadurch erfährt der Mensch sich selbst ganz neu, eben als ein poietisches, seine Welt durch die Einbildungskraft neu schaffendes Wesen. Damit führt die ästhetische Erfahrung auch zum Unterscheiden von Wahrnehmungen. In der ästhetischen Erfahrung liegt damit schließlich *fünftens* auch ein politisches Potenzial.

Wer die Welt künstlerisch wahrnimmt und darstellt, ist den zweckrationalen Planungen nur begrenzt zugänglich. Ich selbst und die anderen sind nicht Mittel zum Zweck, sondern selbst Zweck. Man denke nur an 2 Mose 10,9, wo Mose zum Pharao sagt: „Wir wollen ziehen [...]; denn wir haben ein Fest des Herrn."

Insgesamt lässt sich festhalten, dass die ästhetische Erfahrung die Reflexion und die Begriffe nicht außer Kraft setzt. Sie schafft auch keine Sonderwelt, keine andere Welt, aber sie lässt diese Welt als eine andere erfahren. Sie kann uns aus dem Reich der Zwecke in das Reich der Freiheit führen, indem sie uns das Menschsein als Selbstzweck vor Augen führt. Die Freude am Schönen braucht keinen Zweck. Sie gewährt alles, was das Leben neben körperlicher und seelischer Gesundheit ausmacht. Ästhetische Erfahrung vergewissert im Menschsein. Mit dieser Beschreibung des Seins vor dem Handeln ist die ästhetische Erfahrung wieder der religiösen Erfahrung nahe und zeigt dabei eine Strukturanalogie zur Rechtfertigungserfahrung.

2.4 Die religiöse Erfahrung lässt sich als das Bewusstsein für das Woher dessen, was das Menschsein ausmacht, umschreiben. Meiner Gewissheit, Selbstzweck zu sein, mich meines Daseins und des Genusses von Schönem freuen zu können, liegt etwas zugrunde, das ich nicht selbst schaffen kann. Meine Freude am Sein, Schauen, Erleben und Genießen ist nicht erarbeitet, sondern geschenkt und verdankt. Ich bin getragen, gewollt, geschaffen. In der Ausdrucksweise des Kleinen Katechismus Martin Luthers von 1529: „Ich glaube, dass ich nicht aus eigener Vernunft noch Kraft" mein Leben in Freiheit und Freude am Schönen führen kann. Ich bin ergriffen davon, „dass ich wunderbar gemacht bin" (Ps 139,14) und dass die Werke Gottes in der Welt „so groß und so viel" sind (Ps 104,24). Religion ist zunächst einfach das Staunen über das Staunen-Können und die Überzeugung, dass beides bleibt, weil es nicht nur aus dem Inneren des Menschen hervorgeht, sondern von außen, als Gabe, auf ihn zukommt. Ich kann und muss mir mein Menschsein nicht verdienen. Ich bin als solcher – wenn auch nicht so, wie ich sein sollte – gewollt, gehalten, getragen und geliebt. Ich bin gerechtfertigt.

2.5 Mit diesen Formulierungen wird deutlich, dass die ästhetische und die religiöse Erfahrung ineinander übergehen können und oft nur schwer voneinander zu unterscheiden sind. Kommen Gott als Schöpfer, Sohn und Geist zur Sprache, ist es eindeutig, dass sich die Erfahrung des Ergriffenseins im christlichen, kirchlichen Zusammenhang vollzieht und gedeutet wird. Aber nicht immer ist das der Fall. Besonders in Kirchenräumen kann sich eine allgemeine Transzendenzerfahrung einstellen, die aus dem Erleben von Höhe, Weite und Stille entsteht (→ § 13.1.4) und die Aktivität des Menschen in die Anschauung aufhebt.

Die große Nähe von ästhetischer und religiöser Erfahrung kann unterschiedlich gedeutet werden und hat im Laufe der modernen (westlichen) Kulturgeschichte zu Modellen der Zuordnung von Kunst und Religion geführt, die in veränderter Gestalt bis heute prägend geblieben sind. Diese seien im nächsten Abschnitt idealtypisch skizziert.

3. Kunst und Kirche – Geschichte eines Spannungsverhältnisses

3.1 Im 13. Jahrhundert waren 95 % der künstlerischen Motive christlich, in der Gegenwart sind es gerade noch 5 % (Schwebel 145). Seit der Zeit von Aufklärung und Romantik ist die Kunst immer mehr in Konkurrenz zur Religion getreten. So verglich Goethe den Besuch in der Dresdner Schlossgalerie mit einem Tempelbesuch (Schwebel 196). Im Laufe des 19. Jahrhunderts übernahm die Kunst mehr und mehr „die Funktion einer, gleichviel wie gedeuteten, innerweltlichen Erlösung: vom Alltag, und, vor allem, auch von dem zunehmenden Druck des theoretischen und praktischen Rationalismus. Mit diesem Anspruch aber tritt sie in direkte Konkurrenz zur Erlösungsreligion." (Weber 555)

Der romantische Maler Caspar David Friedrich (1774–1840) verlegte die religiöse Erfahrung in die subjektive Erfahrung einer Landschaft. So zeigt das Bild „Morgen im Riesengebirge" zwei Wanderer auf dem Weg zu einem Kruzifix auf einem Berggipfel in einer nebelbedeckten Bergkette. Das Thema ist nicht mehr das durch Christus erworbene Heil, sondern die eigene Annäherung an das Heil, dargestellt durch die beiden Wanderer: Der Naturraum tritt an die Stelle des Kirchenraumes. Über dem Bild liegt eine melancholische, den Blick in die Tiefe des Gebirges und in die Weite des Horizontes ziehende Stimmung, eine ästhetische Transzendenz.

Die Romantiker sahen in der Wirklichkeit das Religiöse und in ihrer künstlerischen Darstellung den vielversprechenden Versuch, diesem eine erfahrbare Gestalt zu geben. Friedrich Schleiermachers (1768–1834) Beschreibung der Religion als „Sinn und Geschmack für das Unendliche" in seiner 2. „Rede über die Religion" von 1799 ermöglichte es, das künstlerische Schaffen selbst als Ausdruck des religiösen Gefühls anzusehen. Schleiermachers Religionsbegriff war so offen, dass er „der Kunst und Poesie Unterkunft bot" (SAFRANSKI 151). Dabei gilt für die romantische Kunstauffassung insgesamt, was man über Hölderlins Dichtung sagen kann: „Göttliches ist im Spiel, wo das Leben feiert. […] Man muss das Göttliche in seine Obhut nehmen und es bewahren, es ist so zerbrechlich. […] Wenn das Göttliche vergänglich ist, so kommt alles darauf an, ihm eine gewisse Dauer zu geben." (SAFRANSKI 168)

Für Schleiermachers Kunstauffassung ist es wesentlich, dass letztlich jeder Mensch Künstler ist, insofern er einer inneren Begeisterung und einem Gefühl Ausdruck zu geben vermag. Dabei ist das Künstlerische ein Gefühlsausdruck unter den Bedingungen von „Maaß und Regel" im Unterschied zur ungeformten, spontanen Äußerung (etwa bei einem Sprung in der Freude oder einem Schrei des Erschreckens): „Die *Kunst* ist also hier die *Identität der Begeisterung,* vermöge deren die Äußerung aus der inneren Erregung herrührt, und der *Besonnenheit,* vermöge deren sie aus dem Urbilde herrührt" (Schleiermacher nach MÄDLER 302, dort kursiv). Erst die Kunst ermöglicht die Mitteilung und Darstellung von Gefühlen und damit die menschliche Kultur. Nach Schleiermacher ist das Künstlerische weniger durch Inspiration, Kreativität und Genialität bestimmt als vielmehr durch die Überzeugungskraft des zur darstellerischen Form gelangten Gefühls. Künstlerische Begabung ist die Fähigkeit zum Ausdruck von etwas Empfundenem, das dadurch mitteilbar und verständlich wird. Diese Charakterisierung der Kunst durch Begeisterung und Maß reicht weit über die Romantik hinaus.

Das Romantische im engeren Sinne blieb das Empfinden einer zunehmend kirchendistanzierten künstlerischen Minderheit. In der Kirche selbst setzte sich im 19. Jahrhundert die Gegenbewegung der „Nazarener" durch. Diese strebten zur – als religiös rein empfundenen – Kunst der Renaissance zurück und ließen darum nur biblische Szenen als Motive gelten. Charakteristisch für ihre Werke sind die weichen Gesichtszüge der dargestellten biblischen Gestalten. Die Nazarener bewerteten die Subjektivität des Künstlers als eine negative Zeiterscheinung, die es auszuschalten galt. Am bekanntesten wurde Julius Schnorr von Carolsfeld (1794–1872), vor allem wegen seiner Bibelillustrationen. Die Nazarener spielten jedoch für die allgemeine Kunstentwicklung keine Rolle, obwohl einige von ihnen Lehrstühle an Akademien (etwa in Düsseldorf und München) innehatten.

In der Spätromantik, besonders im Werk Richard Wagners (1813–1883), erhebt die Kunst den Anspruch, die eigentliche Religion zu sein, diese ersetzen bzw. die im Niedergang befindliche Religion retten zu können: „Man könnte sagen, dass da, wo die Religion künstlich wird, der Kunst es vorbehalten sei, den Kern der Religion zu retten", beginnt seine Schrift „Religion und Kunst" aus dem Jahre 1880 (Wagner 188). In der Vergangenheit war es „fast einzig" die bildende Kunst, die die „ursprünglich eben sich bildlich gebenden religiösen Dogmen" zur Anschauung zu bringen vermochte (Wagner 199), während die Kunst jetzt selbst zur Religion, zur Kunstreligion werden und das „Gesamtkunstwerk" an die Stelle von Kirche und Gottesdienst treten sollte. In Teilen des gebildeten Bürgertums ersetzte die Aufführung des „Bühnenweihfestspiels" Parsifal den Besuch des Karfreitagsgottesdienstes.

3.2 In der Malerei entwickelten sich mit dem Vordringen der Nazarener die kirchliche und säkulare Kunst auseinander. Die kirchliche Kunst begann, sich aus der Öffentlichkeit zurückzuziehen und die Kunst brauchte die Kirche nicht mehr. Sie verstand sich immer mehr als autonom und legte Wert auf diesen Umstand. Dennoch griff auch die autonome Kunst teilweise auf christliche Motive zurück.

Das war besonders im Expressionismus der Fall. Diese Epoche um den 1. Weltkrieg (in der Regel gibt man die Jahre 1905–1923 an) gehört in den Kontext der breiten kulturellen Strömung der Jugendbewegung, die sich mit dem Zerbrechen alter Ordnungen, Werte und Sehgewohnheiten auseinandersetzte. In der künstlerischen Verarbeitung des 1. Weltkriegs bezog man sich auch auf Christusdarstellungen (so etwa Karl Schmidt-Rottluff, 1884–1976). Die Kirche dagegen ignorierte diese Kunst weitgehend. Sie entwickelte erst nach 1945 Interesse am Expressionismus, während einzelne Kunstwissenschaftler und Theologen im Expressionismus schon frühzeitig einen religiösen Aufbruch im Sinne des Transzendenzerlebens sahen. Der deutsch-amerikanische Theologe Paul Tillich (1886–1965), der selbst zur Jugendbewegung gehörte, verstand die moderne Kunst und speziell den Expressionismus als eine neue Religion, die er am expressiven Stil festmachte. In seinem Text „Religiöser Stil und Stoff in der Bildenden Kunst" von 1921 formulierte er:

> „Es ist in der Tat möglich, in einem Cézanneschen Stilleben, einem Marcschen Tierbild, einer Schmidt-Rottluffschen Landschaft, einem Noldeschen Erotikbild die unmittelbare Offenbarung einer absoluten Wirklichkeit in den relativen Dingen anzuschauen; der Weltgehalt lebt in des Künstlers religiöser Ekstase, schien hindurch durch die Dinge; es sind ‚heilige' Gegenstände geworden." (Schwebel 109)

Die Künstler werden in dieser Sichtweise zu Darstellern der Transzendenz, ja zu Propheten der Offenbarung. Sie geben nicht der kirchlichen Offenbarung Gestalt, sondern künden ihrerseits von einer eigenen, künstlerisch zugänglichen Offenbarung. Auch hier ist die Kunst wie in der Romantik nicht nur ästhetisch, sondern auch religiös autonom geworden. Die Religion der Kunst wird unabhängig von kirchlichen Vorstellungen.

3.3 Besonders von den abstrakten Malern wurde die Autonomie der Kunst betont. Diese lehnten jegliche Zweckbindung der Kunst, ja schon die Nachbildung der Wirklichkeit ab. Die Kunst hatte danach weder eine moralische oder politische noch eine religiöse Botschaft zu transportieren, sondern die Wahrnehmung des Wahrnehmens in den Mittelpunkt der Aufmerksamkeit zu rücken. Nicht Gegenstände, nicht Landschaften, Gesichter oder Körper sollten dargestellt werden. Thema war vielmehr das reine Sehen selbst. Das Ziel der seit 1910 entstehenden Werke Wassily Kandinskys (1866–1944) war es, den Betrachter auf die „Musikalität des Auges“ im Sinne einer „visuellen Mystik“ einzustellen. Für Franz Marc (1880–1916) war die „Sehnsucht nach dem unteilbaren Sein, nach der Befreiung von der Sinnestäuschung unseres ephemeren Lebens“ die Grundstimmung von Kunst (Schwebel 113).

Die Kunst orientiert sich demnach nicht mehr am Dargestellten und am darstellenden Künstler, sondern am Betrachter. Die Kunst des Sehens und Wahrnehmens zielt auf die Rezipienten. Die Aufgabe der darstellenden Künstlerinnen oder Künstler ist es, offene Stellen zu schaffen, mit deren Hilfe das Kunstwerk im Anschauen lebendig wird. Der bekannte Semiotiker Umberto Eco (1932–2016), der Autor des Romans „Der Name der Rose“, machte in diesem Zusammenhang den Begriff des „offenen Kunstwerkes“ geläufig. Ein Kunstwerk, das diesen Namen verdient, so Eco, enthält viele offene Stellen, so dass dessen Wahrnehmung verschiedenste Möglichkeiten der Auseinandersetzung bietet. Der Ausdruck „offenes Kunstwerk“ ist für Eco insofern eine Tautologie, als die Offenheit ein konstitutives

Merkmal von Kunst ist. Da die abstrakte Kunst nichts Gegenständliches abbildet, erfüllt sie bereits als solche die Anforderung der Offenheit.

Die Offenheit kann zugleich die kritische Frage provozieren, inwiefern diese zur Botschaft der Kirche passe. Die Antwort auf derartige kritische Bemerkungen muss sein, dass gerade auch die Glaubensgewissheit auf die Suche nach Gewissheit angewiesen bleibt und dazu unbekannte, offene Wege der Spiritualität gehen wird. Die Begegnung mit Gott ist nach dem biblischen Zeugnis nicht nur eine Rückkehr zu dem immer schon Vertrauten, sondern der Aufbruch in ein Land, das sich immer erst zeigen muss. Darum korrespondieren die Botschaft des Evangeliums und die Impulse des offenen Kunstwerkes.

In der Kirche hat sich diese Ansicht inzwischen auf breiter Front durchgesetzt und seit 1945 fand die abstrakte Kunst ihren Weg in den Kirchenraum. Zu einem gewissen Stillstand kam diese Entwicklung eine Zeitlang in der Zeit der Studentenbewegung um 1970, als die Kunst im Vergleich zur Herausforderung durch das Elend der Armen als Geldverschwendung erschien.

4. Wahrnehmung und Gewissheit: Kunst und Kirche heute

Das Verhältnis von Kunst, Religion und Kirche muss jeweils neu bestimmt werden, da es sich dabei um lebendige kulturelle Erscheinungen handelt, die nicht zeitlos definiert werden können. Dennoch lassen sich nach der historischen Skizze einige Grundsätze festhalten.

4.1 Die Kirche ist nicht nur eine geistige und kommunikative, sondern auch eine ästhetische Realität.

Kirche gibt zu sehen, zu fühlen und zu denken. Schon der Gottesdienst (→ § 8) erschöpft sich keinesfalls darin, christliche Informationen und Lehren zu verbreiten, sondern er ist Mitteilung und Darstellung des Glaubens in künstlerischer Form. Die Liturgie bedient sich der rhetorischen, poetischen und schauspielerischen Kunst. Darüber hinaus repräsentieren auch die kirchliche Baukunst (→ § 13) und die Kirchenmusik (→ § 15) die kirchliche Botschaft in der kulturellen Öffentlichkeit und reichen damit weit über die Kirchenmitglieder und Gottesdienstbesucher hinaus. An manchen Orten dienen die Kirchen vor allem als kulturelle Kristallisationspunkte am Ort („Kulturkirchen"). Auch wenn dabei nicht der Bezug auf das Evangelium im Vordergrund steht, lässt sich dieser nicht übersehen. Die kirchliche und kirchenbezogene Kunst löst sich bisweilen von der Botschaft der Kirche, hält diese aber gleichwohl präsent. Für das heutige Verhältnis von bildender Kunst und Religion lassen sich drei idealtypische Positionen unterscheiden.

4.2 Nach der *ersten* Ansicht ist Kunst (im Anschluss an Schleiermacher und die Romantik) die Sprache der Religion. Die Kunst bewahrt danach das Evangelium davor, zur Ideologie zu werden. Der Glaube sei letztlich nicht in Formeln zu haben, sondern meine etwas Unaussprechliches.

Nach der *zweiten* Ansicht sind Kunst und Religion radikal zu trennen, weil alles andere eine erneute Vereinnahmung der Kunst bedeuten würde. Bei dieser Einschätzung wird die Ausdifferenzierung der beiden Wirklichkeitsdeutungen seit dem 19. Jahrhundert stark betont. Religiöse Deutungen von Kunstwerken würden diese gerade verfälschen und um ihren Eigenwert bringen. Die Kunst sei gerade *nicht* die Sprache der Religion, sondern eine fremde Sprache. Religiöse Interpretationen hingegen tendierten zu einer neuen Form von Bildersturm, von Ikonoklasmus – bedeuteten also de facto eine Art von Neutralisierung der Kunst.

Eine *dritte* Position spricht sich für eine jeweils situative Verhältnisbestimmung von Kirche und Kunst aus, weil die religiösen Aspekte der Kunst und der christliche Glaube weder identifiziert noch voneinander getrennt werden dürften. So bezieht sich Horst Schwebel auf das prophetische Element in der Kunst von Joseph Beuys (1921–1986) und stellt fest, auch hier gebe es eine Botschaft, aber diese sei etwas anderes als die biblische Prophetie: „diese Botschaft ist keine Gottesrede im biblischen Sinn. Die Analogie besteht lediglich im ‚prophetischen Protest', im Durchbruch." (Schwebel 212) Die Kirche solle sich von der ästhetischen Erfahrung anregen lassen. Sie soll dabei möglichst offen sein. Aber die Kunst als solche sei auch nicht Religion: „Die Romantik, Schleiermacher und Schelling dachten so. Aber es wäre eine unzulässige Vereinnahmung, alle gegenwärtigen künstlerischen Ausdrucksformen an der romantisch-idealistischen Kunst-Religion-Symbiose zu messen. Diese ist zerbrochen." (Schwebel 218) Die sich daraus ergebende Maxime lautet, dass Kirche und Kunst ihre Unterschiedlichkeit respektieren und nutzen sollten. So solle die Kirche bei Aufträgen nicht einfach theologische Themen (wie „Erschaffung der Welt" oder „Jüngstes Gericht") vorgeben, sondern vielmehr von den gestalterischen Möglichkeiten der Künstler her denken.

Zusammenfassung

Die Kirche ist nicht nur eine geistige und geistliche, sondern auch eine ästhetische und künstlerische Realität. Zu allen Zeiten hat die Kirche den verschiedenen Künsten ein Forum geboten und auf sie zurückgegriffen. Dabei hat sich mit dem Aufkommen der Moderne seit der Epochenschwelle um 1800 die Rolle der Kunst in der Kirche grundlegend gewandelt: Diese wurde autonom und löste sich immer mehr von den inhaltlichen Vorgaben der Kirche. Aus diesen Entwicklungen ist zu lernen, dass die ästhetische und die religiöse Erfahrung als Eröffnung einer grundlegenden und transzendenten Daseinsdimension einerseits nahe miteinander verwandt sind, andererseits aber auch klar unterschieden werden müssen, damit beide ihre eigene Stimme behalten: Die Kunst ermöglicht die Erfahrung des Schönen und Erhabenen, die Religion bedeutet die Erfahrung dessen, was das Leben des Menschen und der Welt mit ihrer Schönheit und Erhabenheit umgreift, schafft und erhält. Kunst kann den Glauben nicht ersetzen, aber der kirchliche Ausdruck des Glaubens bleibt zu allen Zeiten auf die Künste angewiesen.

§ 15 Religion und Glaube in Tönen: Kirchenmusik

In diesem das Buch beschließenden Paragraphen geht es wie im vorigen um die Peripherie und um das Zentrum der Institution des Glaubens: um die Kirche im Medium der ästhetischen Gestalt. Für viele kritische Zeitgenossen ist am Christentum gerade noch die große Kirchenmusik akzeptabel. Hat man den Kontakt zur Kirche beendet und den Besuch des Gottesdienstes ganz aufgegeben, ja hat man mit dem Glauben selbst gebrochen wie der niederländische Erfolgsautor und Biologe Maarten 't Hart, so kann einen dennoch der Klang der Orgel oder die Bach'sche Musik zutiefst anrühren: „Unser Dasein wäre viel kühler und kahler, wenn wir diese sublimen Wunderwerke entbehren müssten" ('T HART 159 über die Matthäus- und Johannespassion). Texte wie diejenigen aus dem Weihnachtsoratorium („Ach mein herzliebes Jesulein, mach dir ein rein sanft Bettelein, zu ruhn in meines Herzens Schrein" oder „Bereite dich Zion mit zärtlichen Trieben, den Schönsten, den Liebsten bald bei Dir zu sehn"), die als gelesene oder gesprochene eher peinlich berühren können, sprechen in Tönen tiefe Gefühle an. Wem Glaubensgehalte wie die Menschwerdung Gottes bzw. die Gottessohnschaft Jesu in begrifflicher Sprache vollkommen fremd bleiben, kann sich von den entsprechenden Chorälen („Vom Himmel hoch, da komm' ich her", „Ich steh an deiner Krippen hier"), zumal in der Bearbeitung Bachs, dennoch angesprochen fühlen. Viele Sängerinnen und Sänger geben Worten ihre Stimme, die sie unabhängig von der Musik nicht aussprechen oder gar bekennen würden. Das Singen in einem Kirchenchor oder einer Kantorei ist für viele eine Art von glaubendem Rollenspiel: Man fühlt und denkt sich in fremde Glaubenszeugnisse ein und macht sich diese für kurze Zeit, mindestens für den Moment der Aufführung, zu eigen.

Die Kirchenmusik ist wie die bildende Kunst eine ästhetische Gestalt von Kirche. Anders als die bildende Kunst ist die Musik flüchtig, denn der Klang ist immer schon vergangen, wenn man ihn hört. Musik ist immer auch ein Gleichnis für die Zeitlichkeit des Daseins.

1. Choral und Gesangbuch

1.1 An einem gewichtigen Teil der kirchlichen Musik kann man sich aktiv beteiligen, indem man (nicht nur im Gottesdienst) die Choräle mitsingt. Das Singen ist schon immer ein Kennzeichen der evangelischen Kirche gewesen, denn die Botschaft der Reformation verbreitete sich besonders durch die Kirchenlieder. Martin Luthers „Ein feste Burg ist unser Gott" (Ev. Gesangbuch [EG] Nr. 362) von 1529 ist bis heute eines der Erkennungszeichen des Protestantismus. Luther übertrug wichtige liturgische Stücke wie das Glaubensbekenntnis (EG 183) und das „Agnus Dei" (EG 190.2) der Gemeinde, indem er die entsprechenden Choräle schuf. Aktuell sind die alle zwei Jahre stattfindenden „Evangelischen Kirchentage" in besonderem Maße Singereignisse. Vor allem in der Vorweihnachtszeit finden vielfach offene Singveranstaltungen statt, etwa im Zusammenhang von Weihnachtsmärkten.

Der evangelische Choral ist zugleich die Quelle und das Zentrum der großen Kirchenmusik Johann Sebastian Bachs (1685–1750). Die Kantaten und Passionen könnte man als Choräle mit ausführlichen Einleitungen beschreiben. In der Dramaturgie der Bach'schen Kantaten vertreten die Choräle die Rolle der betrachtenden

Gemeinde. Die Gemeinschaft der Glaubenden lässt die Ereignisse, die vom Evangelisten in den Rezitativen geschildert und von den Chören dramatisch in Szene gesetzt werden, an sich vorüberziehen, um sie im Choral glaubend zu verarbeiten. Während die fromme Subjektivität in den Arien und Duetten ihren Ausdruck findet, hat die Gemeinde mit dem Choral das letzte Wort. Auch in den „Orgelchorälen", den Choralvorspielen Bachs, zeigt sich seine bis heute unerreichte Meisterschaft bei der Variation, Verhüllung und Einprägung der Choralmelodie sowie bei der Verbindung von Text und Musik.

Das Erbe des evangelischen Kirchenliedes ist eine große Tradition, die von der Kirche auch in der Gegenwart lebendig gehalten werden muss. Das geschieht in erster Linie durch das Gesangbuch, das ein gutes Maß für die Pflege der Tradition einerseits und die Förderung aktueller musikalischer und spiritueller Strömungen andererseits finden muss. Es kann keineswegs nur ein Archiv des Singens früherer Jahrhunderte sein; aber auch die einseitige Orientierung am gegenwärtigen Geschmack wäre problematisch, weil dadurch die Bildung von lebendiger Tradition behindert bzw. diese allein auf Chöre und Konzerte verlagert würde. Gottesdienst und Religion überhaupt leben zu einem großen Teil von der Wiederholung, von einer vielen Menschen zugänglichen Ritualbildung. Daran haben die Choräle einen beträchtlichen Anteil. Lieder wie „Stille Nacht" (EG 46), „O du fröhliche" (EG 44), „Lobe den Herren" (EG 316), „Danke für diesen guten Morgen" (EG 334) und „Der Mond ist aufgegangen" (EG 482) schaffen ein kirchliches Heimatgefühl über die Grenzen von Generationen hinweg. Dem Gesangbuch kommt die Aufgabe zu, die Funktionen der Ritualisierung und der Erneuerung des Singens miteinander zu verbinden. Die Ritualität als alleiniges Prinzip ist gefährlich, weil sich der Glaube an Gottes Zukunft ausrichtet und keine Traditionspflege ist – wie umgekehrt das konsequente Innovationsprinzip die Gesangbuchnutzer überfordert und damit ein schlechter pädagogischer Ratgeber ist.

1.2 Das vorletzte Gesangbuch aus dem Jahre 1950 trug die programmatische Bezeichnung „Evangelisches *Kirchen*gesangbuch [EKG]". Nach den Verirrungen in der NS-Zeit sollte sich das evangelische Singen ganz auf die Institution Kirche und ihre Liturgie konzentrieren. Die eigentliche Zweckbestimmung aller Kirchenmusik sah man um 1950 im Gottesdienst, den man wiederum ausschließlich von der Verkündigung des Evangeliums her auffasste; die Gedanken von Fest und Feier sowie die spirituellen Bedürfnisse der versammelten Gemeinde spielten demgegenüber eine deutlich geringere Rolle. Auch die lang verbreitete pietistische und erweckliche Gewohnheit aus dem 18. und 19. Jahrhundert, nach der das Gesangbuch der privaten häuslichen Frömmigkeit diente, schien zugunsten der Konzentration des Singens auf die Liturgie vergessen zu sein. Doch das Gesangbuch wurde weiterhin von vielen Menschen nicht nur als kirchliches Buch, sondern auch als Andachts- und Gebetbuch verwendet.

1.3 Das zurzeit gültige „Evangelische Gesangbuch" (EG) von 1993 (Erarbeitungsprozess 1987–1993) hat diese Einseitigkeit des EKG aufgegeben. Es ist nicht nur das liturgische Rollenbuch für die singende und betende gottesdienstliche Gemeinde, sondern auch ein privates Andachts- und Gebetbuch und schließlich ein Lehrbuch für den Unterricht in Schule und Gemeinde (Meyer-Blanck 2019, 80–83). Die drei Funktionen des Gesangbuches entsprechen drei basalen Merkmalen der evangelischen Kirche. Diese nimmt zunächst (1.) in der Versammlung der Glaubenden, in der Kommunikation (→ § 4) und im Gottesdienst (→ § 8) Gestalt an. Wichtig ist auch (2.), als Rückgrat von Gemeindeleben und Gottesdienst, die theoretische Vergewisserung in der theologischen Lehre und (3.) als lebensgeschichtliches Fundament von alledem die persönliche Frömmigkeit. Gemeindeleben, Theologie und das persönliche Gebet gehören zusammen. Die Kirche ist für Glauben und Handeln wichtig und unersetzbar, doch letztlich verantwortlich bleiben die einzelnen Gläubigen. Das Gesangbuch ist ein Buch für unabhängige Christen.

Entsprechend finden sich im EG von 1993 zahlreiche Gebete und Vorlagen für Andachten, aber auch ein liturgischer Kalender für die Sonn- und Feiertage des Kirchenjahres und wichtige Textquellen für die Lehre der Kirche wie der Kleine Katechismus Martin Luthers von 1529, der Heidelberger Katechismus von 1563, das Glaubensbekenntnis Nicaenoconstantinopolitanum (genannt „Nicänum“) von 381 und das Barmer Bekenntnis von 1934. Die Namensänderung in „Evangelisches Gesangbuch“ im Jahr 1993 zeigt an, dass die Konzentration des EKG auf den Gottesdienst als Verengung empfunden wurde.

1.4 Bereits 2018 hat die Evangelische Kirche in Deutschland mit den Vorüberlegungen für ein neues Gesangbuch begonnen und dieser Prozess wird vermutlich etwa ein Jahrzehnt in Anspruch nehmen. Dabei sollte das dem EG von 1993 zugrunde liegende Prinzip des persönlichen Andachts- und Hausbuches für die Zukunft festgehalten und weiterentwickelt werden.

Die evangelische Art und Weise, Kirche zu sein, war schon immer von der individuellen und privaten Frömmigkeit bestimmt. Diese geht prinzipiell von der Bibel aus („sola scriptura“, → § 3.3.2), aber de facto spielte das Gesangbuch für das praktische Glaubensleben eine ebenso große Rolle. Das liegt wohl daran, dass das Gesangbuch unmittelbare Glaubenszeugnisse bietet, während viele Texte in der Bibel der Reflexion des Glaubens dienen. Die alttestamentlichen Prophetenbücher und die neutestamentlichen Briefe wurden geschrieben, um etwas zu verkündigen und bei den Lesern zu erreichen, und selbst die Evangelien wurden verfasst, um zu lehren und zu verkündigen. Die Lieder im Gesangbuch dagegen sind zu einem großen Teil lehr- und predigtfrei. Sie wollen nichts vom Leser oder Sänger. Lieder helfen zur unmittelbaren Einfühlung und zum Ausdruck des eigenen Empfindens: „Wie soll ich dich empfangen und wie begegn' ich dir" (EG 11), „Ich steh' an deiner Krippen hier" (EG 37), „Wenn ich einmal soll scheiden" (EG 85,9), „Jesu, geh voran auf der Lebensbahn" (EG 391), „Befiehl du deine Wege und was dein Herze kränkt" (EG 361), „So nimm denn meine Hände und führe mich bis an mein selig Ende" (EG 376) – diese und viele andere Liedtexte kann man nicht nur singen, sondern auch leise nachsprechen und dabei zur Ruhe kommen. Das Gesangbuch enthält weniger Theologie; es ist in erster Linie ein Buch der Frömmigkeit.

1.5 Wie das Gesangbuch zum Lebens- und Sterbebegleiter werden konnte, hat Theodor Fontane im 19. Kapitel seines Romans „Irrungen – Wirrungen" (1888) geschildert. Die sterbende Mutter Nimptsch bittet ihre Tochter Lene, ihr das Gesangbuch unter den Kopf zu legen – aber es muss das richtige, das alte pietistische Gesangbuch von Johann Porst aus dem Jahr 1708 sein:

„‚Du musst mir noch das Gesangbuch unterlegen.' – Lene widersprach nicht, ging vielmehr und holte das Gesangbuch. Als sie's aber brachte, sagte die Alte: ‚Nein, nicht *das*, das ist das neue. Das alte will ich, das dicke mit den zwei Klappen.' Und erst als Lene mit dem dicken Gesangbuche wieder da war, fuhr die Alte fort: ‚Das hab ich meiner Mutter selig auch holen müssen und war noch ein halbes Kind damals und meine Mutter noch keine fuffzig und saß ihr auch hier und konnte keine Luft kriegen, und die großen Angstaugen kuckten mich immer so an. Als ich ihr aber das Porstsche, das sie bei der Einsegnung gehabt, unterschob, da wurde sie ganz still und ist ruhig eingeschlafen. Und das möchte ich auch. Ach, Lene.'"

1.6 Da die Ausprägung der Frömmigkeit dem kulturellen Wandel unterliegt, kann sich das Gesangbuch allerdings nicht darauf beschränken, Bewährtes zu bieten und zu konservieren. Es muss mehr sein als ein Archiv früherer Glaubensweisen. Andererseits haben etwa die Ich-Lieder Paul Gerhards für viele Glaubende etwas schlechthin Zeitloses, weil sie unmittelbar das Gefühl ansprechen. Dennoch muss die Kirche auch immer neu nach dem aktuellen Ausdruck des Glaubens suchen, wie er im „Neuen Geistlichen Lied" der letzten 60 Jahre Gestalt und Eingang ins EG gefunden hat. Das „Danke-Lied" aus dem Jahr 1961 (EG 334) und „Ich möcht', dass einer mit mir geht" von 1964 (EG 209) waren schon lange vor der Einführung des EG von 1993 generationenübergreifende Klassiker.

Seit 1993 haben sich die musikalischen Entwicklungen pluralisiert und beschleunigt. Das gegenwärtige kirchliche Singen ist ökumenischer, internationaler und stilistisch sowie spirituell vielfältiger geworden. Eine Art Zwischenstand der Entwicklungen markiert das Liederbuch „freiTöne" des Deutschen Evangelischen Kirchentags und der EKD für den Reformationssommer 2017. Es enthält gut 200 Lieder aus allen damals geläufigen Stilarten.

Ein neues Phänomen stellen besonders die „Praise Songs" („Lobpreislieder") aus dem US-amerikanischen und evangelikalen Bereich dar. Die charismatisch geprägte „Praise-Musik" ist zu einer starken Realität unter jüngeren kirchlich Engagierten geworden. Diese

Gesangspraxis ist durch Hören und Nachsingen gekennzeichnet, so dass sie weder Notenkenntnisse noch Textbücher erfordert (ähnlich wie das bei den Taizé-Gesängen der Fall ist, vgl. EG 178.12 und 181.6). Viele Kirchenmusiker:innen halten die Praise Songs für zu schlicht; man sollte aber in Rechnung stellen, dass diese in mancher Hinsicht dem frühchristlichen Singen und Beten entsprechen, als es noch keine Gesangbücher gab. Und auch für das herkömmliche Singen wird man feststellen können: Das beste Gesangbuch wird wohl das sein, das wenig gebraucht wird, weil viele vieles daraus auswendig können.

Bei der Konzeption eines Gesangbuches bleibt immer ein Restrisiko. Manches, was besonders zukunftsträchtig erscheint, erweist sich bald als eine kurzzeitige Modeerscheinung und manches, das als nicht mehr zeitgemäß gilt, wird eine Generation später wieder neu entdeckt. Ein ästhetisch und theologisch begründetes Qualitätsurteil ist noch kein empirisch valides Geschmacksurteil. Die bekanntesten Beispiele dafür sind die Lieder „O du fröhliche" (EG 44) und „Stille Nacht" (EG 46), die im EKG von 1950 fehlten, weil man sie damals nicht für liturgiefähig hielt. Über den langfristigen Gebrauch entscheidet jedenfalls nicht die theologische und musikalische Expertokratie, sondern die singende Gemeinde.

2. Kirchenmusik und Glaube

2.1 Neben dem Gemeindegesang als dem Herzstück der liturgischen und außerliturgischen Musik spielen auch Chorgesang und Instrumentalmusik eine wichtige Rolle für den Glauben und die Gestalt der Kirche. Zunächst dient die Musik der Begleitung des Singens bzw. der Ausgestaltung des Gesungenen in Geistlichen Konzerten, Kantaten und Passionen. Auch diese Musik ist in erheblichem Maße liturgie- und wortgebunden (etwa in den Choralvorspielen der Orgel). Aber sie wirkt schon als solche nicht nur ästhetisch, sondern auch geistlich. Viele Menschen gehen hauptsächlich wegen eines exzellenten Orgelspiels zur Kirche und empfinden in der Resonanz mit dem Klang die Nähe Gottes. Daraus ergibt sich die im Verlauf der Geschichte recht verschieden beantwortete Frage, ob die Musik eine Dienerin von Liturgie und Verkündigung ist oder ob sie eine eigenständige Art und Weise von religiöser Erfahrung bietet. Erneuert sich die Kirche primär durch die Predigt oder auch durch die Musik? Oder ist die Musik sogar die bessere Predigt, weil sich durch sie auch kirchenfremde Menschen begeistern lassen?

Diese Fragen sind einerseits müßig, da eine professionell gestaltete Liturgie bzw. eine zu Herzen gehende Predigt und eine begeisternde Kirchenmusik zusammenwirken und gemeinsam erfahrbar werden lassen, was den Glauben der Kirche ausmacht. Andererseits gibt es eine ungute Tradition der Vorordnung der Verkündigung, eine Herabstufung der Musik zur „Dienerin" der Theologie und eine damit verbundene Hierarchie der Berufsstände von Pfarrer:innen und Kirchenmusiker:innen. Einer solchen Sicht muss deutlich widersprochen werden. Kirchliche Musik und Musiker stehen im Dienst des Evangeliums, aber nicht im Dienst des Pfarramts. Alle Äußerungen des Glaubens sind theologisch als *Antwort* des Menschen auf das Wort Gottes zu verstehen, etwas weniger dogmatisch ausgedrückt: Der Glaube äußert sich in Reaktionen auf das Erleben der Gewissheit, etwas von Gott erfahren zu haben (Gottes „Wort") und glaubende Menschen teilen die eigene Glaubenserfahrung in verbaler oder musikalischer Sprache anderen mit (durch „Verkündigung").

Geht man in der Spur Friedrich Schleiermachers (1768–1834) davon aus, dass der gesamte Gottesdienst als Darstellung und Mitteilung des Evangeliums aufzufassen ist, dann erscheint eine Hierarchisierung von Verkündigung und Musik von vornherein unsinnig. Es geht in beiden Darstellungsformen darum, Glauben darzustellen, oder noch offener formuliert: Es geht bei der homiletischen, liturgischen und kirchenmusikalischen Kunst gleichermaßen um die ästhetische Gestalt von Transzendenz, um „den Vorausgriff über die Realität" (Krummacher 499). Weder Worte noch Klänge noch Bauwerke können Gott fassen (1 Kön 8,27). Aber sie können gleichermaßen Gott zeigen, indem sie auf ihn verweisen und entsprechend gedeutet werden können. Wort, Ton und Raum sind verschiedene, aber gleichwertige Zeichen.

2.2 Andererseits wird auch die religiöse Vorordnung der Musik vor die verbale Kommunikation vertreten. Dann wird darauf hingewiesen, dass nur die ästhetisch offene Darstellung und Mitteilung durch Musik zu den individuell packenden religiösen Gefühlen und Erlebnissen führe, wie sie für das religiöse Selbst- und Weltverständnis charakteristisch sind. Jeder etwas musikalische Mensch wird dazu Beispiele aus dem eigenen Erleben beisteuern können. Viele beschreiben in diesem Sinne musikalische Erfahrungen – Klassik, Pop und anderes – als die in der Spätmoderne besser zugängliche Art und Weise von Religion.

Damit ist die romantische Kunst- und Musiktheorie angesprochen, wie sie im Verlauf des 19. Jahrhunderts zum Durchbruch kam und schließlich im Werk und in den theoretischen Schriften Richard Wagners ihren stärksten Ausdruck fand. Wagner zufolge kann nur das Erlebnis von „Weihe", wie es (seine) Musik und das (Gesamt-)Kunstwerk ermöglichen, zur Weltentsagung und damit zur wahren Erlösung führen (→ § 14.3.1); entsprechend verstand der späte Wagner sein „Bühnenweihfestspiel Parsifal" sogar als Erlösung der in den kirchlichen Dogmen gefangenen Religion („Erlösung dem Erlöser").

2.3 Man kann damit insgesamt vier verschiedene Auffassungen des Verhältnisses von Glaube, Kirche und Musik bzw. von Religion und Musik annehmen.

2.3.1 Nach dem *ersten Verständnis*, das vor der Aufklärung, also in der klassischen Zeit der Kirchenmusik von Heinrich Schütz (1585–1672) und J.S. Bach maßgeblich war, haben Musik und Predigt der einen und derselben Wahrheit zu folgen, wie sie der Kirche anvertraut ist. Die Musik hat sich wie die Religion der Menschen an dieser im Bekenntnis bezeugten und gepredigten Wahrheit zu orientieren. Kirchenmusik ist Verkündigung des Evangeliums von Jesus Christus, wie es in den Bekenntnissen der Reformation bezeugt und von der Kanzel gelehrt wird. Entsprechend wird Bach auch mit der Bezeichnung „der 5. Evangelist" versehen (zugeschrieben dem schwedischen Erzbischof Nathan Söderblom, 1866–1931).

2.3.2 Die Bibelkritik der Aufklärungszeit erschütterte dieses Verständnis und führte zu der Unterscheidung der individuellen Religion von der kirchlichen Theologie. Indem beides auseinandertrat, war Raum für eine individuelle religiöse Interpretation der Musik neben der kirchlichen Lehre. Diese *zweite Auffassung* trat in der Aufklärung und im Pietismus hervor und bestimmte sowohl die Klassik als auch die Romantik. Ludwig van Beethoven (1770–1826) kämpfte so lange mit seiner „Missa Solemnis", weil er dem eigenen Glauben Ausdruck zu geben suchte und nicht einfach die Lehre der Kirche reproduzieren wollte. So wird beim Credo (Glaubensbekenntnis) der Missa, beim Glauben an die eine, heilige katholische und apostolische Kirche „das Stimmgewebe so komplex, dass man kein Wort mehr versteht“. Die „Credo“-Rufe („Ich glaube“) übertönen die Lehraussagen über die Kirche „in einem stark dissonierenden Kontrapunkt“ (Cayers 625).

Damit deutet sich bereits die geschilderte romantische Sichtweise an. Nach dieser ist die Musik nicht nur eine andere, sondern die wahre und tiefere Religion neben und außerhalb der kirchlichen Liturgie: Musik ist Transzendenz. Charles-Marie Widor (1844–1937), der langjährige Organist von St.-Sulpice in Paris und Lehrer wie Freund Albert Schweitzers (1875–1965), brachte das auf die einprägsame Formel: „Orgelspielen heißt einen mit dem Schauen der Ewigkeit erfüllten Willen manifestieren.“ Neben die Autonomie der Kunst (→ § 14.3.2) trat die religiöse Autonomie auch der (Kirchen)musik. Die Romantik entdeckte vor allem in der „reinen“ Instrumentalmusik die „Offenbarung des Unsagbaren“ (Krummacher 407).

2.3.3 Das *dritte Verständnis* von Kirchenmusik wurde nach der Epochenschwelle des 1. Weltkriegs bestimmend. Damals unterlag alles Romantische und Emotionale dem Verdacht des Schwülstigen und Unechten. Die evangelische Kirchenmusik sollte darum zu ihren Anfängen und zu den herben, kantigen Melodien der Reformationszeit zurückkehren. Die Singbewegung, die ein Teil der nach kultureller Erneuerung suchenden Jugendbewegung war, entdeckte das Liedgut und die Musik des 16. bis 18. Jahrhunderts wieder und stand dem Subjektivismus von Aufklärung und Romantik kritisch gegenüber. Jugend- und Singbewegung suchten nach dem wahrhaft Volkstümlichen und Zeitübergreifenden. Sie grenzten sich ab von dem, was „trieft von Sentimentalität und verschwommenen Gefühlen" (ZUPFGEIGENHANSL, Vorwort). Die „Offenen Singstunden" und die „Singwochen" gaben Anstöße zur kirchenmusikalischen Erneuerung und Wiederentdeckung der alten Musik. Die Kirchenmusik wurde in dieser dritten Epoche ausschließlich als liturgische Musik definiert. Sie dient der Verkündigung des Wortes Gottes. Damit ist die Liturgie „das Gesetz der Kirchenmusik" (SÖHNGEN 187). Gerade so ist die Musik aber nicht nur Beiwerk. Sie ist vielmehr in das „Predigtamt miteinbezogen" (SÖHNGEN 183). Das bedeutet eine starke theologische Aufwertung der Musik (und des kirchenmusikalischen Amtes), aber zugleich eine massive Tendenz zur Verkirchlichung. Die religiöse Funktion der Kirchenmusik wurde seit den 1920er Jahren nicht mehr auf die persönliche Glaubenserfahrung, sondern ganz auf die als objektiv verstandenen Faktoren Predigt und Gottesdienst bezogen. Mit der Renaissance der Musik aus der Reformationszeit kehrte man zugleich zu dem geschilderten ersten Verständnis von Kirchenmusik zurück. Die Zeit der Aufklärung, Klassik und Romantik dagegen galt als eine kirchenvergessene und damit defizitäre Epoche.

2.3.4 Demgegenüber ist die gegenwärtige Theorie der Kirchenmusik um ein offeneres Verständnis bemüht. So zentral Verkündigung und Gottesdienst für die Kirchenmusik sind, so ist dennoch eine Definition sinnvoll, die auch individuelle Rezeptionsweisen (etwa bei Konzerten oder durch Tonträger) berücksichtigt. Ein *viertes Verständnis* beschreibt darum die Kirchenmusik „als Praxis des christlichen Glaubens" (KRUMMACHER 414–425). Der Glaube hat seinen Ort nicht nur im Gottesdienst und im Kirchenraum. Auch der am Tannenbaum oder am Krankenbett gesungene Choral und die im Konzertsaal aufgeführte Messe sind Ausdruck des Glaubens und damit Kirchenmusik. Der Wortbestandteil „Kirche" bezieht sich auf den Glaubensbezug, nicht exklusiv auf Liturgie und Predigt.

Die heutige Theorie der Kirchenmusik sucht das Wichtigste der früheren Auffassungen zu integrieren. Dabei ist das christlich-theologische Verständnis grundlegend, denn „so sehr Kirchenmusik in den Kontext allgemeiner religiöser Praxis gehört, so geht sie darin nicht auf" (Krummacher 414). Dennoch ist nicht die kirchliche Lehre das Gesetz der Kirchenmusik, „sondern der Glaube in seiner Vielfalt und Praxis" und damit in seiner Erfahrungsoffenheit für die Welt (Krummacher 418). Auch die Autonomie der Kunst behält ihr Recht, denn die Kunst hat etwas zu sagen, was der Glaube „von sich aus womöglich noch gar nicht so gesehen und gehört hat" (Krummacher 421). Die Autonomie der Kunst ist danach keine Erfindung des 18. Jahrhunderts, sondern der Ausdruck für das zunehmende Bewusstsein für das Eigenrecht des ästhetischen Weltzugangs (→ § 14). Die Autonomie der Musik bedeutet keine Konkurrenz zum Glauben. Sie kann vielmehr zu neuen Impulsen und zur Vertiefung des Glaubens führen.

Musikalische und theologische Qualität einerseits und die situative Angemessenheit andererseits entscheiden darüber, ob sich ästhetische, religiöse und kirchliche Erfahrung für die Gemeinde miteinander verbinden oder ob die musikalische und die verbale Zeichensprache einander überlagern oder stören. Die Auswahl der jeweils passenden Musik und eine gelungene Aufführung sind – ebenso wie die überzeugende Inszenierung der Liturgie und der Predigt – eine herausfordernde Kunst. Diese folgen bestimmten zu erlernenden Kunstregeln, aber die Anwendung und gegebenenfalls Brechung der Regeln machen die eigentliche Professionalität aus, die sich nur in einem langwierigen Bildungsprozess einstellt. Der Unterschied gegenüber der liturgischen Kunst besteht allerdings darin, dass bei der Musik das präzise Üben und Einstudieren die unabdingbare Voraussetzung für die künstlerische Gestaltung bildet. Liturginnen und Liturgen können in dieser Hinsicht für die eigene künstlerische Praxis einiges lernen.

3. Der Klang der Transzendenz: Die Orgel

3.1 Die Orgel ist dasjenige Instrument, das wegen seiner Monumentalität und Vielseitigkeit nicht nur als die „Königin der Instrumente" gilt, sondern zugleich wie kein anderes für die Institution Kirche steht. Die Orgel bestimmt die Atmosphäre des Gottesdienstes und des Kirchenraumes in der evangelischen und katholischen (nicht aber in der orthodoxen) Kirche. Zwar gibt es auch in den meisten Konzertsälen eine Orgel, aber dennoch verbindet man mit dem Orgelklang vor allem Kirche und Gottesdienst.

Diese Gedankenverbindung ist durchaus zwiespältig. Lieben viele Menschen das Feierliche und Monumentale, das Erhabene des Orgelklanges, so empfinden andere diesen eher als bedrückend. Da die Orgel vor allem dazu dient, den meistens einstimmigen Gemeindegesang durch eine harmonische und rhythmische Stütze zu begleiten, ist das eigene Verhältnis zur Orgel in der Regel durch die Erfahrungen mit dem Choralsingen bestimmt. Wer mit dem Gottesdienst positive Erlebnisse verbindet, liebt in der Regel auch den Orgelklang; wem dagegen Gesangbuch und Liturgie fremd sind, tut sich oft auch mit der Orgel schwer. Das gilt etwa für Konfirmandinnen und Konfirmanden, die Kirchenlieder oft als düster und monoton empfinden. Das liegt an der gebremsten Rhythmik der Choräle und an der gleichbleibenden Tonstärke (Dynamik) des Orgelklangs. Auch die überwältigende Erhabenheit des vollen Orgelklangs wirkt sehr unterschiedlich auf Kirchenbesucher.

Auf jeden Fall repräsentiert die Orgel mit ihrer Mehrstimmigkeit und Klangfülle die Vielfalt, Vielstimmigkeit und das Zeitübergreifende der kirchlichen Botschaft. Dabei kann auch das Zeitlose und ahistorisch Anmutende befremdlich wirken. Kurz: Die Orgel steht in besonderer Weise für die Transzendenz. Sie konfrontiert mit dem verstörend Fremden, aber auch mit dem faszinierend Fremden der kirchlichen Botschaft, mit dem „Schauen der Ewigkeit", wie es Widor treffend formulierte (s. o. 2.3.2).

3.2 Mit ihrer auf die Transzendenz ausgerichteten Klangfülle kann die Orgel darum auch Menschen an die Kirche heranführen, die ihr selbst und ihrer Botschaft bisher fremd gegenüberstanden. In ähnlicher Weise wie das Kirchengebäude wird auch die Orgel vielfach zum Identifikationspunkt an einem Ort. Zahlreiche Orgelbau- und Orgelvereine sind der Beweis dafür, dass die Faszination einer historischen oder neu erbauten Orgel weit über den Kreis der kirchlich eng Verbundenen hinausreicht. Das Wunderwerk Orgel bildet dann eine Brücke zwischen Kirchengemeinde und Gesellschaft am Ort. Allerdings setzt dies wiederum voraus, dass die Kirche ausreichend in die Nachwuchspflege guter Organisten und Organistinnen investiert. Gerade das Begleiten des Gemeindegesangs ist keineswegs trivial. Wer das liturgische Orgelspiel erlernt, muss den Charakter der Choräle erfassen und diese bei der Begleitung innerlich mitsingen, damit die Gemeinde in den Atem des jeweiligen Liedes hineinfindet. Die Beachtung von Takt und Metrum ist zwar notwendig, aber noch nicht hinreichend.

Zusammenfassung

Die evangelische Kirche ist nicht nur die Kirche des gesprochenen, sondern auch diejenige des gesungenen Wortes. Seit der Reformation gehören das „Singen und Sagen" (EG 24,1) der guten Nachricht vom Erbarmen Gottes zusammen. Das evangelische Gesangbuch war und ist nicht nur ein gottesdienstliches Buch, sondern auch ein Buch für die private Andacht und Frömmigkeit sowie ein Buch mit grundlegenden kirchlichen Bekenntnistexten, so dass es auch als Quellensammlung für den Unterricht verwendet werden kann. Die Kirchenmusik insgesamt ist eine wichtige Dimension der Mitteilung und Darstellung des Evangeliums und hat darum einen eigenen, für das Glaubensleben unverzichtbaren Stellenwert. Gerade auch die als autonom verstandene musikalische Kunst kann eigene und neue Aspekte des Glaubens zur Sprache bringen. Nicht zuletzt der Klang der Orgel verbindet sich für viele Menschen mit dem „Schauen der Ewigkeit" (Ch.M. Widor).

Die Zukunft der Kirche: Ausblick

Sieht man sich die gesellschaftlichen Veränderungen, den Bedeutungsverlust institutionalisierter Religion und die Zahl der Kirchenaustritte in den letzten Jahrzehnten an, dann scheint die Zukunft der Kirche eher düster zu sein. Umso notwendiger ist ein klarer Begriff von den Möglichkeiten und Grenzen des kirchlichen Handelns. Und noch immer hängt nicht alles, aber Entscheidendes für die Akzeptanz und die Resonanz einer Institution von den sie repräsentierenden Personen ab. Die Kirche („Kyriake") ist nicht Holz noch Stein, sondern die Gruppe der Menschen, die sich an Jesus Christus (dem „Kyrios") ausrichten und als solche für andere zu erkennen sind. Ihr Handeln und ihre Glaubwürdigkeit vermögen viel.

In den 15 Paragraphen dieses Buches wurde die evangelische Kirche als Institution und Organisation und vor allem als Geschehen, als Kommunikation, Interaktion und Inszenierung beschrieben. Die Kirche zeigt sich in Wort und Sakrament, im Helfen, Lehren und Feiern und in ihrer künstlerischen Gestalt, in Kirchenbau, Kunst und Musik. Auch die Zukunft der Kirche wird sich daran entscheiden, ob es ihr gelingt, der Lebenskraft und Schönheit der Botschaft Jesu von Nazareth zu entsprechen und diese zum Leuchten zu bringen. Die Kirche existiert mit ihrer Tradition, aber nicht aus der Tradition. Sie lebt von dem, was sie in Gegenwart und Zukunft erwartet, biblisch formuliert: Die Kirche lebt „von einem jeden Wort, das aus dem Mund Gottes geht" (Mt 4,4). Nicht die grandiose Vergangenheit ist der Bezugspunkt des Gottes, wie ihn Jesus verkörpert. Wir müssen Gott nicht nachgehen, denn „Er selbst kommt uns entgegen. Die Zukunft ist sein Land." (EG 395,3)

Überzeugend ist die Kirche, wenn sie als Zeichen der Zukunft Gottes verstanden wird. Alle anderen wichtigen Dimensionen, die sie auch umfasst, kommen danach. Ihre Predigt und ihr Dienst, ihre Kunst und ihre Musik sind so faszinierend und ansteckend wie ihre Erwartung, dass Jesus selbst vor ihr hingehen wird und sich sehen lässt (Mk 16,7). Die Zukunft der Kirche wird davon abhängen, ob sie sich auf den entgegenkommenden Gott auszurichten vermag oder ob sie sich nach vermeintlich besseren Zeiten zurücksehnt (Lk 9,62).

Im 7. Artikel der Augsburgischen Konfession von 1530, in dem die Kirche als das Ereignis von Wort und Sakrament definiert wird, lauten die einleitenden Worte so: *„Es wird auch gelehrt, dass allezeit* eine heilige, *christliche Kirche* sein und bleiben muss". Damit wird zum Ausdruck gebracht, dass das Geschick der Kirche letztlich nicht von den Entscheidungen bzw. Fehlentscheidungen der Funktionsträger abhängig ist. Das Wort „muss" ist nicht als Handlungsaufforderung, sondern als Gottes Versprechen aufzufassen: So wahr Gott selbst in der Kirche lebt, wird sie – wie auch immer – bleiben („mansura sit" heißt es im lateinischen Wortlaut). Die Zukunft und die in ihr gegebene Gestalt der Kirche sind uns entzogen – ebenso wie das für die Zukunft der eigenen Familie gilt. Wir planen für die Zukunft und sorgen uns um sie, aber wir haben das Entscheidende nicht selbst in der Hand. Es bleibt uns, darauf zu vertrauen, dass das gut Begonnene auch eine gute Fortsetzung finden wird und dass für alles menschliche Tun die Vollendung verheißen ist (Phil 1,6).

Verzeichnis der in den einzelnen Paragraphen herangezogenen Literatur

§ 1 Die Kirche des Glaubens und die Kirche der wissenschaftlichen Beobachtung

Karl Barth: Der Streit um die Kirche: „Quousque tandem…?" In: Hans Walter Krumwiede (Hg.), Evangelische Kirche und Theologie in der Weimarer Republik, Neukirchen-Vluyn 1990, 227–231 [1930] • Didache (Zwölf-Apostel-Lehre), übersetzt und eingeleitet von Georg Schöllgen, Freiburg u.a. [3]2000 [1991] • Adolf von Harnack: Die Mission und Ausbreitung des Christentums in den ersten drei Jahrhunderten, Leipzig [4]1924 [1902] • Isolde Karle: Praktische Theologie, Leipzig 2020 (Lehrwerk Evangelische Theologie 7), 88–131 („Kirche und Moderne") • Kirche der Freiheit. Perspektiven für die Evangelische Kirche im 21. Jahrhundert. Ein Impulspapier des Rates der EKD, Hannover 2006 • Stefan Kopp (Hg.): Macht und Ohnmacht in der Kirche. Wege aus der Krise, Freiburg u. a. 2020 (Kirche in Zeiten der Veränderung 2) • Hans Lietzmann: Geschichte der Alten Kirche, 4 Bände in einem Band, Berlin / New York 1999 [1932–1944] • Hendrik Munsonius: Evangelisches Kirchenrecht. Grundlagen und Grundzüge, Tübingen 2014 • Friedrich D.E. Schleiermacher: Der christliche Glaube nach den Grundsätzen der evangelischen Kirche im Zusammenhange dargestellt (1830/31), hg. von Martin Redeker, Berlin [7]1960

§ 2 Die Kirche als Institution, Organisation und Inszenierung

Die Bekenntnisschriften der Evangelisch-Lutherischen Kirche, Göttingen [6]1967 (BSLK) • Folkert Fendler (Hg.): Qualität im Gottesdienst. Was stimmen muss – was wesentlich ist – was begeistern kann, Gütersloh 2015 • Eberhard Hauschildt / Uta Pohl-Patalong: Kirche (Lehrbuch Praktische Theologie Bd. 4), Gütersloh 2013 • Jan Hermelink: Kirchliche Organisation und das Jenseits des Glaubens. Eine praktisch-theologische Theorie der evangelischen Kirche, Gütersloh 2011 • Stefan

Kopp / Benedikt Kranemann: Liturgie als praktische Ekklesiologie, in: dies. (Hg.), Gottesdienst und Kirchenbilder. Theologische Neuakzentuierungen (QD 313), Freiburg 2021, 7–16 • Lumen Gentium (LG). Dogmatische Konstitution über die Kirche (1964), in: Kleines Konzilskompendium, hg. von Karl Rahner / Herbert Vorgrimler, Freiburg [29]2002 [1966], 105–200 • Dietrich Rössler: Grundriss der Praktischen Theologie, Berlin / New York [2]1994 [1986], bes. 458–489 (Kap. 9 „Institution") • Friedrich D. E. Schleiermacher: Kurze Darstellung des theologischen Studiums zum Behuf einleitender Vorlesungen, Darmstadt 1982 [1830] • Friedrich D. E. Schleiermacher: Der christliche Glaube nach den Grundsätzen der evangelischen Kirche im Zusammenhange dargestellt [1830/31], hg. von Rolf Schäfer, Kritische Gesamtausgabe 1.13, Berlin 2003

§ 3 Von der Untergrundkirche bis zur digitalen community: Kleine Geschichte der Kirche

Albrecht Beutel: Kirchengeschichte im Zeitalter der Aufklärung. Ein Kompendium, Göttingen 2009 (UTB 3180) • Irene Dingel: Geschichte der Reformation, Göttingen 2017 • Eusebius von Caesarea: Kirchengeschichte (Übersetzung von Philipp Haeuser 1932), München 1981 • Thomas Kaufmann: Erlöste und Verdammte. Eine Geschichte der Reformation, München [3]2017 [2016] • Wolfram Kinzig: Christenverfolgung in der Antike, München 2019 • Volker Leppin: Geschichte des mittelalterlichen Christentums, Tübingen 2012 (Neue Theologische Grundrisse) • Hans Lietzmann: Geschichte der Alten Kirche, 4 Bände in einem Band, Berlin / New York 1999 [1932–1944] • Ökumenische Kirchengeschichte, hg. von Thomas Kaufmann u. a., 3 Bde., Darmstadt 2006–2008 • Thomas Nipperdey: Religion im Umbruch. Deutschland 1870–1918, München 1988 • Heinz Schilling: Martin Luther. Rebell in einer Zeit des Umbruchs. Eine Biographie, München [3]2016 [2012] • Hubert Wolf: Der Unfehlbare. Pius IX. und die Erfindung des Katholizismus im 19. Jahrhundert, München 2020

§4 Die Evangelische Kirche als „Kommunikation" und „Geschöpf des Wortes"

Günter Breitenbach: Gemeinde leiten. Eine praktisch-theologische Kybernetik, Stuttgart 1994 – Christian Grethlein: Praktische Theologie, Berlin / Boston ²2016 [2012] • Christian Grethlein: Kirchentheorie. Kommunikation des Evangeliums im Kontext, Berlin / Boston 2018 • Isolde Karle: Praktische Theologie, Leipzig 2020 (Lehrwerk Evangelische Theologie 7), 88–131 („Kirche und Moderne") • Lumen Gentium (LG). Dogmatische Konstitution über die Kirche (1964), in: Kleines Konzilskompendium, hg. von Karl Rahner / Herbert Vorgrimler, Freiburg ²⁹2002 [1966], 105–200 • Michael Meyer-Blanck: Gemeindeleitung (Kybernetik / Soziale Systeme / Leitbilder / Leitungsstrukturen), in: Handbuch Praktische Theologie, hg. von Wilhelm Gräb und Birgit Weyel, Gütersloh 2007, 507–518 • Michael Meyer-Blanck: Gottesdienstlehre, Tübingen ²2020 [2011] • Friedrich D. E. Schleiermacher: Die praktische Theologie nach den Grundsätzen der evangelischen Kirche im Zusammenhang dargestellt, hg. von Jacob Frerichs, Berlin / New York 1983 [1850]

§5 Kirche und Staat (Staatskirchenrecht, Kirchenrecht)

Axel Freiherr von Campenhausen: Staatskirchenrecht. Ein Studienbuch, München ²1983 • Michael Germann (Hg.): Verfassungen der evangelischen Kirchen in Deutschland, Halle-Wittenberg 2012 • Jan Hermelink: Kirchliche Organisation und das Jenseits des Glaubens. Eine praktisch-theologische Theorie der evangelischen Kirche, Gütersloh 2011 • Wolfgang Huber: Synode und Konziliarität. Überlegungen zur Theologie der Synode, in: Das Recht der Kirche, hg. von Gerhard Rau u. a. Bd. III, Gütersloh 1994, 319–348 • Michael Meyer-Blanck: Kirche, Staat und Recht, in: ders. / Birgit Weyel: Arbeitsbuch Praktische Theologie, Göttingen 2008, 200–210 • Michael Meyer-Blanck: Formen des Religionsunterrichts in den Ländern der Bundesrepublik Deutschland, in: Religionspädagogisches Kompendium, hg. von Martin Rothgangel / Gottfried Adam / Rainer Lachmann, Göttingen ⁷2012, 160–174 • Hendrik Munsonius: Evangelisches Kirchenrecht. Grundlagen und

Grundzüge, Tübingen 2015 • WALTER REESE-SCHÄFER: Luhmann zur Einführung, Hamburg ²1996 [1992] • DIETRICH RÖSSLER: Grundriss der Praktischen Theologie, Berlin / New York ²1994 [1986] • ANDREAS VOSSKUHLE: Die Verfassung der Mitte, München 2016

§6 Kirche, Politik und Gesellschaft

Die BEKENNTNISSCHRIFTEN der Evangelisch-Lutherischen Kirche, Göttingen ⁶1967 (BSLK) • DIETRICH BONHOEFFER: Die Kirche vor der Judenfrage, in: Dietrich Bonhoeffer Werke Bd. 12, Gütersloh 1997, 349–358 • DIETRICH BONHOEFFER: Ethik. Zusammengestellt und herausgegeben von Eberhard Bethge, München 1975 • JOHANNES CALVIN: Unterricht in der christlichen Religion. Institutio Christianae Religionis, übersetzt von Otto Weber, hg. von Matthias Freudenberg, Neukirchen-Vluyn 2008 • GERHARD EBELING: Luther. Einführung in sein Denken, Tübingen 1964 [⁶2017] • EKD (EVANGELISCHE KIRCHE IN DEUTSCHLAND): Die Lage der Vertriebenen und das Verhältnis des deutschen Volkes zu seinen östlichen Nachbarn. Eine evangelische Denkschrift, Hannover 1965, in: Die Denkschriften der Evangelischen Kirche in Deutschland, Band 1/1, Gütersloh 1978, 77–126 • EKD: Frieden wahren, fördern und erneuern. Eine Denkschrift der EKD, Gütersloh 1981 • EKD: Evangelische Kirche und freiheitliche Demokratie. Der Staat des Grundgesetzes als Angebot und Aufgabe. Eine Denkschrift der EKD, Gütersloh 1985 • EKD: Zwischen Autonomie und Angewiesenheit. Familie als verlässliche Gemeinschaft stärken. Eine Orientierungshilfe des Rates der EKD, Gütersloh 2013 • EKD: Freiheit digital. Die Zehn Gebote in Zeiten des digitalen Wandels. Eine Denkschrift, Leipzig 2021 • WILFRIED ENGEMANN: Predigen angesichts des Wahns. Politische Aspekte, in: ders.; Einführung in die Homiletik, Tübingen ³2020, 371–381 • FRANZ LAU: Die lutherische Lehre von den beiden Reichen, in: Luther und die Obrigkeit, hg. von Günther Wolf, Darmstadt 1972 (WdF LXXXV), 370–396 • MARTIN LUTHER: Von weltlicher Obrigkeit, wie weit man ihr Gehorsam schuldig sei (1523), in: Luther Deutsch, hg. von Kurt Aland Bd. 7. Stuttgart / Göttingen ²1967, 9–51 Weimarer Ausgabe [WA] Bd. 11, 245–280 •

KURT NOWAK: Evangelische Kirche und Weimarer Republik. Zum politischen Weg des deutschen Protestantismus zwischen 1918 und 1932, Göttingen ²1988 [1981]

§ 7 Grundzüge des katholischen Kirchenverständnisses

GIUSEPPE ALBERIGO: Die Fenster öffnen. Das Abenteuer des Zweiten Vatikanischen Konzils, Zürich 2006 • Die BEKENNTNISSCHRIFTEN der Evangelisch-Lutherischen Kirche, Göttingen ⁶1967 (BSLK) • STEFAN KOPP (Hg.): Kirche im Wandel. Ekklesiale Identität und Reform, Freiburg 2020 (QD 306) • VOLKER LEPPIN / DOROTHEA SATTLER (Hg.): Gemeinsam am Tisch des Herrn. Ein Votum des Ökumenischen Arbeitskreises evangelischer und katholischer Theologen, Freiburg / Göttingen 2020 • LUMEN GENTIUM (LG). Dogmatische Konstitution über die Kirche (1964), in: Kleines Konzilskompendium, hg. von Karl Rahner / Herbert Vorgrimler, Freiburg ²⁹2002 [1966], 105–200 • MICHAEL MEYER-BLANCK / WALTER FÜRST (Hg.): Typisch katholisch. Typisch evangelisch. Ein Leitfaden für die Ökumene im Alltag, Rheinbach / Freiburg ³2006 [2003] • JOHANNA RAHNER: Weil Veränderung geschieht… Warum Tradition und Innovation unaufgebbare Grundmodi kirchlicher Lehre sind und wie die Dogmatik dazu beitragen kann, beides für eine Reform der Kirche präsent zu halten, in: Kopp 2020 (s. o.), 159–196 • JOSEPH RATZINGER: Aus meinem Leben. Erinnerungen (1927–1977), München 1998 [1997] • JOSEPH RATZINGER: Einführung in das Christentum. Vorlesungen über das Apostolische Glaubensbekenntnis, München 2000 [1968] • MICHAEL SEEWALD: Was gilt in der Kirche? Über göttliches Recht und die Möglichkeit dogmatischen Wandels, in: Kopp 2020 (s. o.), 145–158 • WOLFGANG THÖNISSEN: Vom *Corpus Christi* zur *Communio Sanctorum*. Kirche zwischen Katholizität und Reform, in: Kopp 2020 (s. o.), 197–217 • UNITATIS REDINTEGRATIO (UR). Dekret über den Ökumenismus, in: Kleines Konzilskompendium, hg. von Karl Rahner / Herbert Vorgrimler, Freiburg ²⁹2002 [1966], 217–250 • HUBERT WOLF: Der Unfehlbare. Pius IX. und die Erfindung des Katholizismus im 19. Jahrhundert, München 2020

§ 8 Sonntags um zehn: Der Gottesdienst als Darstellung der Kirche

JOCHEN ARNOLD: Was geschieht im Gottesdienst? Zur theologischen Bedeutung des Gottesdienstes und seiner Formen, Göttingen 2010 • PETER BUBMANN / ALEXANDER DEEG (Hg.): Der Sonntagsgottesdienst. Ein Gang durch die Liturgie, Göttingen 2018 • EVANGELISCHES GOTTESDIENSTBUCH: Agende für die Union Evangelischer Kirchen in der EKD (UEK) und für die Vereinigte Evangelisch-Lutherische Kirche. Überarbeitete Fassung 2020, Leipzig 2020 • EKD (EVANGELISCHE KIRCHE IN DEUTSCHLAND): Der Gottesdienst. Eine Orientierungshilfe zu Verständnis und Praxis des Gottesdienstes in der evangelischen Kirche, Gütersloh 2009 • CHRISTOPH ERNST LUTHARDT: Kompendium der Dogmatik (umgearbeitet und ergänzt von Robert Jelke), Leipzig [13]1933 [1865] • MICHAEL MEYER-BLANCK: Inszenierung des Evangeliums. Ein kurzer Gang durch den Sonntagsgottesdienst nach der Erneuerten Agende, Göttingen 1997 • MICHAEL MEYER-BLANCK: Liturgie und Liturgik. Der evangelische Gottesdienst aus Quellentexten erklärt, Göttingen [2]2009 [2001] • MICHAEL MEYER-BLANCK: Agenda. Zur Theorie liturgischen Handelns, Tübingen 2013 • MICHAEL MEYER-BLANCK: Das Gebet, Tübingen 2019 • MICHAEL MEYER-BLANCK: Gottesdienstlehre, Tübingen [2]2020 [2011] (Neue Theol. Grundrisse) • PERIKOPENBUCH. Nach der Ordnung gottesdienstlicher Texte und Lieder. Mit Einführungstexten zu den Sonn- und Feiertagen, hg. von der Liturgischen Konferenz für die EKD, Leipzig / Bielefeld 2018 • GEORG RIETSCHEL / PAUL GRAFF: Lehrbuch der Liturgik. Band I: Die Lehre vom Gemeindegottesdienst (neubearbeitete Auflage von Paul Graff), Göttingen [2]1951 [1900]

§ 9 Kirchenmitgliedschaft und Lebensgeschichte

CHRISTIAN ALBRECHT: Kasualtheorie. Geschichte, Bedeutung und Gestaltung kirchlicher Amtshandlungen, Tübingen 2006 • SONJA BECKMAYER / CHRISTIAN MULIA (Hg.), Volkskirche in postsäkularer Zeit. Erkundungsgänge und theologische Perspektiven (FS Kristian Fechtner), Stuttgart 2021 • AXEL FREIHERR VON CAMPENHAUSEN: Staatskirchenrecht. Ein Studienbuch, München [2]1983 • JOHANNES GREIFENSTEIN: 1968 und die Praktische

Theologie. Wissenschaftstheoretische Perspektiven auf Funktion, Gegenstand und Methode einer Praxistheorie, Tübingen 2017 • Christian Grethlein: Grundinformation Kasualien. Kommunikation des Evangeliums an Übergängen des Lebens, Göttingen 2007 • Christian Grethlein: Kirchentheorie. Kommunikation des Evangeliums im Kontext, Berlin / Boston 2018 • Jan Hermelink: Kirchliche Organisation und das Jenseits des Glaubens. Eine praktisch-theologische Theorie der evangelischen Kirche, Gütersloh 2011 • Lucian Hölscher: Geschichte der protestantischen Frömmigkeit in Deutschland, München 2005 • Michael Meyer-Blanck: Wort und Antwort. Geschichte und Gestaltung der Konfirmation am Beispiel der Ev.-Luth. Landeskirche Hannovers, Berlin / New York 1992 • Hendrik Munsonius: Evangelisches Kirchenrecht. Grundlagen und Grundzüge, Tübingen 2015 • Thomas Nipperdey: Religion im Umbruch. Deutschland 1870–1918, München 1988

§ 10 Geld verdienen mit Religion: Kirchliche Berufe

Manfred Josuttis: Der Pfarrer ist anders. Aspekte einer zeitgenössischen Pastoraltheologie, München 1982 • Isolde Karle: Der Pfarrberuf als Profession. Eine Berufstheorie im Kontext der modernen Gesellschaft, Gütersloh 2001 • Hildrun Kessler: Gemeindepädagogische Berufstätigkeit zwischen Sozialarbeit und Pfarramt, in: Peter Bubmann u. a. (Hg.): Gemeindepädagogik, Berlin / Boston 2012, 265–296 • Christoph Krummacher: Kirchenmusik, Tübingen 2020 (Neue Theologische Grundrisse), 428–455 • Ernst Lange: Predigen als Beruf. Aufsätze zu Homiletik, Liturgie und Pfarramt, München 1982 • Wolfgang Lück: Praxis: Kirchengemeinde, Stuttgart 1978 • Michael Meyer-Blanck: Liturgische Ämter und Funktionen, in: Der Gottesdienst und seine Musik Bd. 2, hg. von Albert Gerhards und Mathias Schneider, Laaber 2014, 15–29 • Michael Meyer-Blanck: Das Gebet, Tübingen 2019, bes. 48–57 (§ 6, Beten als Beruf) • Michael Meyer-Blanck (Hg.): Handbuch Homiletische Rhetorik, Berlin / Boston 2021 • Bernd Schröder (Hg.): Pfarrer oder Pfarrerin werden und sein. Herausforderungen für Beruf und theologische Bildung in Studium, Vikariat und Fortbildung, Leipzig 2020 • Godehard Weithoff: Das Berufsbild des

Kirchenmusikers im Wandel, in: Stefan Kopp u. a. (Hg.), Mehr als nur eine Dienerin der Liturgie. Zur Aufgabe der Kirchenmusik heute, Freiburg 2020, 112–126 (kath.).

§ 11 Gremien, Hierarchien und Behörden: Die „Amtskirche"

Cord Cordes: Geschichte der Kirchengemeinden in der Ev.-Luth. Landeskirche Hannovers 1848–1980, Hannover 1983 • Evangelische Kirche der preussischen Union 1817–2003. Ein Bild- und Textband, Berlin 2013 • Christian Grethlein: Kirchentheorie. Kommunikation des Evangeliums im Kontext, Berlin / Boston 2018 • Jan Hermelink: Kirchliche Organisation und das Jenseits des Glaubens. Eine praktisch-theologische Theorie der evangelischen Kirche, Gütersloh 2011 • Wolfgang Huber: Kirche in der Zeitenwende. Gesellschaftlicher Wandel und Erneuerung der Kirche, Gütersloh ²1999 [1998] • Isolde Karle: Praktische Theologie, Leipzig 2020 (Lehrwerk Evangelische Theologie 7), 88–131 („Kirche und Moderne") • Hendrik Munsonius: Evangelisches Kirchenrecht. Grundlagen und Grundzüge, Tübingen 2015 • Dietrich Rössler: Grundriss der Praktischen Theologie, Berlin / New York ²1994 [1986]

§ 12 Macht und Sexualität in der Kirche

Arnold Angenendt: Ehe, Liebe und Sexualität im Christentum. Von den Anfängen bis heute, Münster ²2015 • Peter Dabrock u. a.: Unverschämt – schön. Sexualethik: evangelisch und lebensnah, Gütersloh 2015 • Herbert Haslinger: Sexualität und Macht. Ein Problem des Weiheamtes, in: Stefan Kopp (s. u.), 173–197 • Manfred Josuttis: Der Pfarrer und die Sexualität, in: ders., Der Pfarrer ist anders. Aspekte einer zeitgenössischen Pastoraltheologie, München 1982, 170–190 • Stefan Kopp (Hg.): Macht und Ohnmacht in der Kirche. Wege aus der Krise, Freiburg 2020 • Martin Luther: Vom ehelichen Leben (1522), in: Weimarer Ausgabe (WA) Bd. 10,2, 275–304 • Klaus Mertes: (Macht-)Missbrauch in der Kirche: Wo stehen wir? In: Stefan Kopp (s. o.), 17–29 • Michael Meyer-Blanck: Die Praktische Theologie vor der Machtfrage, in: Thomas Klie u. a. (Hg.), Machtvergessenheit. Deutungsmachtkonflikte in praktisch-theologischer Perspektive, Berlin / Boston 2021 (PTHW 25), 59–74 • BERND OBERDORFER: Liebe (Nächstenliebe, Sexualität, Ehe, Partnerschaft), in: Handbuch Praktische Theologie, hg. von Wilhelm Gräb und Birgit Weyel, Gütersloh 2007, 358–370 • LYNDAL ROPER: Der Mensch Martin Luther. Die Biographie, Frankfurt / Main 2016 (engl. 2016) • HEINZ SCHILLING: Martin Luther. Rebell in einer Zeit des Umbruchs. Eine Biographie, München [3]2016 [2012]

§ 13 Die Kirche im Dorf: Kirchengebäude und Kirchenraum

PETER BEIER: Über die Schwierigkeiten der Protestanten, mit Räumen umzugehen, in: Rainer Bürgel (Hg.): Raum und Ritual. Kirchbau und Gottesdienst in theologischer und ästhetischer Sicht, Göttingen 1995, 39–45 • FRANZ-HEINRICH BEYER: Geheiligte Räume. Theologie, Geschichte und Symbolik des Kirchengebäudes, Darmstadt 2008 • KARL-HEINRICH BIERITZ: Liturgik, Berlin / New York 2004, 86–122 • ALBERT GERHARDS: Wo Gott und Welt sich begegnen. Kirchenräume verstehen, Kevelaer 2012 (kath.) • WOLFGANG HERBST (Hg.): Evangelischer Gottesdienst. Quellen zu seiner Geschichte, Göttingen [2]1992, 209–213 („Eisenacher Regulativ für den evangelischen Kirchenbau“ 1861 und „Wiesbadener Programm für den Kirchenbau“ 1891) • MICHAEL MEYER-BLANCK: Die Predigt in Raum und Ritual, in: PT 34 (1999), 163–173 • MICHAEL MEYER-BLANCK: Der Kirchenraum als Ort der Gottesbegegnung. Eine evangelische Perspektive, in: Gott begegnen an heiligen Orten, hg. von Stefan Kopp, Freiburg 2018, 159–174 • MICHAEL MEYER-BLANCK: Das Gebet, Tübingen 2019, 94–103 (§ 10, Raumerleben und Gebet) • KLAUS RASCHZOK: Spuren im Kirchenraum. Anstöße zur Raumwahrnehmung, in: PTh 89 (2000), 142–157 • ULRIKE SCHÄFER-STRECKENBACH: Kulturkirchen. Wahrnehmung und Interpretation, Gütersloh 2007 (PThK 19) • RAINER VOLP: Liturgik. Die Kunst, Gott zu feiern. Band 1: Einführung und Geschichte, Gütersloh 1992, 344–406 (Kirchenbau und Umgang mit Räumen)

§ 14 Schönheit und Gewissheit: Kunst und Kirche

Wilhelm Gräb: Die ästhetische Dimension religiöser Deutungskultur, in: ders., Lebensgeschichten, Lebensentwürfe, Sinndeutungen. Eine praktische Theologie gelebter Religion, Gütersloh 1998, 100–118 • Albrecht Grözinger: Praktische Theologie und Ästhetik. Ein Beitrag zur Grundlegung der Praktischen Theologie, München [2]1991 [1987] • Michael Hauskeller: Was ist Kunst? Positionen der Ästhetik von Platon bis Danto, München [10]2013 [1998] • Immanuel Kant: Kritik der Urteilskraft (Werkausgabe, hg. von Wilhelm Weischedel Band X), Frankfurt / Main [5]1981 • Jürgen Krüger / Michael Meyer-Blanck: Evangelisch in Rom. Der etwas andere Reiseführer, Rheinbach 2013 [2008] • Inken Mädler: Kirche und bildende Kunst der Moderne. Ein an F. D. E. Schleiermacher orientierter Beitrag zur theologischen Urteilsbildung, Tübingen 1997 (Beiträge zur historischen Theologie 100) • Michael Meyer-Blanck: Kunst aus religionspädagogischer Perspektive, in: Theo-Web. Zeitschrift für Religionspädagogik 8 (2009), Heft 2, 33–44 [=2009a] • Michael Meyer-Blanck: Zur Diskussion um liturgische Qualitätskriterien, in: JLH 48 (2009), 62–74 [=2009b] • Rüdiger Safranski: Romantik. Eine deutsche Idylle, München [3]2010 [2009] • Horst Schwebel: Die Kunst und das Christentum. Geschichte eines Konflikts, München 2002 • Anne M. Steinmeier: Schöpfungsräume. Auf dem Weg einer praktischen Theologie als Kunst der Hoffnung, Gütersloh 2003 • Rainer Volp: Liturgik. Die Kunst, Gott zu feiern. Band 1: Einführung und Geschichte, Gütersloh 1992, 407–500 (Die Bilder und die Gegenstände) • Richard Wagner: Religion und Kunst, in: ders., Parsifal, hg. von Michael von Soden, Frankfurt / Main 1983, 188–245 • Max Weber: Gesammelte Aufsätze zur Religionssoziologie I, Tübingen [9]1988 [1920]

§ 15 Religion und Glaube in Tönen: Kirchenmusik

Christoph Albrecht: Die gottesdienstliche Musik, in: Handbuch der Liturgik. Liturgiewissenschaft in Theologie und Praxis der Kirche, hg. von H.-Chr. Schmidt-Lauber / M. Meyer-Blanck / K.-H. Bieritz, Göttingen [3]2003, 413–435 • Jan Cayers: Beethoven. Der einsame Revolutionär. Eine Biographie,

München [5]2020 [2009] • FREITÖNE. Liederbuch zum Reformationssommer 2017, Kassel / Berlin 2017 • MARTEN 'T HART: Bach und ich, Zürich / Hamburg [4]2000 [2000] • KIRCHENLIED UND GESANGBUCH. Quellen zu ihrer Geschichte, hg. von Christian Möller, Tübingen 2000 • KIRCHENMUSIK ALS RELIGIÖSE PRAXIS. Praktisch-theologisches Handbuch zur Kirchenmusik, hg. von Gotthard Fermor und Harald Schroeter-Wittke, Leipzig 2005 • CHRISTOPH KRUMMACHER: Kirchenmusik, Tübingen 2020 (Neue Theologische Grundrisse) • MICHAEL MEYER-BLANCK: Liturgische Ämter und Funktionen, in: Der Gottesdienst und seine Musik, Bd. 2: Liturgik, hg. von Albert Gerhards und Matthias Schneider, Laaber 2014, 15–29 • MICHAEL MEYER-BLANCK: Musik – „Magd" der Theologie? Eine evangelische Perspektive, in: Stefan Kopp / Marius Schwemmer / Joachim Werz (Hg.), Mehr als nur eine Dienerin der Liturgie. Zur Aufgabe der Kirchenmusik heute, Freiburg 2020, 18–32 • OSKAR SÖHNGEN: Theologische Grundlagen der Kirchenmusik, in: Leiturgia IV, Kassel 1961, 1–267 • WAS WIR MORGEN SINGEN. Ein neues EG [Ev. Gesangbuch]? Themenheft der Zeitschrift Musik und Kirche 2019, Heft 2 • Der ZUPFGEIGENHANSL. Das Liederbuch der Wandervögel, hg. von Hans Breuer unter Mitarbeit vieler Wandervögel, Mainz u. a. [10]1913 [1908]

Register

Bibelstellen

Lieder im Evangelischen Gesangbuch von 1993

Personen und Autor:innen

Sachen und Orte